王杰　沈郑　周锋　编

审美教育的当代性

基于马克思主义的研究

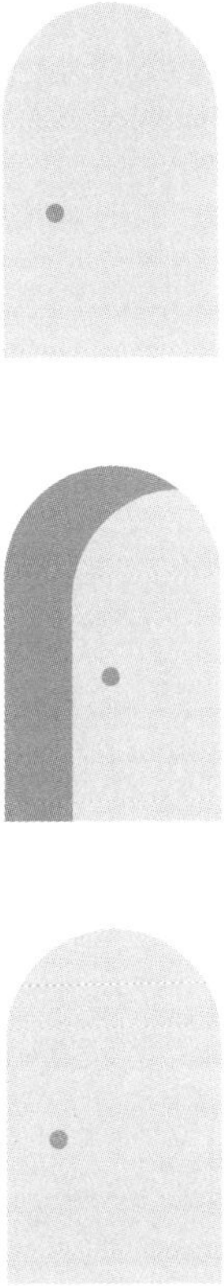

中国出版集团　东方出版中心

图书在版编目（CIP）数据

审美教育的当代性：基于马克思主义的研究 / 王杰编；沈郑，周锋编. —上海：东方出版中心，2022.11

ISBN 978-7-5473-2103-4

Ⅰ.①审… Ⅱ.①王… ②沈… ③周… Ⅲ.①马克思主义美学－研究 Ⅳ.①B83

中国版本图书馆CIP数据核字（2022）第209256号

审美教育的当代性：基于马克思主义的研究

编　　者　王　杰　沈　郑　周　锋
责任编辑　陈哲泓　时方圆
装帧设计　徐　翔

出版发行　东方出版中心有限公司
地　　址　上海市仙霞路345号
邮政编码　200336
电　　话　021-62417400
印 刷 者　上海盛通时代印刷有限公司

开　　本　890mm×1240mm 1/32
印　　张　13.5
字　　数　287千字
版　　次　2022年11月第1版
印　　次　2022年11月第1次印刷
定　　价　85.00元

目　录

导 论

随着中国现代化进程的深入，世界范围内文化经济时代或者说审美资本主义时代的来临，以及新一轮科学技术革命的兴起，人类社会正在进入一个新的时代，学术界也有人认为人类正在进入第三次轴心时代①。我们认为，这样一个新的时代对审美教育的性质、目标、意义和实现方式等提出了新的问题，或者说它们具有了新的意义。1795 年席勒写作《审美教育书简》是法国大革命之后半年，这是欧洲现代化进程的启蒙主义时代，是人类在思想和精神上十分强健和积极的以工业革命为基础的第二次轴心时代。在那个时代，人类对社会的全面解放和人类自身达到全面而自由的境界充满着乐观精神；在那个时代，在文学上有歌德的《浮士德》，席勒的《华伦斯坦》《威廉·退尔》，音乐上有贝多芬的《第九交响曲》，哲学上有康德、席勒、黑格尔、费尔巴哈等，那是一个群星璀璨的时代，是一个需要巨人而且产生了巨人的时代。然而，历史进步也付出了

① 王飞跃:《人类正进入第三轴心时代?》，https://www.guancha.cn/wangfeiyue/2017_12_17_439450_2.shtml。

巨大的代价：在席勒和黑格尔的时代，感性与理性的分离和对立，人的情感世界与现实的工业化社会的龃龉成为不可超越的矛盾。德国古典美学努力用审美的方式来解决现实世界所造成的分裂和对立，席勒的《审美教育书简》就是这样的努力。

今天，我们所处的时代与席勒写作《审美教育书简》时的启蒙时代相比已经发生了很大变化。审美教育的问题也相应地发生了变化，这是我们应该明确认识到并加以理论上的说明的。我们认为，这种变化主要表现在以下几个方面：

第一，随着信息革命和生物技术革命的发展，人类社会的主要矛盾不再是感性世界和理性世界的对立，不再是情感与工具理性的对立。在当代，人类社会正在进入一种新的文明形态，其主要矛盾重新回到人与自然的对立问题上来，人与自然的和谐相处重新成为当代人类文明发展的基本问题。

第二，随着新一轮科学技术的发展，以及社会生产力的空前提高，人类日益从繁重的体力劳动中解放出来，人类的闲暇时间大量增长，休闲、游戏和审美成为人们日常生活的一部分，“人人都是艺术家”这个早期社会主义者的理想正在开始成为现实。在启蒙主义时代，在浪漫主义美学的话语系统中，艺术创作是“天才”的特权，席勒自己就因为文学创作能力从社会下层进入上流社会。然而，在当代社会，任何一个普通人都可以通过自己的方式“生产”艺术作品，并且可以实现在一定程度上的社会性传播，这是技术进步所带来的社会变化。

第三，随着艺术家与普通人界限的模糊甚至一定程度上的消失，艺术和审美活动的基础逐渐从机械复制转向了以个人自我中心的生产模式。如果说手推磨是人类社会第一次轴心时代艺术生产方式的物质基础，蒸汽磨是工业化革命时代艺术生产方式的物质基础的话，那么，也许可以说，云计算和区块链是当代艺术生产方式的物质基础，因此，对当代艺术生产方式，以及当代社会的生产和再生产机制，艺术和审美所起到的作用的研究就十分重要了。

基于以上变化，我们认为，在新的时代和新的社会生活条件下，在“人人都是艺术家”的物质基础出现之后，在消费主义文化全面渗透社会生活、审美资本主义时代或者说文化经济时代已经来临的社会生活条件下，审美活动要解决的真正问题和关键问题就成为美学和人文学科需要认真思考并且回答的问题。

在此背景下，2020 年初，浙江大学当代马克思主义美学研究中心学术团队向“浙江文化艺术发展基金”申报了题为“马克思主义美育观及当代实践”的研究项目并得到批准立项。2020 年 7 月 28 日，浙江大学人文学部与抖音短视频青少年教育计划联合主办了题为“审美教育与人文素养”的高峰论坛，来自中国社会科学院文学所、复旦大学、北京师范大学、深圳大学、四川大学、华东师范大学、吉林大学、山东大学等十余所高校和科研院所的学者，分别从哲学、教育学、伦理学、心理学、美学、艺术学等不同学科的视角，对当代审美教育的新现象和新途径进行了较为深入的研讨。在会议上，浙江大学当代马克思主义美学研究中心发布了《抖音与青少年艺术人文素养培育研究报告》，从当代审美教育所发生的一系列新变化的角度，对美育的当代性、当代审美教育的马克思主义美学基础、当代艺术与传统艺术在当代审美教育中的功能和作用、当代社会市场经济对艺术和审美教育领域的干扰和扭曲等理论和实践问题进行较深入的讨论。

在此次研讨会的基础上，浙江大学当代马克思主义美学研究中心研究团队就“当代美育理论的马克思主义美学理论基础”“审美习性的改造和审美教育的当代性”“中华美育精神在当代艺术和当代美育中的创造性转化和创新性发展”“悲剧人文主义与当代青少年的理想信念教育”“红色经典在当代审美教育中的特殊性和重要性”“从神经美学的角度对审美教育的研究”等审美教育的当代问题开展多学科的综合研究，对审美教育当代性、审美教育在当代社会的实施路径等问题作出初步的研究和探讨，形成了目前这本《审美教育的当代性——基于马克思主义的研究》。我们清醒地认识到，用马克思主义美学的理论方法，结合当代美学的新发展和新形态，对“审美活动如何改造世界”这个当代美学的课题进行分析和论证还有大量的工作要做，许多观念的当代意义要重新厘清。对当代人的情感结构这个主观性十分强的现象如何做出客观而科学的研究，对审美经验的性质、形态与人类真正的文化解放的关系，对“算法时代”和“元宇宙”条件下如何达到政治真理性，这些还有待更进一步研究。我们相信，通过这方面的深入研究，作为审美现象的人类社会共同体就会呈现出来。

王杰　沈郑　周锋

2022 年 10 月 7 日于浙江大学紫金港

第一部分　美育的历史与理论

席勒对秀美实现的审美路径阐释

范玉刚　敖运艳[①]

"做好美育工作，要坚持立德树人，扎根时代生活，遵循美育特点，弘扬中华美育精神。"习近平总书记在给中央美术学院八位老教授的回信中，着力强调了美育工作有利于"塑造美好的心灵"。究其价值意味，旨在强化美育的对象应当以"人"为中心，通过"塑造审美的人"，在社会文明程度不断提高中培育具有中华美学精神的社会主义新人。在美学史上，德国美学家席勒通过对秀美观的阐释，对秀美所展现出的主体性、实践性、不及物性等特征的强调，能够从理论上回应习近平总书记对美育问题的指示，即"塑造审美的人"离不开美育，美育"以人为中心"既是目的也是方法。因此，美育实施的重心自然而然应当回到"人"，人的审美实践问题应当考虑以人为主体的审美实践所体现的主体多样性以及实践过

① 范玉刚，山东大学文艺美学研究中心特聘教授，原中共中央党校（国家行政学院）文史部教授、博导，中央党校创新工程首席专家、国家社科基金重大项目首席专家，专业为文艺美学。敖运艳，汉江师范学院文学院助教，主要研究方向为文艺学。

程的动态性。席勒对秀美观的活态化研究方法的独特性，可以给予我们诸多启示。具体言之，秀美在席勒看来，其本质即为通往人之完整性的路径之一。席勒对实现秀美路径的阐释，大体上有四个维度：第一，秀美“为什么是”？对秀美内涵的阐释应是任何时代的当代阐释，秀美“为什么是”需要根据席勒的文本关联历史哲学背景对秀美作出当代阐释，以揭示席勒如此阐释秀美的深层所指。第二，立足美学史视野探讨秀美是什么？把秀美“是什么”与“美在时间中的存在”关联起来，以此洞察席勒对秀美的阐释为何执着于秀美的生成性。第三，领会秀美在现实世界中“怎么是”？即秀美在现实世界中的呈现必须借助于实践尤其是艺术，提出艺术是自由的女儿，唯有“艺术实践”方能将美的规律呈现出来，使人在艺术实践中获得审美启发。第四，秀美能带给我们什么期待？即秀美的实现能够塑造“完整的人”。这四个维度作为席勒的研究方法贯穿于对秀美的整个阐释过程，同时也解释了秀美的生成何以成为通往人之完整性的路径之一。在此可以追问的是用“路径”指向秀美的本质与席勒的研究方式究竟有什么关联？秀美的生成作为通往人之完整性的“路径”具体是一条什么“路径”？概括起来，可以用“活的形象”“艺术实践”“完整的人”这三个关键词来标识“路径”。

一、秀美作为“路径”的本质呈现

席勒对秀美的阐释切近了当时美学研究方式的转变，这种转变是对“秀美为什么是”的一种时代回应。美学研究必然关联于美的本源的探讨，而有着对“什么是美”的追问。秀美作为“美”的一种存在形态，将其本质视为“中介”的说法，有着从主体性视角去认识秀美本源的旨趣，它切近的正是当时哲学认识论的转向。有学者指出，在欧洲哲学史上，曾有过一个大的转向，即哲学家们从“世界是如何可能的？”转向了“人对世界的认识是如何可能的？”的探究。正是康德推动并实现这个转向。具体到美学研究而言，正是康德完成了从“美是如何可能的？”到“对美的认识是如何可能的？”这一转向。[①]这个转向实现了认识论对美的本体论最深远的影响，批判美学的提出就是这种影响的表现。有学者总结美学有三种类型：批判的美学（以美感为中心）、思辨的美学（以艺术为中心）和分析的美学。康德美学作为第一种，它考察的核心是“鉴赏判断何以是先天综合判断”这一先验哲学问题。黑格尔美学，与其历史哲学一样，是思辨的或本体论的。[②]按照这种逻辑，德国古典美学从康德至黑格尔有一个从“批判美学”向“艺术哲学”的转换。其中，席勒的美学处在从“鉴赏”到“艺术”这一关键性转换的转折点，席勒把康德着意分析的“鉴赏”概念转化为隐含其中的“艺术”概念，也即把康德作为“表象方式”的“美”的概念转化为作为活生生的艺术作品的“美”。[③]从生成性视角看，席勒以一个诗人（艺术家）的身份借助康德的理论来反思“美的本质”，强调的是“美”的“创造”过程，而非对美的“认识”过程。席勒成为从“批判美学”向“艺术哲学”转换的过渡者，席勒的美学主要是以艺术对象为中心的思辨美学，他强调的是“艺术”而非“美感”、

① 高建平：《美感的经验模型：从要素到整体》，《文史知识》2015 年第 6 期。

② 李伟：《德国古典美学的逻辑进程——兼论席勒〈论美书简〉的美学史意义》，《文艺理论研究》2015 年第 6 期。

③ 同上。

是“美的创造过程”而非“美的认识过程”、是“美的生成”而非“美的性质”。正是在这种研究视域中，席勒对秀美实现的审美路径阐释呈现出独有的特色，并直接把秀美界定为“路径”的本质呈现。

对秀美的本质阐释为什么会关联“路径”？在席勒对美的阐释中，“路径”所具有的主体性、过程性及功能性更能显示出秀美的本质内涵。在席勒看来，秀美即为通往人之完整性的路径之一。秀美何以必然通往人之完整性？如何理解“必然性”？在康德看来，“每一种认为先天地确定的知识本身都预示着它要被看作绝对必然的，它应当是一切无可置疑的确然性准绳”[①]。这里的“确然性”即我们所讨论的“必然性”。“从康德到黑格尔，为了寻求美学的‘确然性’，康德哲学不得不深耕美学的‘主体性’领域即‘鉴赏’，后因难乎为继的理论困境即‘共通感是如何可能的’而被席勒引入‘客观性’领域即‘艺术’，即‘艺术哲学化’的时代。”[②]康德的必然性是鉴于“认识的统一性”，那些已然获得认可的认识（先验知识）有了我们所谓的“必然性”，它标示着一种内在的“统一性”。康德所谓的“哥白尼式的革命”所形成的批判美学或先验美学的“主体性转向”，使得“必然性”的内涵由传统的“主客一致”转变为主体间的“普遍有效性”。赓续康德的主体性美学，席勒把“必然性”的内涵从“主体间”的“普遍有效性”转化为“艺术对象”实践意义上的“客观性”。在转化过程中，席勒对“美”的思考恰

① 康德：《纯粹理性批判》，邓晓芒译，北京：人民出版社，2004 年，第 11 页。

② 李伟：《德国古典美学的逻辑进程——兼论席勒〈论美书简〉的美学史意义》，《文艺理论研究》2015 年第 6 期。

好构成德国古典美学内在理路的一个中间环节。“席勒通过对‘美的研究法’的穷举找到了那条通向‘美学确然性’即艺术哲学的路，由之发展出‘审美对象美学’即‘活的形象美学’，席勒由此承接了德国古典美学发展的转舵大任。”[①] 由此，逐步形成了德国古典哲学的主体性批判哲学到对象化艺术哲学的内在理路，这条思路同样也是德国古典美学发展的基本线索。

基于以上对“必然性”的理解及“必然性”内在理路的呈现，“人是目的”即“完整的人”的终极目标诉求通过席勒的艺术哲学的路径得以实现。席勒对这个“必然”的解释导向为感性——客观地解释“美”，即以感性质料为基础的“美”寻找客观因素。对于这个问题的深化，需要从“审美共通性”视角来切近。席勒希望通过审美实现“人的完整性”的可能性，在认识论层面大体形成了主客相符——主体间的“普遍有效性”——人的认识上的统一性的基本逻辑框架，这种隶属于认识能力的反思判断力在康德那里已经阐释得相当完善。对于“审美何以共通”，席勒不像康德那样诉诸主体的“鉴赏”或“情感”，而是回到首先确定“美是什么”这一基础概念。相比康德，席勒的贡献在于将“审美共通性”即反思判断力产生的效果引入艺术实践层面，提出“美是现象中的自由”，通过将审美共通性纳入对具体艺术对象的分析，寻找“美”的客观因素，以理性的表达借助感性质料通过艺术实践呈现出来，从而实现感性质料与实践理性的有效结合，这也是对康德批判美学的进一步完善。席勒认为“美”植根于实践理性，这里“植根”带有先天

① 李伟：《德国古典美学的逻辑进程——兼论席勒〈论美书简〉的美学史意义》，《文艺理论研究》2015 年第 6 期。

的、统一的意味，也即美本身所有的自由目的，这使得“美”的原则从先验的必然转向实践的客观性必然。在“美与善”的关系上，席勒不像康德那样以“道德”为“体系的核心”，而始终孜孜不倦地思考如何把审美引向道德，他不赞同以“道德理性”为核心，尝试着将善的概念从美的本质中脱离出去，但席勒又不放弃“美”有通往道德的自由。如果说康德的道德目的是律令式的，那席勒的道德目的则是自然而然的，是自愿且自如的。在探讨“美”的本质上，康德与席勒不同的解释路径也显现出他们的身份不同。席勒以一个艺术家的诗人身份借助康德的理论来反思“美”的本质，因而他强调的是“美的对象”的塑造过程，而非主体对美的“认识”过程。这其实体现了认识论和本体论对“美”的本质问题解释上的差异，席勒关注的焦点不是我们如何去认识并从中得到情感的享受与愉悦，而是重在如何让“美”显现出来，以及美显现的过程（艺术实践）与人的发展的关联，因此，席勒探讨“美”便自然而然地注重美的主体性分析。不同于康德从人的认识鉴赏力角度，席勒从美的生成过程回答了这个问题。立足于感性与理性的统一，席勒从“美植根于实践理性”到“美的对象化客观呈现”，从美的生成性到美的具体形态，席勒尝试着从艺术实践角度，探寻以感性质料为源头的“美”呈现的客观基础，而这种“基础的客观性”实现了“美”的超越性，也使得“秀美”作为一个主体，在生成运作的过程中，感性与理性的结合成为必然。说到底，席勒的探讨始终围绕着美与人的关联，即美的规律能给人的发展带来什么启发，由此，席勒的秀美研究自然而然地突出美的主体性，从而将秀美的本质指向“路径”，旨在强调美的生成与人的发展具有主体的同构性。

二、秀美展现“活的形象”

在席勒看来，秀美的本质在于其是通往人之完整性的路径之一。在“路径”形成过程中，秀美展现的形态为“活的形象”，“活的形象”的动态性与“路径”的生成性相契合。在《秀美与尊严》中，席勒用古希腊神话中维纳斯的腰带作譬喻，引出自己的美学观念——秀美，形象而又恰到好处地呈现了“秀美”的神韵。“古希腊神话中，美神的腰带有力量让佩戴它的人分享秀美和得到爱情，甚至天后朱诺也期望用维纳斯的腰带来征服朱比特的心，然而美神可能终究还是要献出了自己的腰带，而且把他的力量输入不太美的东西中去。”[①] 因此，秀美不是美独有的特权，也可以转移。席勒用维纳斯可以移动的“腰带”来比喻“秀美”，突出了秀美作为“活的形象”的核心内涵，而关于“活的形象”的内涵，可以称为席勒秀美观的美学精髓。

腰带的力量可以转移、可以分享，是“秀美”的第一个特征。在其对秀美内涵的阐释中，秀美的运动性，即秀美是一种不定的美、运动的美，是作为“活的形象”的存在，以此区别于主体本身所必然有的固定的美。这种可分享性与柏拉图美的理念论的观点有相近性，即漂亮小姐、美的母马等美的现象，正是由于分享了“美本身”即美的理念。席勒对秀美运动性的阐释，体现了他对柏拉图本体论哲学的借鉴。席勒所说的运动性，是秀美成为“活的形象”

---

① 席勒:《审美教育书简》，张玉能译，南京：译林出版社，1987 年，第 247 页。

的必备条件，即形象“活”起来，必须具备运动性，然而秀美的这种“运动”按照什么规律运动？席勒认为，“秀美只能适合于运动，因为性情中的变化只能作为感性世界中的运动显现出来……仅仅是理性要求幸运地与自然必然地汇合”①。美表现为一种必然性运动，而秀美则是一种偶然性运动，这种偶然性运动的美体现为理性幸运地与自然汇合。在这里，席勒强调的，是能将感性生活与理性结合的运动，是包含着一种交往性、结合性趋势的运动，正是这种趋势动态使得感性生活与理性的结合成为可能，这种结合即为运动的规律。因此，所谓“活”的形象，是“运动”的结果，也是感性生活与理性结合的结果。

既然秀美是一种运动的美，那这种“运动”又显现出怎样的状态？席勒进一步对“运动”进行界定，认为运动有必然性与偶然性，由此也产生了随意运动和交感运动。席勒所认为的交感运动，即“一种仅仅伴随着道德感和道德信仰产生的运动，我的运动是由我想要达到的目的预先设定的，而那种目的所没有规定的，应该是已确定的，在它里面寻找秀美”②。席勒所说的交感运动是指，交感运动突出了感性的作用，但与一般自然本能规定的运动相比，又多了道德感。关于对运动的理解，席勒在沿袭了康德的观点基础上，吸收了亚里士多德关于形式与质料的观点，认为一切质料都是自然感性赋予的，同时也需要理性最终结合成为形式，从而外显出来。席勒所看重的就是这既来源于感性，又伴随着道德感的不随意运动，即交感运动。席勒认为，秀美的运动性是伴随交感运动产

① 席勒：《审美教育书简》，第249页。
② 同上。

生的。

关于“活的形象”的运动性规律，席勒在《素朴的诗与感伤的诗》中也有论述。“一朵朴实的花、一泓清泉……在它们身上，我们喜爱默默创造的生命，遵循着自己法则的存在，内在的必然性，自身的永恒统一。”[①] 针对这些“活的形象”，席勒对自然的称赞不是指向具体自然对象本身，而是相对于人而言，自然对象所遵循的自然的、内在的统一法则。因此，可以理解，秀美作为维纳斯的可以移动的“腰带”，秀美所指的并不是腰带本身的美，而是它在运动中遵循的永恒不变的自然法则，即使是美神自己，终究还是要献出自己的腰带，而且把他的力量输入不太美的东西中去，因为她遵循的是自然的内在统一的法则，只要遵循了这个法则，那它就能分享秀美的力量，呈现出“活的形象”。也即，秀美的运动法则，“活的形象”的分布规律遵循的是，自然的、内在统一的法则，秀美不分物种，只要达到了与自然的内在统一，即能分享秀美的力量，呈现出“活的形象”。

到底“活的形象”及运动规律表现的是怎样的一种效果？秀美作为“活的形象”遵循着自然的内在统一的运动规律，是对象本身将感性与理性要求结合起来的结果。从词源学上理解，秀美是由主体创造出来的，但是却像自然美一样浑然天成，不着痕迹，情理交融，轻盈自然，不是一般的广义上的那种没有深刻意味的美(schön)。[②] 席勒对“活的形象”的运动规律及效果的重视表明，席

---

① 席勒:《审美教育书简》，第 247 页。

② 席勒的《秀美与尊严》(“Über Anmut und Würde”)在中国的接受，最早从朱光潜先生开始，其将“Über Anmut und Würde”中的“Anmut”翻译为“秀美”，后来关于席勒著作的译本和美学史概述基本都沿用“秀美”的译法。

勒想强调的不仅仅“活的形象”的特征是什么，而是秀美作为“活的形象”表现出的浑然天成、情理交融、轻盈自然的特征。这个审美判断标准如何统一？这种统一又能给人的发展带来什么样的审美启发？席勒认为，美学不仅仅作为抽象的理论存在，对美的阐释应该回到人的问题上，即美的运动规律与人的发展要有所关联，这是席勒关注“美”的根本原因。

席勒对康德美学的发展主要着力于判断力批判，即“审美路径”上。康德之所以特别提出审美鉴赏力，是由于审美鉴赏力特有的“审美共通性”，正是由于这种“共通性”使得人与人之间有一个相通“渠道”。由此，“人的完整性”价值导向才能在这个“渠道”中流通。然而，审美为什么能提供一个共通性渠道？在康德之前就有许多学者探讨过，席勒在对“秀美”的阐释中，回应了这一点。

从夏夫兹伯里和哈奇生的“内感官”学说到柏克对“趣味”问题的研究再到休谟，都在探讨“审美共通性”问题。他们都是立足于审美能共通而在认识论上达到统一的基调。审美何以能共通并促使人在认识论上达到统一？其中，想象力是他们共同强调的一个重要因素。想象力在康德那里作为生产性的认识能力，用现实自然提供的材料，按照联想律类比的法则，加工成超自然的东西，在这个过程中实现了对感性基础的超越，想象力使得审美具有了超越性，超越感性与理性的界限，超越人与人之间的封闭。席勒在艺术创作中提倡塑造“活的形象”，其中对“活”的“运动性”要求其实与对想象力的要求有着相同的意味，都体现了超越性的趋势。这种“活的形象”所展现的效果，正是席勒所看中的美的特征，席勒对“活”的运动性要求又如何具体体现在对秀美的阐释中，他是如何回答审美何以能“共通”？对于这个问题的回答，席勒一直立足于感性与理性的结合，无论是通过审美的方式达到鉴赏力的认识上的共通，还是将人的感性与理性要求的互通，其实都要求实现一种“超越性”，对自然质料的感性超越，对个人主体性的超越，对理性的人文关怀等，都需要一种交往、结合的趋势去实现这种超越，席勒在对秀美的阐释中，特别说明了这种交往、结合的特性，即运动性。因为有了“运动性”，秀美有了超越自然本身追求理性价值的动力，体现出对人本身的超越。因为有了这种“运动性”，才能超越感性冲动与理性冲动各自的执着，不再拘泥于“生活”，又能产生具有引申意义的“形象”，从而达到游戏冲动状态下的“活的形象”。这种超越的、游戏冲动的状态即为席勒所追求的美的效果。

三、秀美走向“艺术实践”

审美超越如何能普及？康德借助的是认识“共通性”的必然性，席勒则认为秀美的普及还在于客观呈现的必然性，唯此秀美的呈现必然走向艺术实践。如果说，“活的形象”是秀美的最终呈现效果，而这归根结底，最终必然要依托于艺术实践。秀美作为通往人之完整性的审美路径，之所以能对人产生影响，也源于人们正是在艺术实践过程中，获得审美启示。这里，艺术作为美学实践的载体、方式，将秀美的精神价值内涵呈现出来。从根本上讲，秀美离不开艺术，或者更确切地说，秀美离不开实践，秀美的呈现必须付诸实践。黑格尔曾指出，席勒的贡献在于克服并超越了康德思想“主观性与抽象性”的局限，“在思想上把统一与和解作为真实来了解，并且在艺术里实现这种统一与和解”[①]。

席勒认为主体性观念的呈现需要由感性提供质料，并由理性赋予形式，当理性把表象同行动意志结合起来便是实践理性。席勒对“实践理性”的理解受到康德的直接影响，席勒谈“实践理性”实际上是接着康德说的。康德是从“意志”出发讨论实践理性，康德认为这种“意志”是“善的意志”，就理性的规定而言，意志就是实践理性本身。康德率先将实践范畴引入哲学领域，但这里的实践仅限于伦理学范围，实践理性的法则是道德法则。席勒在《论美》中对美下过定义，认为美植根于“实践理性”，这种植根于“实践理性”可以理解为类似于实践理性，这与康德那种主观合目的性的理解相同。因此，它看起来符合实践理性的某些特征，这里的道德性、自律性就是这种看起来合目的性的表征。席勒对实践的理解，一方面继承了康德对实践的理解，认为实践是理性自主的道德活动；另一方面，席勒又不自觉地将形式的客观性融入对实践的阐释中，即道德活动（理性）的实现，也需要付诸“形式”，理性的表达离不开感性质料。席勒提出：“因为在什么地方美克服了自己客体的逻辑本性，美也就在那里最辉煌地表现出来，美怎么能够把自己的形式赋予完全板滞的质料呢？”“结合是由理性赋予的，因为结合的能力就叫作理性，理性把表象同行动意志结合起来（实践理性）。”[②]由于理性的结合能力，当这种理性精神把表象同行动意志结合时，人的感性生活最终得以通向自由，这个过程是自觉的、自律的，是有着道德指向的实践理性，而美恰恰植根于这种实践理性之

① 黑格尔：《美学》第1卷，朱光潜译，北京：商务印书馆，1979年，第50–100页。

② 席勒：《审美教育书简》，第106页。

中。感性需要理性的结合能力，无论是“理性的类似”，还是“看起来合目的”，都是席勒在美学范畴内试图将感性与理性结合的理论构建，由此得出美植根于实践理性，并作为一种看起来合目的的理性表征。席勒特别提出用感性——客观的方式把握美，试图将美的主观性与客观性，感性与理性相结合，强调其感性物质性，但又不忘记赋予其理性指向。总体来说，纠结的席勒，一方面不想舍弃至上的精神与崇高的道德；一方面，又把美需要客观呈现的要求，高高举起但又只是将其作为一种展现方式。他从根本上没有摆脱唯心主义的论调，相比康德，席勒的艺术实践主张，无疑将主观唯心推向客观唯心的步伐，向前推进了一步。

美植根于实践理性，美的显现需要有理性的结合能力使美按照某种目的对象化。作为美的一种，秀美必然与实践理性相关联。秀美是一种不由自然赋予却由主体本身迸发出的美，也就是说，秀美由主体本身的自觉性引导，这种自觉性，代表“美的显现”必然自觉地付诸外观形式，外观形式就自觉的需要有理性的结合能力。席勒指出：“在哪里秀美找到位置，在哪里精神就是运动的原则。”[①]美来源于感性世界，构思美的艺术家，只有具备理性的结合能力（目的），在他把握住自然所产生的外观时才能达到美。美在表现上如何把握自然且由外观体现出来？朱光潜先生认为，“要成为活的形象，观念必须消融在材料中，凭形式去征服材料”[②]。这里强调的是形象的客观呈现能力，即如何运用自然质料以及将观念消解于质料之中，等等，都表现出美在展现过程中需要理性的结合能力，这

① 席勒：《审美教育书简》，第 241 页。

② 朱光潜：《西方美学史》，北京：中华书局，2017 年，第 409 页。

种理性的结合能力更倾向于后天的形成。席勒认为感性需要理性的结合能力，正是这种作为本身浑然一体的“需要”，感性质料必然产生与理性的结合。按照席勒的理解，这种“必然”的确蕴含着客观性的意味。观念必然地与对象结合为完善，理性观念与感性客体表象相结合是美，因为这种结合，美有了两个世界，“出生使他属于一个世界，收养使他属于另一个世界”[①]。席勒试图从美自身出发，寻找其与理性结合的可能性（客观基础），美植根于实践理性，同时，美的对象化显现使美有了客观性基础，从而实现了对美的超越性认识。席勒肯定了美来源于感性世界，以自然为基础。同时也认为，对表象着的主体来说，感性质料与理性的结合又是必然的，因为对象最后是需要付诸形式外观的。席勒“人的结构美在性质上是理性概念的感性表现”这样的判定与后来黑格尔提出的“美是理念的感性”显现意味几乎相近，这表明通过对美的探讨，席勒的艺术哲学的审美路径直接通向黑格尔美学。朱光潜先生认为，“在美学史上，席勒是从康德的主观唯心主义美学向黑格尔的客观唯心主义美学转变的重要环节”[②]。

在席勒那里，道德的人并不是理性和义务压制住感性和爱好，而是前者把后者包含在自身中的统一，因为“直到人的道德思考方式是从作为两种原则联合作用的他的全部人性中产生出来并成了他的本性以后，他的道德思考方式才是有保障的；仅仅被打倒的敌手可能重新起来反抗，而和解的敌手才真正被征服了”[③]。这里体现了

① 席勒：《审美教育书简》，第 244 页。

② 朱光潜：《西方美学史》，第 409 页。

③ 张玉能：《席勒美学论稿》，武汉：华中师范大学出版社，2009 年，第 116 页。

席勒对于将感性与理性统一于人自身并作为一种自觉的迫切要求。秀美的自觉性作为内在推动力，使得其本身需要有艺术形式而付诸实践，因此，秀美走向艺术实践即成为必然。

虽然席勒没有从社会实践这个更本质的联系中去考虑美与人及社会的关系，仅仅从艺术实践出发，试图通过改造人的主观世界而达到改变客观世界的计划最终也难免落空，但这并不妨碍席勒在美学范畴内对于理性与感性结合，发挥美学作为精神力量的重大作用，以及实现美学理论的美育实践转向所做出的巨大贡献。席勒从秀美本身出发，探析秀美本身由感性通往理性的自觉性特性（客观性），将对审美的探讨纳入“艺术领域”，认为人心中的自由原理本身就进入了自然的地位，精神约束着自身，并且把依赖于它的自然仍然保留在自己的工作中，毫不违背自然以前的职责与需求去处理自然。一言以蔽之，自然需求与自由需要本身就应当和平共处并协调地统一于人自身，这个浑然天成的统一过程就是人的完整性体现的过程。它既是偶然的、也是必然的。也就是说，如果存在“秀美”，则它本身不仅包含着通往道德理性的可能性（运动性），还包含着通往道德理性的必然性（美植根于实践理性）。因为，秀美虽然来源于感性世界，但要呈现出来必须要有形式的理性结合能力，也即席勒所说的，通过艺术形象（活的形象），将秀美付诸实践。秀美的实践性要求是运动性更为根本性的要求，也是秀美得以通向“人的完整性”的审美路径实现的根本条件。秀美的呈现需要付诸艺术实践，是强调席勒秀美观的实践性，因为受社会历史条件的制约，即使没有像马克思那样对实践进行辩证、全面的认识，但席勒的尝试无疑是珍贵的，他已经将作为理论的美学引向了实践，即美需要客观呈现、需要付诸实践，而人在审美实践的过程中，掌握审美规律，获得审美启示。

四、秀美塑造“完整的人”

“人”在不同时代面临的时代问题不同，对“美”的探讨与研究的方式也不同，秀美的内涵阐释因此不断地发生改变。尽管如此，在具体演变的过程中，秀美仍有其一以贯之的核心要义，即“人是目的”。

席勒是康德的追随者。康德的哲学命题总结为四个问题，这四个问题以“我”为主导，核心命题归结于“人是什么？”康德论述的出发点是人，但康德所提出的“人是目的”的核心要义不是他的“首创”。“人是目的”的核心命题贯穿整个西方哲学史，是西方文化的基调。从古希腊开始，“全部希腊文明的出发点和对象是人，它从人的需要出发”[①]。古希腊神话实际上就是对人的颂歌，彰显出人的自觉意识；“斯芬克斯之谜”的解答凸显了“认识人自己”这个有最高价值的，关于反思人类自己的伟大开端。苏格拉底“把人理解为摆脱感性束缚的理性的精神实体，为整个西方哲学的唯心主义对人的理解奠定了基础”，完成了从研究自然到转向人内心的西方哲学发展史上的重大转变。[②]

关于“人的问题”，是全人类面临的共同问题。人何以为人？其实，“哲学本质上都是人性的自我理解，一切哲学形态都必须蕴

① 鲍·季·格里戈里扬：《关于人的本质的哲学》，北京：生活·读书·新知三联书店，1984 年，第 28 页。

② 袁贵仁：《对人的哲学理解》，上海：东方出版中心，2008 年，第 154 页。

含着关于人及其历史的自我理解。人学是哲学的当代主题形态”[①]。关于人的问题与“美学”的关联？有学者指出，美学是关于美的哲学，人学自然也是美学的主题形态，“其实，美学之谜就是人学之谜，‘美是什么’的追问必然关乎‘人是什么’的解答，什么使美成为美”[②]。由此，席勒对秀美的阐释也绕不过关于“人”的终极命题。从席勒对美的四种解释方式的阐释到将美学与人类实践的结合，实现了由认识论到本体论，再到审美人类学的转变。席勒在《论美》中，将美学与人类学结合，认为人的实践理性是美的根源。古希腊神话把妩媚和秀美限制在“人”身上，美和完善仅仅包含在人性中。席勒看来，作为自然物和感性本质的运动能够作为秀美的状态出现，但只有像阿芙洛狄特所代表的“人”，表现出一种自觉地（道德地）随意运动才能称为秀美，也即秀美的人的主体性。

席勒对美的探讨如何与人相关联？有学者认为，席勒的美学与人性有着异质同构的关系。“美与人性的生成异性同构，席勒完善了康德所构建的一个动态的同构系列：对象（现象界 ※ 美、完善 ※ 物自体）= 心意（认识 ※ 感情 ※ 意志）= 人的自我生成（自然的人 ※ 审美的人和审目的的人 ※ 自由的人）。”[③] 这有力地解释了席勒将审美与人关联的合理性，正如现象学后来所推崇的“回到事物本身”一样，“美”与“人”其实是同时涌现于世界的。如今我们欢喜地将其结合，也许它们压根就没有分开过。因此，美与人性的生

① 韩庆祥：《人学——人的问题的当代阐释》，昆明：云南人民出版社，2001 年，第 66 页。

② 范玉刚：《西方美学专题十五讲》，北京：中共中央党校出版社，2014 年，第 20 页。

③ 张玉能：《席勒论艺术与人性的异型同构》，《华中师范大学学报（人文社会科学版）》2003 年第 4 期。

成不仅仅是异质同构的关系，而是更为紧密的相辅相成的关系，美也可以说是一种人格性体现。秀美运动的过程是“人”自身涌现的过程，秀美的本质应当是它自身运动并体现着“人本身”的过程。秀美的生成过程与“人自身”运行的过程密切相关。秀美所展现的人性的光芒，即秀美的人类主体性，一方面体现在秀美是以“人”为主体，另一方面则表现在，秀美在运动的过程中展现出来的特征，体现出“人”之所以为人的生成特点。审美路径的最终目的旨在实现“完整的人”，席勒给予人及人格突出的地位，体现出席勒人类本体论的思想萌芽。

当然，席勒在美的运动中凸显“人”的地位的同时，也认为天才与结构美相同，也是自然的纯粹产品，不受理性能力抑制的、奔放的、强大的自然能力变得高过理智的自由，就会逐渐摧毁着理智的自由，就像在结构美中，沉重的物质最终必定压坏形式一样。由此看来，席勒对于天才的观念不同于启蒙时期，对人的主体能动性无限度的突出，而是有一种理性反思，这也是席勒对于时代问题的回答。可见，席勒对审美教育的重视度，即使是天才也需要理性指引。正如席勒所总结的，“人的任务，就是在他的两种本性之间建立内在的协调一致，成为一个永远和谐的整体，而且带着他情绪饱满的全部人性活动”[①]。正是这种“带着他情绪饱满的全部人性活动”的要求，使得人的完整性成为必然。秀美所展现“活的形象”的审美路径最终目的是指向“人的完整性”。因为要追求“人的完整性”，才有了对理性、感性的超越性的运动性要求；因为要追求“人的完整性”，才有了对现实的关注，将对“美”的探讨引到具体

① 席勒：《审美教育书简》，第267页。

艺术对象的分析，希望通过审美教育达到人性的完整。虽然席勒看到了人自身的矛盾性：人的主体精神能爆发出强有力的力量，但与此同时也需要理性的指引，而且席勒也提出要辩证地看待与协调这两者之间的关系，使人和谐完整地走向统一。

通往人之完整性何以可能？康德哲学明确指出“人是目的”。在康德看来，之所以有实现“人是目的”的可能性，是因为“人的认识能力”可以实现后天的提升，以此引导人的行为，调节人的性情。席勒是康德的追随者，康德“人是目的”的哲学理念到席勒这里，演变为对“人的完整性”的无限追求。席勒将康德的“人是目的”的理念进一步具体化，突出了“完整性”的要求。如果说，康德是通过提升“人的认识能力”以实现“人是目的”，那席勒对“人之完整性”的追求是希望通过审美游戏，使人摆脱自然的物质束缚，驱除外在的感性压迫之后，上升为一种想象力的游戏，能够自由地面对自己的创造物，人就可以达到审美自由的理想状态，这种状态就是席勒认为的“人的完整性”的完美状态。

总体上看，席勒的“艺术实践”与“活的形象”在某种程度上可以等同，只是各自的侧重点不同，秀美“活的形象”的呈现需要实践性转换，作为艺术对象呈现出来。可以说，“活的形象”是“艺术实践”的呈现效果。当然，这一切都是以实现“完整的人”为目标，即通过审美路径，在创造或欣赏“活的形象”的过程中，实现理性与感性统一的自由状态，最终成就“完整的人”。席勒在阐释秀美实现的审美路径的过程中，凸显秀美在呈现过程中的主体性、实践性与溢出性，而“路径”所体现的主客体统一性、生成性与目的性能够恰如其分的表现秀美的本质内涵。“完整的人”是席勒秀美观探讨的核心目的，秀美通过艺术实践呈现出活的形象，展现出秀美的审美精神内涵，即依照自然本身永恒的、与内在统一的法则，实现了自身理性与感性融合的状态，通过人在审美实践过程中，让美走在自由的前面，实现人的理性与感性的统一，最终实现“完整的人”。

由于不同时期对“人”的理解不同，席勒对秀美的“人类主体性”的解释还存在一定的局限性。席勒希望通过从“人”自身出发，实现感性与理性的结合，达到审美游戏状态，指引人走向完整性，从而获得真正的自由。但是，谈人的自由，到底是作为一个自然人、还是一个社会人，一个处于社会中却试图独立于社会的个体而言？人的自由到底是人的“什么”自由？是精神自由，还是处于一个社会关系中，人自身内外的自由？这一点上，马克思的“人的全面发展”的理念超越了席勒的“人的完整性”理论。人处于一定的社会关系中，人的自由发展需要立足于社会实践。席勒的问题在于，他的实践仅限于艺术或精神领域，马克思的实践观与此不同，具有直接现实性。马克思的实践是把人放在社会关系中，通过社会实践实现人的自由，这是解决“人与社会”问题的可行性方案。

（原刊于《汉语言文学研究》2021 年第 2 期）

作为“美好生活教育”的美育：一种新的理论阐释

林玮[①]

2013年，党的十八届三中全会《中共中央关于全面深化改革若干重大问题的决定》明确提出“改进美育教学，提高学生审美和人文素养”。这是党中央文件第一次对“美育”做出重要部署，也使新时期的美育工作进入了全新阶段。2015年9月，国务院办公厅印发《关于全面加强和改进学校美育工作的意见》；2018年8月，习近平总书记在给中央美术学院老教授回信中，再次强调了美育的重要性；2019年10月，教育部在延安举行学习贯彻落实习近平总书记文艺工作座谈会讲话精神五周年座谈会，也以“努力开创新时代学校美育工作新局面”为主要议题。

“美育”意义重大，自不待言，但其理解与实施却呈现出众多不同。一方面，学校美育课程大体以“艺术教育”为指代，举凡

① 林玮，浙江大学传媒与国际文化学院副教授，浙江大学、台湾世新大学博士后，北京师范大学博士，研究兴趣为视听传播、影视艺术和审美教育等。

绘画、音乐、舞蹈、器乐、影视作品、文学等，都被认定为当然内容；另一方面，社会对以“艺考”为代表的艺术教育颇多非议，以至于网上流传这样一个段子：“他们从小就逼你苦苦练琴，可长大后，你如果真想去搞音乐，他们就会吓个半死。”为什么社会大众对“美育”的理解会如此复杂？面向新时代的美育又应以何种愿景为追求？

一、美育的历史转型：三种范式及其影响

从现代史来看，至少存在两种美育认知与实践范式。第一种是作为“艺术创作训练”的美育。这种美育一般被称为“艺术教育”，教的主要是艺术创作领域的专业技能。这是最常见的“美育”，也是现代教育中出现最早的“美育”认知。它诞生于工业化时代的社会分工之中，艺术家（艺术）逐渐从工匠（工艺）中分离出来，成为独立的职业（工种）；其目的主要是批量式地培养专业的、以艺术创作为职业的艺术家。显然，这种美育的出现与现代意义上“艺术”的出现基本是同时的，或者略晚于它。这一时间起点，根据朗西埃《美感论》中的论述，“在18世纪末才在西方出现”。而值得注意的是，朗西埃接下来还指出：

> 当然在它形成之前，人们已经有了多种的技艺、多样的制作方式，其中一小部分产物占有优越的地位，这种地位，并不代表它们本身的出色，只意味着它们在社会处境的划分中占有特殊的位置……艺术之所以不同于工艺，是因为它用来提供娱乐，它属于自由的人、有闲的人，这些人囿于本来的身份，不

> 会在一名艺匠甚或一个奴隶的实物作品中追求极致的美。当不同生活方式间的这些层级开始动摇的时候，西方的艺术就开始成形了。

朗西埃的这段论述对我们理解“美育”的历史类型至少有两点启发，而这两点启发都在其随后的论述中有所凸显：首先，朗西埃明确指出，当这种趋于有闲的、相对专业的艺术诞生之后，“感性体验的形式、进行认知的方式、受到影响的存在，这些都发生了改变”，“这种得到认知的模式，是它像这样重构了经验”。因此，他把美学理解为“一种体验模式”，认为艺术的诞生靠的是“塑造了感性体验的肌理”，而这种肌理不仅“关联着一些实际状况，比如表演和展览的空间，流传和复制的形式，同时，它也关系到认知所处的模式、情感所受的制约、作品所属的分类、作品的评价和阐释所用的思考图式”[①]。可以想见，在这种现代意义上的艺术诞生后，两个多世纪以来，人们对艺术的欣赏、理解与阐发（亦即审美）也逐渐变得专业起来。它至少在认知模式、情感制约、作品分类与评价、阐释的思考等方面需要有某种专注，并进而形成特定的知识与领域，出现了诸如“美术馆的诞生”等标志性事件。而这也直接地促发了第二种美育的诞生。

第二种是“作为艺术品位培养”的美育，教的主要是艺术鉴赏。这是工业化到一定阶段出现的“通识性美育”，其着眼点在社会公众的审美（艺术）素养，力图通过提高公众的审美水平，使人

① 朗西埃：《美感论：艺术审美体制的世纪场景》，赵子龙译，北京：商务印书馆，2016 年，第 1—2 页。

人都能发现美、欣赏美，进而美化生活。不同于专业学校开设的第一种美育（艺术教育），第二种美育一般开设在综合性学校之中，并不以培养职业艺术家为目的，而是为了提升人们的审美情趣、美学知识和认识水平。这种美育的教学手法主要是情境论，引导人们从艺术文本出发，解读出文本背后的深厚意蕴，一如海德格尔讨论梵高画作《鞋》的著名言说。[①] 事实上，长久以来，我国中学语文教育主要是这种形态的“美育”表现。从某种意义上说，这是来自精英阶层的审美认知通过教育逐渐向社会普及的过程。

而随着这一过程的推进，人们艺术素养和审美素养得到了逐步的“提高”，前引朗西埃的著作中的另一点启发开始逐渐浮现，即“当不同生活方式间的这些层级开始动摇的时候，西方的艺术就开始成形了”。也就是说，随着独立的艺术领域持续发挥社会作用，从有闲阶级那里诞生的美学知识（可以表现为一种生活态度与生活方式）逐渐经典化、学科化，并通过学校教育向下层流动（灌输），慢慢转化为社会公认的常识。当全社会都认可了来自上层社会的审美标准，社会的审美情趣就会日渐固化，从而导致两种革命倾向的出现：一种是来自上层社会内部，如杜尚的《泉》；一种来自底层民众，那就是使日常生活本身焕发出美感。

这两者恰构成了朗西埃《美感论》的立论基础——“本书将揭示出，一种认识艺术、感悟艺术、阐释艺术的体制，是如何成立、如何转型，如何将那些看似与高雅艺术的理念最为抵触的影像、物品、表演一并纳入其中，诸如：民俗画的粗俗人物，自由诗所赞颂

① 海德格尔：《林中路》，孙周兴译，上海：上海译文出版社，1997年，第17页。

的最凡俗的活动，杂耍戏院的特技和小丑表演，工厂厂房和机器街拍，机械设备所复制的火车和航船尾烟，一反常规对穷人生活用品的列举”。朗西埃更进一步说：“本书将揭示，艺术绝没有因为世上的平凡事物加入其中而衰退，相反，艺术在不断的自我更新，带来变化……它总是打破先前艺术特有的定义，模糊日常生活和艺术间曾有的边界，建造它独有的领域。”①

也就是说，上述两种艺术革命的结果都是导致第三种美育范式的登场。因为上述两种美育认知，一者“专”，一者“雅”，都局限了“美”的理解范畴，也让“美育”未能摆脱“艺术”的藩篱。其实，艺术、环境与生活作为“美”的三大领域，已为国际学界公认。进入 21 世纪以来，“生活”更成为“美”的主要生发地。特别是随着中国社会主要矛盾的转变，“美好生活”成了人们的向往，一种新的、更为深刻的“美育”认知范式也应运而生，它是“美好生活教育”的简称。

第三种美育是“作为美好生活教育”的美育，教的主要是对生活的情感认知与体悟。这是人类社会转向后工业时代而出现的“美育”。在这种美育的视野中，日常生活里的吃喝拉撒、婚丧嫁娶，充满了人之为人的全部理由。而理解和把握这些理由，把生活看作是人与人相遇、相融、相互成全的场域，把与他者的情感交往看作是审美的生成，学会打动别人，也被别人打动，就是这种“美育”本真性的显现。只有把日常生活视为一种充满情感的成长空间，人才能在对情感的体认与审美中，成为其自身。而成就美好生活，这是“学以成人”的核心命题。

---

① 朗西埃：《美感论：艺术审美体制的世纪场景》，第 3 页。

需要讨论的是什么是“美好生活”。在此，可以加以引述的是马克思对生活的理解。在他那里，“生活”本身叠加着“必然王国”与“自由王国”双重状态，“像野蛮人为了满足自己的需要，为了维持和再生产自己的生命，必须与自然搏斗一样，文明人也必须这样做；而且在一切社会形式中，在一切可能的生产方式中，他都必须这样做。这个自然必然性的王国会随着人的发展而扩大，因为需要会扩大；但是，满足这种需要的生产力同时也会扩大”[①]。在“必然王国”中，真实甚至残酷的生活是任何人都无由回避的；哪怕“成功人士”，一样有遭遇残酷的风险。因此，虽然对审美来说，真实生活的“必然王国”之上还存在着“自由王国”，但真实是“自由王国”的基础，是其审美来源。马克思对“真实”有着虔诚的信仰，无论他对伦勃朗的批判，还是对巴尔扎克的赞同，都暗含着对“真实”的高度认同。这种审美取向被恩格斯直接地表述为“现实主义”，它要求有“具体生活和富有生活气息”[②]。可以说，马克思的生活之“美”即在于“真”——而前文所谈及的两种美育危险之处恰在于易流向“假”[③]。马克思“以真为美”的观点，与中国美学中“能写真景物、真感情者，谓之有境界”（王国维《人间词话》）的传统，是内在相契的。他们一者倾向“真”的批判性，一者倾向“真”的超越性，却不约而同地把“真”视为“美”的第一要义。

---

① 马克思：《资本论》（第3卷），载《马克思恩格斯全集》第46卷，北京：人民出版社，2003年，第928—929页。

② 恩格斯：《现代文学生活》，载《马克思恩格斯全集》第2卷，北京：人民出版社，2005年，第133页。

③ 如马尔库塞所言，“现行的大多数需要，诸如休息、娱乐、按广告宣传来处世和消费、爱和恨别人之所爱和恨，都属于虚假的需要这一范畴之列”。参见马尔库塞：《单向度的人》，上海：上海译文出版社，1989年，第6页。

以真为美，是主体有强烈的自我意识，能激发起深厚的情感，即所谓“兴”。但对具有社会关怀的生活美学来说，“兴”只是基础，在“美”之后还有“好”。前者是主体自我情感的兴发，后者则是个体情感的沟通与关联。中国古代“乐主和同”的美学思想，将此视为常识。而马克思也认为在生活“这个领域内的自由只能是：社会化的人，联合起来的生产者”，无论“自由王国”的彼岸有多远，“这个领域始终是一个必然王国”[①]。

由此可以拓展出本文所言的第三种美育，即“面向美好生活的教育”。它以真为美，以善为好，是一种真善美相统一的教育。这种美育不盲从对所谓“优雅”“品位”“格调”的追求，而是深入到生活之中去，从中寻找到某种独特的生活经验，它尊重生活、了解生活的复杂性，又能从中培养起热爱生活、情感充沛，能随时把自己投身于自然与社会的“大美”之中去。也就是说，面向美好生活教育的美育，要做的不是改变某项具体的艺术或文化形态，而是要改变接受美育熏陶者对生活境遇的认识和判断，帮助他们以新的视角来观察人生。

同样一段校园生活，某些学生可以学得畅快自如，在课堂上下总是从容自在，与人友善，另一些学生则可能学得颇为吃力，生怕在成绩或其他评比中落人一步，搞得人际关系紧张。除了学习能力之外，这不得不说是美育的熏陶有所差别。如果一个人能把他在艺术教育中所感受到的审美体验转移至日常生活之中，把与自己交往的他人、与自己相遇的自然万物（比如鸟鸣、花开、云淡、风轻）

① 马克思：《资本论》（第 3 卷），载《马克思恩格斯全集》第 46 卷，第 928 页。

都视为蕴蓄有勃勃生机的审美对象，随时随地都摆出一副要审美的样子，与审美对象进行情感交往与沟通，把喜怒哀乐等起心动念都视为一种美的感受，那么，日常生活自然也会向他敞开美的一面，他自己也能感受到精神舒展和自由的一面。

这种美育当然以前两种艺术教育为基础，但它最终要指向人的全面成长，特别是价值观的塑造。它可以命名为中国美育的“生活美好化转向”。这种转向高度维系于主体的自觉，包括教师与学生的自觉，它要求每个人都能感受到生活的本真之美，并投身于对它的调和之中。把自己作为一件能动的艺术品，把每一段人生经历都活成审美的想象，这就是面向美好生活教育的“美育”本意。

二、美育的个体实践：五个环节及其统合

一般意义上的“美育”，是一个相当复杂的术语。它可以指某种具体的教育教学方法，也可以指人在审美状态中成长的过程，甚至可以指美对人的濡染作用。而在个体实践意义，传统美育的最高境界主要表现为人与自然的交融。

王阳明把这种交融命名为“与天地万物上下同其流”。这种状态往往发生一种整体的、与个体切近的审美语境之中，典型如《论语》中“莫春者，春服既成，冠者五六人，童子六七人，浴乎沂，风乎舞雩，咏而归”。在这段论述中，审美状态的生发有一个明显的切入点，就是“舞”和“咏”，亦即艺术。有了艺术之后，人郁积于心的情感得以抒发，进而向外彰显，与外界产生某种通感，实现情景交融，以景之情强化人之情，达到“我见青山多妩媚，料青山见我应如是”的效果。这是传统的“人生论美育”：把自己活成

高雅的艺术品，随时呈现优雅的生活姿态。现代以来，在作为学科的“美学西来”的语境中，“人生论美育”的思路被赋予了对抗性色彩，被认为具有精神救赎之意。而在经过了工业社会洗礼之后的当代，这一美育论调遭遇了新的语境。它突出表现在全球化时代借由智能互联网而骤然来临。面对如是千年未有之大变局，当代美育应该从“人生论美育”转向“生活论美育”，从而在个体身上得到实现。这一转变可分五个环节。

第一个环节是“情为基础”。无论中西方，美学都以人的情感为基础。也就是说，审美总是要激发人的某种情感，进而冲破常态（日常生活）的束缚，实现某种想象的自由。丰子恺就说：“纯粹的知识和道德全是枯燥的法则的网。这网愈加繁多，人生愈加狭隘。”[①] 而要实现这种基于情感的想象自由，主要凭借对象是各式各样的艺术（品）。因此，美育应该是以艺术教育为主体的，特别是诉诸感官又能引起深刻审美体验的“美的艺术”（fine arts）。对于这种艺术来说，它所要引发的情感不是日常生活中常见的普遍情感，如生气、怨恨、快乐、愁苦、嫉妒等，而是一种“美的情感”。《郭店楚简》中就有“君子美其情”的表述；近代王国维《古雅之在美学上之位置》则言艺术之目的在于“唤起美情”，艺术是“唤起美情之最适之形式”。这是一种偏向高雅层次的情感，也可以叫作“诗意”。

第二个环节是“趣为中介”。艺术靠什么实现情感的唤醒与保持？主要是“趣”，如情趣、趣味、志趣等。有了趣，人就会爱不

---

① 丰子恺：《关于学校中的艺术科》，载《丰子恺文集（第2卷）》，杭州：浙江文艺出版社、浙江教育出版社，1990年，第226页。

释手、流连忘返，进而沉浸于物所构造的情感世界之中。这就把艺术与情感关联了起来。近代美育大家，无不标举“趣”，梁启超谈“趣味”，朱光潜说“情趣”，丰子恺则言“真趣”，都是一种把人生意义艺术化的表现，或者说是在艺术审美（包括自然山水）中发现人生意义的过程。通过品“趣”这种值得玩味、富有内涵的行为，人与世界发生了关联。

读诗、看戏、赏曲，乃至听雨、品茶，都是美与人生相勾连的关键性环节，其中要紧的就是“趣”。有趣，则大千世界蕴含在方寸天地（如一幅画）之中，人的想象力、归属感与创造性得以被激活；无趣，则大千世界了无意义，黯淡失色，人成为行尸走肉。在这里，“趣”几乎就是生命本体。因此，美育重要的不仅是让学生掌握艺术创作的技法和技巧，也不仅是让学生掌握艺术史论的脉络与结构——这些都是“知识”；而是要让学生能够品味到“趣”的存在，在某种“趣”（行为）之间找到情感的生发处，进而为自己打开一个大千世界，亦即“鉴赏”。特别是要培养出某种看似无用的“趣味”，美育才能对个体情感有所介入。其反面，譬如论者言：今之书法教育多只关注“如何写好字”，而“这个办法并不成功”，因为“很多上过书法课的人，在之后的生活中依然不能欣赏书法作品”[①]。

第三个环节是“育为目标”。在“趣”为中介的基础上，人已经有了成为完整的人的可能，因为他 / 她在“趣”之中发现了一个与此生此世不同的“诗意的世界”。这一过程的发生，就是个体的“美育”。很多美学家都对它做过细致描述，唐君毅说“感通”，朱

① 刘九洲：《新时期书法教育刍议》，《上海文艺评论》2021 年第 4 期。

光潜说“移情”，梁启超说“移人”，乃至今人所谓“共情”，基本内涵就是审美接受主体完全融入审美境界之中，感受与审美对象浑然一体。在这一过程中，个体经过濡染与熏陶，趣味也就从表面的“爱好”转化为“乐”。《论语·雍也》言“好之者不如乐之者”，就是倡导“乐”（lè）高于一般的“趣”。

就个体来说，这一过程的至高境界就是“与天地万物上下同其流”，就是审美接受主体在审美过程中实现了自我的精神自由。曾子描述的“浴乎沂，风乎舞雩”和孔子后来点评曰“吾与点也”，都是对这一个体状态的肯定。这一进路是清晰的，在宋代之后也成为整个传统儒家所谓“寻孔颜乐处”的重要话头。

但是，美育不仅作用于个体，它还需要作用于群体。个人的“乐”（lè）要变成具有影响力的文艺传播，即“乐”（yuè），才能使美育具有“群育”的作用，使群体间彼此包容，社会趋于和谐。《孟子·梁惠王下》中说“独乐乐不如众乐乐”，就是倡导把那种立足于个体解放的“人的美”转化为“社会的美”。在中华文明“礼乐教化”的逻辑里，这就是“礼主别异，乐主和同”（马一浮语）。而正是在这一逻辑中，美不是独立的精神自由，它有很强的道德性。传统至近代的中国美学家，几乎没有主张彻底唯美的，都在美中融入了真与善的关联。

第四个环节是“化为愿景”。个体的审美，可以偏向自由，在自由中对社会的礼俗有所突破。行为艺术、装置艺术，往往多着眼于此。但就富于群体意义的美育来说，就不得不考虑审美与社会公序良俗之间的协调作用。美育不只是要培养艺术家，更重要的是让整个人类社会形成彼此欣赏、充分包容的精神空间，让个体的自由能够得到更多释放与认可。费孝通说“各美其美，美人之美，美美与共，天下大同”，即此谓也。因此，美育的起点虽然只是培养个体的审美情趣，但它抵达的愿景却是要整个世界，或曰“人类社会”都能实现“化”的效果。

个体实现“化”的效果，无非是陶渊明《形影神赠答诗》里描述的“纵身大化中”；而群体实现“化”的效果，则是“永久和平”得以实现的美学可能。后者对全球化时代来说，更加重要。全球化是一个过程，近代中国也遭遇过。而今天的中国，更是面临“深层全球化”（或称为“有限全球化”）。前者引发的“刺激－反应”是中国人痛彻地认识到传统有问题，如新文化运动；后者引发的“刺激－反应”则是中国人深刻地认识到传统不能丢，如文化自信论。站在全球化的立场上，美育的目标是要使世界“化”为审美空间，不同文明之间能够彼此包容，更加能够从他者文明中寻找到“趣”，并以此拓展自我对世界的认知，实现文明共生与交流互鉴。此即“五色交辉，相得益彰；八音合奏，终和且平”。

第五个环节是“返真成俗”。上述前四个环节说的就是“人生论美育”，这是一种“人生艺术化”的追求，就是要“让生命重归于深情、高尚、生动与诗意，让生命复归于本真、从容与和谐”[①]。也就是要“重建优雅的生活姿态”。但这种优雅的生活姿态不能脱离庸俗乏味的日常，而应该使日常“点铁成金”。人成长于日常之中，他／她需要在日常中体会到生命的意义与价值。王小波在小说《红拂夜奔》中说，“一个人只拥有此生此世是不够的，他还应该拥有诗意的世界”。这句话反之亦然——一个人光有诗意的世界是不够的，他还应该有此生此世。

---

① 金雅：《为什么重提“人生艺术化”》，《艺术百家》2012年第6期。

绝大多数人都生活在流水线、快递车、文山会海与掂勺炒菜之中。这样的生活几乎没有谁可以“免俗”。在物质不够丰盈的时代了，美、艺术、诗人在精神上往往是超拔于世俗的，这无可厚非。他们需要成为世俗生活的某种榜样。但随着中国进入全面小康社会，共同富裕逐渐成为现实，高高在上的美学也应该步入凡尘，把过于偏重自我，偏重“无所为而为的玩索”（朱光潜），转向日常生活，让每一个人都能从自己的生活中找到“趣味”和活下去的理由。也就是说，“任何一种生活都可以过，并可以由自己给予它深沉永久的意义”（宗白华）。

在此，特别要强调“群”中之“俗”。人类进入了智能互联时代，当互联成为普遍语境时，人却更加倾向孤独的生存。譬如一个人观看的手机小屏取代了众多人一起看的电影大屏，电竞游戏、刷剧剁手，都是自我的行为。它们是“俗”，但不是“群”。在这样的语境中，还强调偏重自我的审美，就很可能脱离自我与他者的关联，进而相对地造成了对人与人之间的关系、对人世间本身的苦难、纠缠和无聊显出某种程度的忽视，主体失去对他者世界的赞赏，也就没有美美与共的可能。既要“俗”（日常），也要“群”（全球 / 社会），这才是走向生活的美育。

三、美育的教学实践：以“研学旅行”为例

走向“群”中之“俗”的美育，在中小学的教学实践中，可以用“研学旅行”为典型加以分析。自 2016 年教育部、国家发改委等 11 个部门印发《关于推进中小学生研学旅行的意见》以来，以旅行为主要形态的“研学活动”成为各界关注的热点。社会各界关于这

一教学形态的讨论颇多，理解不一，主要集中在对研学旅行“只游不学”，丧失教育功能，沦为旅游产品的批评上。[①]其实，研学旅行作为突出“研学”的旅行，本质上仍是“旅行”的一种形态。而社会对“旅行”的认知太过偏重商业，致使其缺乏充分而必要的审美属性，才导致了“研学旅行”这一立意高远的教育形态一旦进入市场，很容易就失去了“育人”的本质，被异化一种商家牟利的工具。那么，美育意义上的“研学旅行”应该什么样呢？

根据教育部的文件界定，“研学旅行”专指针对中小学生“由教育部门和学校有计划地组织安排，通过集体旅行、集中食宿方式开展的研究性学习和旅行体验相结合的校外教育活动”。这一定义在教育学意义上的关键点在于“集体旅行、集中食宿”和“研究性学习和旅行体验相结合”。前者说明“研学旅行”需要注重集体性（群）和生活性（俗）。而这种集体的校外生活，对中小学生来说乃是一种特殊的“异质生活”，亦即是“俗”。不过，这一“俗”是“陌生化”的，它不但要集中食宿，还要离开熟悉的生活环境，去体会一种“异质”的生存经验，它对应人的趋新、好奇心理，可以让学生对“生活”（俗）本身产生反思。[②]

“群”和“俗”的结合，表明“研学旅行”的教育特征就是要

① 仅以2019年为例，散见报端的相关批评性文章就包括《中国城市报》2月18日《“游”而不“学”当治》，《河北日报》4月16日《对研学旅行要重视更要规范》，《检察日报》6月15日《中小学生研学旅行，早该管管了》，《中国青年报》7月25日《游学成暑假标配？超七成中小学生家长称收获低于预期》，《南方日报》7月27日和28日连续刊发《爹妈钱包“出血”孩子游而不学？》《研学团39名学生食物中毒，学生称有火腿肠疑发青》，《新华每日电讯》8月2日《中小学生暑期“游学”热背后的“花头经”与“冤大头”》，《人民日报（海外版）》8月7日《博物馆研学不能“游而不学”》。

② 杨建刚：《陌生化理论的旅行与变异》，《江海学刊》2012年第4期。

让学生在“集体旅行”（体验异质生活）的过程中，去研究生活的“异质性”。譬如所到之处的人文传说、自然环境的地质变迁、生产劳动的工艺流程等——这些都是不同于学生平常校内生活的“异质性”，也是“研学旅行”区别于普通旅行的教育属性。

这种“异质生活”是一个整体的构成，就是要把学生的生活环境整个儿换到另一个情境之中。李吉林在20世纪90年代提出的“情境教育”，就是要有意地设置情境，以直观的情境画面来感染学生。不过，在她那里这里，“情境”只是具体的课堂环境；而在“研学旅行”中，“异质生活”的核心就是“异质情境”，就是把学生带离熟悉的生活现场，进入一个相对疏离的、陌生的场景（情境）之中，让他们自然产生探究的好奇和体验的冲动。“研学旅行”必须把握住“异质生活的情境性”这一审美体验上的本质，才能找到其审美教育生成的可能。

不少地方都要求研学旅行“三为主”，即小学以县内为主，初中以市内为主，高中以省内为主，或者提出“小学不出市，初中不出省，高中不出国”。这可能存在一个对“旅行”本质的认识误区。其实，作为审美对象的“异质生活”并不拘泥于地域，只要是“异质”的生活，都有激发学生审美兴味和探究反思的可能。比如对于小学生来讲，短期地换一位老师、换一间教室，或换一所学校，都能达到“异质”的目的；而对中学生来说，那种跳蚤市场、校园商业节、校园美食广场等活动课程，也可以实现他们对“异质生活”的体验。因此，只要能创设的“异质性”足够强烈，“研学旅行”的美育效果发挥，并不在意地域的远近。而只要对一个场所有深刻的认知，其异质性效果也会逐渐显现出来。就拿城镇来说，“新的城镇，也会体现出同社会组织中的现代观念有关的原则，如合理性、秩序和效率等。在某种意义上，这个城镇本身就是现代性的一个学校"[①]。

其实，让看似日常的生活呈现出"异质"的效果，就是艺术家看待世界的方法，是一种美育。艺术家总是能在常人所不易发现美的"寻常角落"找到特殊的"材料"，然后以艺术创作呈现出来，让观者生发出震惊的审美体验。事实上，中西方古代的"游学"或"壮游"，都难免带有艺术创作的"衍生品"，大量游记文学即是证明。特别是中国古代的"壮游"，至少形成了两个特殊的传统——

一是以"曾点之乐"为代表的精神传统。前引《论语·先进》"子路、曾皙、冉有、公西华侍坐"的故事，说的就是孔子对三位弟子建功立业的愿景不甚赞许，唯独对一直站着弹琴的曾皙（曾点）"冠者五六人，童子六七人，浴乎沂，风乎舞雩，咏而归"的想象大加推崇。可以认为，在曾点的春游描述中，古代的"研学旅行"已颇具雏形。他们虽然没有明确的"研究性学习"和"集体食宿"，但在美育效果上已经达到了人与天地自然"同其流"的极高境界。

二是以"经世致用"为特征的事功传统。与"曾点之乐"那种并无特定目的的"旅行"不同，中国古代的"壮游"多半要增长少年的见闻，以激发其某种志向。如司马迁"二十壮游，奉使西征"；王阳明十五岁"出游居庸三关，即慨然有经略四方之志"；杜甫《壮游》长诗开篇即云"往昔十四五，出游翰墨场"，以及李白的《少年行》和《结客少年场行》等都是如此。这与欧洲（尤其英国）自 16 世纪起出现的以"壮游"（grand tour）为其男性公民的成年礼，

① 英克尔斯、史密斯：《从传统人到现代人：六个发展中国家的个人变化》，顾昕译，北京：中国人民大学出版社，1992 年，第 319 页。

颇有类似——后者多半是出于宗教目的的朝圣。它们都是为了某种功利性的目的而出游。

古代“游学”的上述两个传统，一则超越，一则功利，看似矛盾，其实在美学层面有其内在的一致性。这种一致性表现在两个方面：一是“旅行”作为主体的人生经验，在记忆中会历久弥新，从而自然生发出深厚悠远的美学效果，上升为一种生命体验：朱熹在《远游》中回忆其旅行经历时说“悲风来远壑，执手空徊徨”，就是例证。因此，只要是异质性的生活，主体又有足够的思想准备去体验和反思，那其本身就具有转化为美育的可能。另一方面，上述两个“游学”传统都着眼于激励青少年扩大心胸，提升自我，视天下为一体，融四海成一家，鼓励他们通过“旅行”而产生自我判断，形成强大的主体性，以应对这个世界。

古代“游学”人群中的佼佼者，往往都有诗词文学作品或绘画传世，这说明“旅行”应该像艺术家一样看待世界的说法，有合理性。但“游学”毕竟出现在古代，它与今天的“研学旅行”在情境上有着极大的不同，在此只指出两点：

一是当代社会比古代复杂。今天我们已经进入了全球化时代，各种文化之间的相互交流、共生已是常态，知识的爆炸式增长与传媒的飞速发展，让现代人接触的信息远远超过古人。对此，美国学者 B.Davis 等认为提出要倡导“复杂性学习”，即认定“学习者是参与者”，“学习是对世界的一种参与”，是所有学习者的“共同演化”（co-evolution）[①]。而对这种学习来说，“研学旅行”无疑就是一种

---

① B. Davis，D. Sumara，R. Luce-Kapler. *Engaging Minds：Learning and Teaching in A Complex World*，Mahwah，NJ：Lawrence Erlbaum，2000，pp.52–56.

典范。二是当代社会比古代灵活。这是指当代社会的流动性极大，人往往是一种“移动中的存在”（being in motion）。飞机、高铁、海底隧道等的诞生，助推了人们的移动生存体验，而要适应这种体验，也必须有关于“旅行”的学习。

应对这两点独特的当代生活特征，“研学旅行”必须呈现出与古代“远游”“壮游”或“游学”极不相同的生活美育属性，否则就可能沦为一般意义上的“旅游”。而“研学旅行”与一般“旅游”的不同，也至少有以下三点值得辨析：

一是要彰显教育本义。许多社会批评都指出不少“研学旅行”产品都“只旅不学”。除了商业上的考量，这种美育手段是中了近年来十分流行的“消极教育学”或“静待花开论”的毒。当前坊间常见“孩子你慢慢来”的论调，提出要少干预青少年的成长，其实是放弃了教育者的责任。面对今天这样复杂的世界，教育者如果不给青少年学生提供旅行的“路线图”，他们很可能就会“误入歧途”。因此，研学旅行必须在课程设计上高度重视价值诉求，明确教学目的和达成方法。

二是要聚焦审美体验。“异质性”是研学旅行作为美育的核心，而对异质性的体认固然可以通过知识，比如研学旅行的导师以讲解、考察等方式向学生们传授具体的知识信息，但更重要的是带学生到现场，让他们亲自动手，参与其间——只有这样，才算得上是“审美教育”。学生在实际情境中，对“异质生活”的认识不再只局限于知识，而有了加以体验的经历，这不但会促发学生在旅行过程的当下即产生移情（如爱上某个地方、某种生活方式），更重要的是通过时光积淀，这段“研学旅行”的经历会变成一种充满情感的回忆，从而使主体产生前文讨论古代“游学”时提出的那种生命体验式的审美效果。

三是要鼓励情感交往。当代研学旅行的“集体旅行、集中食宿”，与古人常见的“少年行”大不相同[①]。它其实更带有社会主义教育的特殊性，即突显集体。而事实上，这正是对现代性社会过分重视个人主义的反拨。集体生活本身对中小学生来说就是一种“异质生活”，它在促使学生反思生活本身的同时，也为他们之间的情感交往打开了广阔的空间。而“情感交往”本就是美育的题中之意。“研学旅行”必须高度重视在旅行过程中人和人之间的情感关系，鼓励他们多交朋友、交好朋友，引导他们形成同情、怜悯、分享、利他等正向情感体验。

四、研学旅行的美育效果：四种路径

艺术家总是情感充沛的，他们可以通过艺术创作把自己的情感寄托或转化为某个符号形象之中。这样，那个常人都能看见的符号形象就被赋予了特殊的象征意义，变成了一件艺术品。具有深厚、丰富美育意味的研学旅行，需要把整个“异质生活”都看作一件艺术品，让“生活”本身呈现出审美效果。这才是真正的美育。而要抵达这样的“美育世界”，“研学旅行”有四条成型的路径可以走。

一是博物论。艺术是具有认识世界的功能的。《论语·阳货》篇中，孔子说读《诗经》的诸多意义，其中一条就是“多识于鸟兽

① 古人以《少年行》为题的诗作极多，仅唐朝就有李白、杜甫、王维、王昌龄、令狐楚、郑愔、贯休、章孝标、崔国辅、芮挺章、韩翃、张籍、雍陶、邵谒、刘长卿、吴象之、张昌宗、林宽等人写过同题诗词。

草木之名”；而“诗经名物研究”自汉代以来就是一门相对专业的学问。而博物学也曾经是中国教育体系的一部分，如“《幼学琼林》就有很强的博物色彩”[①]。今天的自然爱好者对观鸟、观潮的兴趣之高，也可认为是博物论的一种复兴。特别是“形色”APP、“识花君”微信小程序等新媒体手段的流行，让“研学旅行”更容易继承博物学的传统。

二是意象论。朱光潜提出的“美在意象说”是当代美学的一条共识，它要求欣赏者怀有无功利的心态来看待审美对象（可以是艺术品，也可以是自然风光）。不过，这种“无功利的心态”是需要练习的，包括移情、内模仿、沉浸性体验等在内的一系列“欣赏姿态”，都需要有敏锐的感官和丰盈的情感来实现，有时候还需要广博的知识。而这些都可以在“研学旅行”的过程中得到训练。

三是情感论。情感教育是美育的必然结果，也是实现美育的一条路径。通过研学旅行的集体生活和异质生活，帮助学生在与他人（老师、同学和陌生人）的交往过程中体会情绪感染、情绪放大、情绪沟通、情绪收敛，降低放肆、粗野、虚伪、冷酷的情感作用，提升谦卑、信任、荣誉、责任的情感水平[②]，以此来提高他们的共情力和同理心，这是研学旅行所特有、所擅长的一种教育意义。

四是生活论。艺术家的“生活世界”与常人的生活世界大不相同，这一点在海德格尔的论述中已有精辟的分析。而常人要想从“沉沦”中超拔出来，“旅行”无疑是一条捷径。虽然“教育即

---

① 刘华杰：《理解世界的博物学进路》，《安徽大学学报（哲学社会科学版）》2010年第6期。

② 朱小曼：《情感德育论》，北京：人民教育出版社，2005年，第53页。

生活”的说法流行于一百年前的中国教育学界[①]，但能够把“生活”变成美育手段的，恐怕只有今天的“研学旅行”。因为“异质生活”最易产生美感（陌生化效果）。当然，这只是审美教育的第一步，真正的美育应该使学习者在不出门的情况下/熟悉的日常生活情境中也感受到美的存在，这才是人的审美能力得到充分体现的结果——这样，在美育意义上，我们才能够理解马克思在《关于费尔巴哈的提纲》开篇的名言：“从前的一切唯物主义——包括费尔巴哈的唯物主义——的主要缺点是：对对象、现实、感性，只是从客体的或者直观的形式去理解，而不是把它们当作人的感性活动，当作实践去理解，不是从主体方面去理解。”[②] 在这里，无论“人的感性活动”还是“实践”，抑或“主体方面”，都是“生活”，或称艺术家眼中的“生活”，就是要从人的立场、眼光，把生活世界视为一个足堪把握、体认与鉴赏的艺术品；它自有教育意义。

（原刊于《福建教育》2019 年第 51 期）

① 陈元晖：《中国教育学史遗稿》，北京：北京师范大学出版社，2001 年，第 7 页。

② 《马克思恩格斯选集》第 1 卷，北京：人民出版社，1995 年，第 58 页。

社会主义革命和建设时期我国美育工作的实践历程

石然[①]

一、社会主义革命与建设时期我国美育工作的历史进程

社会主义革命与建设时期我国美育工作的历史进程可以分为三个阶段，第一个阶段是新中国建立初期，这一阶段党的美育工作体现在将美育作为全面发展教育的组成部分在教育方针中提出，开展了大量的美育活动并且建设了正规化的美育组织团体。第二个阶段为社会主义初步建设时期，这一阶段党的美育工作历经了挫折与发展，是美育工作的进一步探索时期。第三个阶段是“文化大革命”及历史转折时期，这一阶段党的美育工作一方面受到重创，另一方面呈现出革命政治化美育新形势。共产党美育工作的任何一次实践

① 石然，杭州师范大学马克思主义学院副教授，浙江省中国特色社会主义理论体系研究中心研究员。

都是不断探索与学习的历史产物，反映了党在美育认识上的不断突破与进步。

（一）美育方针与政策

1949年9月，在北京召开的中国人民政治协商会议通过了《中国人民政治协商会议共同纲领》，其文对新中国成立后的文教事业方向做了明确阐述："文化教育应为新民主主义的，即民族的、科学的、大众的文化教育。"[①] 为了贯彻落实新民主主义教育方针，这一时期中国共产党的美育方针与政策都是基于《共同纲领》精神指引之下的，具体表现为两个方面，即美育作为全面发展教育组成部分的地位嬗变以及美育工作的规范性建设。

1. 美育作为全面发展教育组成部分的地位嬗变

全面发展教育其核心指向人的全面发展，马克思认为，人的全面发展指人自由且充分地发展，其根本是人的劳动能力全面发展，即人的智力和体力，也包括才能、志趣、道德品质等多方面发展。马克思对于人的全面发展内涵与外延的界说对于我国探索全面发展教育的组成部分很有借鉴意义，聚焦到美育在全面发展教育组成部分的位置变化，可以发现共产党对于美育地位认识的演变历程。

1951年3月，教育部召开中等教育会议，教育部长马叙伦在开幕词中提出，"普通中学的教育目标，是使青年一代在智育、德育、体育、美育各方面获得全面发展"[②]。这次的汇报内容，是新中国成立以来首次在教育方针层面探讨"全面发展"的问题，也是首次将

---

① 《光辉的历程》编写组编著：《光辉的历程：中国共产党党史知识读本》，北京：台海出版社，2016年，第46页。

② 吕和顺主编：《北京档案史料》，北京：新华出版社，2012年，第222页。

“美育”作为全面发展教育的组成部分明确提出。自此，美育的独特地位受到重视，美育作为全面发展教育的组成部分被人们接受。1954年2月，周恩来在政务会议上进一步指出：“我们向社会主义、共产主义社会前进，每个人要在德、智、体、美等方面均衡发展。不均衡地发展，不仅影响个人能力的发挥，对国家也不利。”[①] 1955年5月，由国务院第二办公室召开全国文化教育工作会议，指出：“在普通教育方面，进一步贯彻全面发展的教育方针。”即在智育、德育、体育、美育等方面全面发展。在文化工作质量方面，提出“要组织力量发展文艺创作，提高艺术创作的质量，为工农兵服务。艺术上的提高应以普及为基础，不以少数人的偏爱出发，注意思想性和艺术性，同时大力推行艺术事业企业化方针”[②]。这次的文件在坚持美育作为全面发展教育的组成部分思想上进一步规范了文化工作的质量，彰显了中国共产党对于美育的重视。

在1949年到1956年间，美育作为全面发展教育的组成部分受到人们重视，到了1956年底，社会主义三大改造基本完成，我国确立了以公有制为主体的生产资料所有制度，中国由此进入社会主义社会，探索社会主义教育成为这一时期党建工作的重要方面。美育工作作为党全面发展教育的重要组成部分，在社会主义建设时期有了新的部署。1957年3月，毛泽东在《关于正确处理人民内部矛盾的问题》中指出：“我们的教育方针，应该使受教育者在德育、智育、体育几方面都得到发展，成为有社会主义觉悟的有文化的劳动

① 周恩来：《周恩来选集》（下卷），北京：人民出版社，1984年，第129页。

② 《中华人民共和国国史全鉴》（第2卷，1954—1959），北京：团结出版社，1996年，第1452—1453页。

者。”[1]由于这次文中取消了美育这一提法，由此之后20年左右的教育方针中，均不再提及美育。例如1958年颁布的《关于教育工作的指示》指出，“我国的教育方针是使青少年在德、智、体方面全面发展”。自此，美育作为全面发展教育组成部分的地位一落千丈，虽然美育不再单独在教育方针中提及，但是在中小学所开设的课程中，美育部分的课程仍被保留了下来，成为我们今天研究共产党美育工作的参考之本。

美育在教育方针中的地位嬗变体现了我党在美育认识方面的价值取向。新中国成立初期，共产党沿袭新民主主义时期的教育方针，美育承载着“道德教育”的价值取向，美育的功能被弱化为道德教育，这也是1957年之后“美育”在教育方针中“沉默”背后的价值逻辑。美育在全面发展教育方针中的地位是我党在探索美育内涵与外延过程中对于“立美”与“立德”辩证关系的一种认识与尝试。因此，在社会主义革命与建设时期，党对于全面发展教育的认识不只是设置美育或者取消美育这一简单的外在景观，而是党对于美育价值取向认识的一种深刻实践，对于我们今天研究美育与全面发展教育等相关问题具有深远意义。

2. 美育工作的规范性建设

新中国成立以来，党在实践中不断探索美育的精神内涵，通过展开系列美学、美育大讨论，推动美育工作的规范性建设，行走在一条艰难而非凡的道路上。

1955年，教育部副部长柳湜在《关于全面发展教育方针的报

---

① 《中国教育年鉴》编辑部编:《中国教育年鉴（1949—1981）》，北京:中国大百科全书出版社，1984年，第39页。

告》中指出，“美育能培养青年儿童对美好东西的热爱，对美好未来的热爱和信心，能欣赏艺术作品，并对艺术有感情和创造能力。所以，在美育中能很好地进行政治思想教育”①。将美育作为思想政治教育的重要手段，暗含了依靠美育发挥其独特优势渗透政治价值的主张，美育工作因其自身价值与思想教育的双向功能而得到规范化建设的讨论与实践。1956 年 4 月，毛泽东在中央政治局会议中指出：“我们的方针应是，艺术问题上的百花齐放，学术问题上的百家争鸣。”② 自此，“百花齐放，百家争鸣”成为我党繁荣建设文艺事业的指导方针，也是党美育工作的核心精神。“双百”方针的提出进一步规范化了党的美育工作，为其指引方向，同时在美育工作者与人民群众问题方面，共产党仍然坚持新民主主义革命时期的群众路线，例如 1957 年 3 月，毛泽东《在中国共产党全国宣传工作会议上的讲话》指出，“知识分子同工农群众结合的问题。要使国家机关工作人员、文学家、艺术家等，尽可能利用各种机会去接近工人农民”③。党的美育工作从建国初期繁荣发展到三大改造基本完成后美育的探索阶段，这一时期，逐步规范了美育建设的基本问题，促进了美育工作朝着社会主义方向发展。

到了 1966 年 5 月，“文化大革命”全面发动。其间，党的美育工作受到重创，一时间，有关美育的探讨销声匿迹。1976 年 10 月，“文化大革命”结束，被压制许久的美育也逐渐舒展开来。1977 年 5

---

① 杨力、宋尽贤主编：《学校艺术教育史》，海口：海南出版社，2002 年，第 11—12 页。

② 朱宗玉、杨元华、真俊彦主编：《中华人民共和国主要事件人物》，福州：福建人民出版社，1989 年，第 63 页。

③ 毛泽东：《毛泽东论文艺》，北京：人民文学出版社，1983 年，第 99 页。

月，邓小平指出，要实现现代化，需要“尊重知识，尊重人才，对知识分子的政治要求要适当”。这在很大程度上提升了知识分子的地位。邓小平重新呼吁对人才的重视，对知识的重视，一时间，国内文化思想繁荣生长，美育工作也逐渐恢复生气。

社会主义革命与建设时期，美育方针与政策可以从美育作为全面发展教育组成部分的地位嬗变以及美育工作的规范性建设两方面加以总结，通过对美育方针政策的探索与实践，党的美育工作逐渐向好。

（二）社会美育实践历程

社会主义革命与建设时期中国共产党领导的社会美育实践历程包括美学大讨论、美育大讨论、美育活动组织团体建设以及社会文艺活动四个方面，通过丰富的美育组织形式，促进了美育理论及实践的发展。

1. 美学大讨论

20 世纪 50 年代的美学大讨论可以分为两个阶段。第一个阶段是新中国成立至 1956 年 5 月，为美学大讨论的前奏时期；第二阶段是 1956 年 6 月至 60 年代初，为美学讨论爆发时期。此次美学大讨论参与人员广，包括来自美学界、文艺界、文艺学界等诸多学者，主要形成了五种美学流派，分别是以朱光潜为代表的主客观统一派；以吕荧、高尔泰为代表的主观派；以蔡仪为代表的客观派；以李泽厚为代表的实践派；以黄药眠、继先、杨黎夫为代表的价值论美学派。[①]

① 祁志祥：《中国现当代美学史》（上），北京：商务印书馆，2018 年，第 260—261 页。

具体来看，美学大讨论始于对朱光潜美学思想的批判，1949 年 10 月，《文艺报》刊登了署名为“丁进”的读者来信，其文指出，自己之前信奉朱光潜的美感与实感无关的思想，后来知道了文艺批判的两个标准：政治与艺术标准，对此问题解决愈发迫切，希望能够展开讨论。同期《文艺报》刊登了蔡仪的《谈距离说和移情说》做以答复，一方面蔡仪批判朱光潜唯心主义美学思想，另一方面，指出美感具有社会性与阶级性，艺术标准应当服从政治标准。朱光潜于 1950 年针对丁进、蔡仪的批评做出答辩，在《文艺报》发表《关于美感问题》一文，其文指出，自己关于美感经验的思考是借鉴国外学者的观点，作为一种不成熟的探索，有些经验可以为马克思主义学者所借鉴。同期，马克思主义文艺理论家蔡仪与黄药眠发表题为《略论朱光潜的美学思想》与《答朱光潜并论政治学态度》对朱光潜的美学从不同角度再次进行批判。这一时期，对朱光潜美学思想的批判在学界掀起热潮，学者们从批判朱光潜到批判蔡仪再到对《文艺报》的批判，一时间，界内迎来了对唯心主义美学的批判浪潮。1956 年 4 月，毛泽东在中共中央政治局扩大会议上提出“双百”方针，1956 年 6 月，《文艺报》一方面为了响应中央“关于批判资产阶级唯心主义思想”的指示，另一方面结合“双百”方针，刊登了朱光潜的《我的文艺思想的反动性》，拉开了美学大讨论的高潮。界内学者如黄药眠、贺麟、李泽厚都对朱光潜的美学思想做了批判，尤其是李泽厚指出的，美是客观性与社会性的统一。在“百花齐放、百家争鸣”的思想指导下，美学讨论营造出自由的学术氛围，刊登了不同流派的观点，形成了美学讨论繁荣的景象。例如在 1957 年 12 月，《人民日报》发表了吕荧的《美是什么》以及同年 7 月《新建设》杂志刊登了高尔泰的《论美感的绝对性》这两篇带有主观唯心色彩的论述。

总的来看，50 年代的美学大讨论与党的方针政策密切联系，这一时期，有关马克思主义美学思想得到蓬勃发展，对朱光潜美学思想的批判也主要是围绕“批判资产阶级唯心思想”指引之下展开的，可以说，美学大讨论便是在马克思主义理论框架之下进行的，是一次中国共产党领导的马克思主义美学探索实践。

2. 美育大讨论

美育大讨论是受美学大讨论余波影响所展开的，相较于美学大讨论，美育大讨论规模较小，但是涉及的讨论内容却更加学术化与专业化。1961 年 1 月，中共八届九中全会在北京举行，会议纠正了 1958 年以来“大跃进”追求快速的错误，批准国民经济实行“调整、巩固、充实、提高”八字方针。在教育领域，也进行了系列变革。1961 年 2 月，文化部、教育部和轻工业部于北京召开了全国艺术教育工作会议，指出“应对民族艺术遗产和外国艺术采取批判的态度，做到古为今用，外为中用”①。1962 年 4 月，中央批准、文化部党组和全国文联党组下令执行的《关于当前文学艺术工作若干问题的意见（草案）》，简称“文艺八条”，指出“进一步贯彻百花齐放、百家争鸣的方针”②。一时间，对于美育问题形成了全社会争鸣与批判的局面。1961 年，由《文汇报》倡导与发起的有关“美育是否是全面发展教育组成部分”③的大讨论便是在这一背景下展

① 《全国艺术教育工作会议在北京召开》，《人民音乐》1960 年第 3 期。

② 《关于当前文学艺术工作若干问题的意见（草案）》，《文艺研究》1979 年第 1 期。

③ 周冠生：《美育的今天明天与昨天——对美育概念及其在教育中地位之我见》，《上海师范大学学报（哲学社会科学版）》1998 年第 1 期。

开的。

此次美育大讨论形成了五种典型的观点。第一种是以陈科美为代表的认为美育应当作为全面发展教育的组成部分，其抓住了美育自身的价值，论述了美育与德育、智育、体育三育的关系以及不可替代性，论证充满辩证思维，较为客观。第二种是以顾岳中为代表的，美育作为一种工具，不能作为教育目标，美育的功能可以通过德育、智育、体育来实现。第三种是以李清悚为代表的，主要对美育的性质以及实施手段做了探讨。第四种是以赵祥麟为代表的，从美育发展史的角度论述了美育作为全面发展教育的组成部分在教育方针中的不可或缺的地位。第五种是以方惇颐为代表的，肯定了美育在教育中的作用。肯定美育在教育中的地位与作用是这次讨论的众多学者的共识，一些教育家主张将美育重新提到教育方针的地位，恢复国内对美育的进一步研究，但是这一提法受到同一时期其他学者的反对，美育的讨论终仅停留在理论层面。持续了一年的美育大讨论，为美育带来了短暂的“黄金岁月”，但是与美学大讨论一样，最终都湮灭在“一切以阶级斗争为纲”的方针下。另一方面，对美育问题的讨论，也是共产党美育工作不断探索与获得新认识的发展过程，为我国当前的美育建设提供了历史的经验。

3. 美育活动组织团体

新中国成立以来，共产党十分重视社会美育工作，在全国范围成立诸多艺术馆、文化宫等美育活动组织机构。例如，在全国各省、市、自治区文化厅、局的领导下设立“群众艺术馆”“文化馆”；在中等城市以上，设置工人文化馆、工人俱乐部、青年宫、少年宫等；通过中央及地方的广播电视系统、组织各种专题的音乐节目表演、讲座、艺术类比赛等，丰富群众的艺术生活。[①]

1951 年 4 月，中央戏曲研究院成立，梅兰芳担任院长。同年，毛泽东应梅兰芳之请，为中国戏曲研究院成立题词：“百花齐放，推陈出新。”周恩来为中央戏曲研究院题词：“重视与改造，团结与教育，二者均缺一不可。”中央戏曲研究院自成立起便加强理论研究、剧本整理、培训干部以及舞台艺术革新实验等[②]，成就了诸多理论作品。例如，1957 年出版《戏曲研究》，1958 年创办《戏曲音乐》等。

中国美术馆是中国唯一的国家造型艺术博物馆，始建于 1958 年，由毛泽东于 1963 年 6 月题写“中国美术馆”馆额并正式对外开放。中国美术馆馆藏丰富，自建馆以来，举办了大量的美术展览。例如 1962 年 5 月，由文化部和中国美协主办的“纪念毛泽东《在延安文艺座谈会上的讲话》发表 20 周年全国美术展览会”在中国美术馆举行[③]，通过举办系列展览，一方面沟通了海内外良好发展的合作关系，另一方面，中国美术馆也是进行社会美育的重要媒介，尽管其是在 2004 年才成立公共教育部，组织与策划公益性艺术教育与志愿服务等项目，实际上中国美术馆自对外开放后便承担了社会教育的职能。例如 1977 年 2 月，中国美术馆承办了全国美术作品展览，此次展览便蕴含着歌颂革命政治的情怀，很好地进行了社会政治教育。

---

① 汪毓和编著：《中国近现代音乐史：现代部分》，北京：高等教育出版社，2006 年，第 7 页。

② 吴同宾、周亚勋主编：《京剧知识词典》，天津：天津人民出版社，1990 年，第 282 页。

③ 徐佳伟、张杰编著：《朝阜路》，北京：北京出版社，2018 年，第 157 页。

少年宫是为青少年提供公共服务的教育场所，设有科技活动、文艺活动、体育活动、公共活动等多个部分，其中文艺活动部分，通常有游艺、舞蹈、雕塑、演讲、绘画等活动室；公共活动部分有图片画廊、电影厅、小剧场等空间。1953 年，大连市儿童文化馆成立了拥有五十多种中外乐器的器乐兴趣小组。1955 年，中国福利会少年宫组织并参加了“上海市少年儿童音乐表演会”。[①]1963 年，天津少年宫艺术团举办了“大家来唱革命歌曲小小音乐会”，促进了更多儿童学唱革命歌曲。

中国共产党自成立以来，十分重视美育工作的组织团体建设，通过文化馆、文艺博物馆、儿童公园、文艺广播电台、俱乐部、少年宫等活动场所的组建，将美育的育人功能及社会功能从学校场域扩大到社会场域，丰富了人们的精神世界，形成了潜在的政治力量。

4. 社会文艺活动

戏剧是以多种形式达到叙事目的的舞台表演艺术，常见的表演形式有话剧、歌剧、舞剧、音乐剧、木偶戏、皮影戏等。中国戏剧的历史源远，发展至今形成了诸多流派，在新民主主义革命时期，以中国共产党领导的革命戏剧形成了一股新风尚，成为推动革命事业进程的软力量。到新中国成立之后，中国戏剧又随着时代需求的变化而变化。新中国成立初期，戏剧作为传统文艺被传承下来，中国共产党一方面致力于提高文艺工作者的地位，例如 1949 年 9 月，中国人民政治协商会议第一届全体会议邀请了数位戏剧艺人代表参

---

① 许德馨主编：《少年宫教育史》，海口：海南出版社，2000 年，第 25—36 页。

会；另一方面，中国共产党致力于“戏改”，奉行新社会新艺人新剧作，对传统糟粕的不适用于新时代的一些戏剧进行了改制，如依据政治与道德层面，1951 年 11 月，文化部发文禁演《活捉王魁》《黄氏女游阴》《因果美报》等评剧。[①] 提高待遇与“戏改”体现了共产党戏剧工作的正规化建设，到了 1956 年，社会剧目百花齐放，如《梁山伯与祝英台》《白蛇传》《十五贯》等都是这一时期脍炙人口的戏剧节目。“大跃进”时期，戏剧主题也变为歌颂“大跃进”，回忆革命史，一时间，质量低下的戏剧作品盛行，但是也有部分质量高的流传下来，如《茶馆》《朝阳沟》等戏剧作品。“文化大革命”期间，“革命样板戏”以文艺榜样的定位在社会中流传，《智取威虎山》《红灯记》《沙家浜》《曙光》《大风歌》等都是这一时期著名的样板戏。样板戏在“文化大革命”期间红极一时，由于特定的政治文化语境，样板戏的主题大都具有政治内涵，体现了艺术与意识形态之间的张力，是革命文艺的典型代表。社会主义革命与建设时期的戏剧发展，总体体现了艺术与政治的紧密联系，可以说是意识形态的文艺表达，形成了中国特色的文艺样态。

电影作为社会文艺的重要组成部分，以其生动形象的叙事风格，在社会主义革命与建设时期，承担了教育、娱乐、审美、文化、政治等多重职能。1949 年 4 月，中华人民共和国第一部电影《桥》创作完成，该影片既抒发了可贵的政治情感，也树立了一种平易质朴的艺术风格。随着 1950 年《白毛女》、1956 年《祝福》、1959 年《青春之歌》、1962 年《李双双》、1970 年《红灯记》、

---

① 傅谨：《新中国戏剧史（1949—2000）》，长沙：湖南美术出版社，2002 年，第 10 页。

1975 年《春苗》等影片的放映，社会主义革命与建设时期革命红色风格的电影体系形成，反映了革命话语体系在电影中得以确立。

共产党的社会文艺活动类型丰富，形式多样，农民画便是这一时期独特的历史产物，其诞生于 50 年代农村社会主义教育浪潮之下，配合宣传政治路线的精神。例如 1963 年户县农民画为配合社教运动，户县县委举行了全县性的“三史”展览比赛，即家史、村史、社史，增强贫下中农的阶级觉悟。[①] 户县农民画的发展体现了一种新的社会主义文化，农民是有力量的思想武器掌握者，可以通过劳动改造生活，改造世界。艺术不再囿于小资阶级的精神消遣，而是统摄了农民、工人阶级的先锋运动。

（三）学校美育实践历程

社会主义革命与建设时期中国共产党领导的学校美育实践历程可以从学校美育课程的建设；学校美育活动的开展；学校美育师资的培育以及高等艺术院校的设立四个方面加以概括。学校美育实践的历程总体与社会政治发展密切相关，呈现出时代的特色。

1. 学校美育课程的建设

根据 1951 年教育部长马叙伦所提出的全面发展的教育方针，1952 年 3 月，教育部颁发试行《小学暂行规程（草案）》，指出“小学实施智育、德育、体育、美育全面发展的教育”。在美育方面，“使儿童具有爱美的观念和欣赏艺术的初步能力”。在《中学暂行规程（草案）》中，提出美育要“陶冶学生的审美观念，并启发其艺术的创造能力”。同日，教育部颁布的《幼儿园暂行规程（草

① 罗小茗编：《制造“国民”：1950—1970 年代的日常生活与文艺实践》，上海：上海书店出版社，2011 年，第 256 页。

案)》中也提出，美育旨在“培养幼儿爱美的观念和兴趣，增进其想象力和创造力”[①]。一时间，美育作为全面发展教育组成部分的合法性地位得以确立，因此，学校美育课程的设置与探索成为这一时期教育者们的重要研究课题。例如，在1956年11月，教育部颁发的《小学图画教学大纲(草案)》中指出：“图画是小学进行美育并培养学生全面发展的学科之一。”“要培养学生初步的审美能力及对美术的兴趣和爱好，发展他们在这方面的创造才能。”“图画课要贯彻美育：教给学生如何反映现实生活，美化生活，并对现实生活表示自己的态度。”[②]再如同年11月颁布的《小学唱歌教学大纲(草案)》，规定了小学音乐教学的内容包括唱歌、音乐知识和欣赏三个方面。[③]这些都体现了共产党对美育课程与教学的正规化建设的努力。

到了1958年，我国进入第二个五年计划发展时期，中央明确提出“国民经济大跃进”方针，反映在教育方面，则是“教育事业大跃进”。这一时期的教育主张“教育为无产阶级服务，教育与生产劳动相结合”，在这一理念的指导下，学校美育诸课程逐渐被忽视，具体表现在学校美育课程空间受到挤占，文化课的比重加大，音乐、手工、图画等课程被其他课程替代等。

这一倾向可以从学校美育课时的变化中体现出来。首先，在小学美育课程安排上，1952年3月，《小学暂行规程(草案)》对美育教学计划做了明确安排，其中图画课每周安排1课时，音乐课每周

---

① 何东昌主编：《中华人民共和国重要教育文献》，海口：海南出版社，1998年，第139—144页。

② 奚传绩主编：《美术教育词典》，北京：人民教育出版社，2009年，第443-452页。

③ 缪裴言、章连启、汪洋主编：《中小学音乐教育词典》，上海：上海音乐出版社，2012年，第232页。

安排 2 课时，两门课五年合计占总科目比为 9.92%。到了 1955 年，《小学（四二制）教学计划（草案）》新设“手工劳动”课，安排唱歌课前三年为每周 2 课时，后三年每周 1 课时，图画课每周 1 课时，唱歌、图画课六年总占比为 10.14%。再到 1963 年，《全日制小学教学计划（草案）》安排音乐课前四年为每周 2 课时，后两年每周 1 课时，图画课每周 1 课时，手工课前三年每周 1 课时，后两年不开设，这三类美育课程六年总占比 10.66%。从《教学计划》中能够看出，美育类课程，如手工、音乐、图画等课程稳步占据小学课程的 10% 左右，但是从实际开展的情况来看，小学生负担过重问题在当时比较凸显，表现为学校随意改变教学计划，使得音乐、美术等课程被语文、数学等课程挤占。[①]

其次，从中学美育课程安排比重来看，1950 年到 1978 年颁布的中学教学计划中，可以看到 1950 年音乐与美术课程占比 4.6%，1954 年占比 3.4%，1958 年占比 3.6%，1963 年占比 2%，1978 年占比 1.4%。由此可见，中学的美育类课程占比整体呈递减趋势，反映出这一时期中学美育类课程的艰难处境。

由上，社会主义革命与建设时期我国的学校美育课程建设经历了正规化探索到曲折发展两个阶段，在这一过程中，党对美育的认识逐渐深刻，例如美育不仅关乎艺术能力，而且注重培养审美情意与创造性思维等。

2. 学校美育活动的开展

学校美育活动是学校在开展美育课程之外的活动，是课外活动的重要组成部分。在社会主义革命与建设时期，学校美育活动开

---

① 《中国教育年鉴》编辑部编：《中国教育年鉴（1949—1981）》，第 137 页。

展活跃，全国大部分学校成立了歌咏队，有条件的学校组织有管乐队、民乐队、打击乐队、舞蹈队、秧歌队等，定期举行活动，例如文娱晚会、校际汇演、区际汇演等。[①]例如，1955年1月，首都天桥剧场举办了北京市大、中学生音乐舞蹈汇演大会，以汇演的形式推动大、中学校加强美育活动的开展，许多学校组织了学生合唱团与群众歌咏活动等。在“大跃进”时期，学校的美育活动并没有因此停止，而是配合政治的需求，学校组织了歌咏队、乐队、戏剧队等，并且定期举办文艺汇演，少年宫、文艺活动等都得到进一步发展。

这一时期，中国共产党领导的学校美育活动不仅以文艺汇演、歌咏活动、戏剧活动开展，在其他的活动中也渗透美育的形式。例如1956年4月，《教育部关于指导小学生阅读少年儿童读物的指示》中，在指导儿童课外阅读方面，提出学校应当“组织学生在课外进行各种活动，如诗歌朗诵、戏剧表演、演唱会、故事晚会以及作家会见等活动，这些活动尽量在教师的指导下，学生自行组织”[②]。共产党的学校美育活动类型多样，形式丰富，构成学生多样的课余生活并取得积极的成果。

3. 学校美育师资的培育

学校美育师资的培育主要依托中等师范艺术教育以及高等师范艺术教育两种途径，新中国成立之初，全国师范学校的数量迅速增加，这一时期也出现了专门的艺术师范院校，例如1953年的河南

---

① 马达：《20世纪中国学校音乐教育》，上海：上海教育出版社，2002年，第140页。

② 《教育部关于指导小学生阅读少年儿童读物的指示》，《中华人民共和国国务院公报》1956年第15期。

开封艺术师范学校以及内蒙古赤峰民族艺术师范学校。在中等师范艺术教育方面，1952 年 7 月，教育部颁布《师范学校暂行规程（草案）》，指出在师范院校开设音乐及音乐教学法与美术及美术教学法，两科三学年总课时分别为 190 课时。[①] 中等师范院校对学生艺术素养的培育是未来中小学美育教师的重要来源途径。在高等师范艺术教育方面，1952 年左右，全国高等师范院校大量开设艺术系，如北京师范大学音乐系、南京师范大学美术系、苏北师范学院艺术科、河北师范学院艺术系、昆明师范学院艺术系等。1956 年 8 月，原北京师范大学音乐、美术两系，华东师范大学音乐、美术两系及东北师范大学音乐系合并成立为北京艺术师范学院，这是新中国第一所独立、专门培养艺术教师的高等师范学校。1961 年北京艺术师范学院改名为北京艺术学院，培养了大批音乐、美术教师，在全国的美育师资培育中发挥重要的作用。

依托中等师范艺术教育及高等师范艺术教育，全国的美育师资在量上得到补充，在质上得到保证，普通师范院校除了重视学生的艺术技能，也关照学生的艺术素养，例如 1952 年 7 月，教育部颁布《师范学校暂行规程（草案）》，指出："师范学校应特别重视体育、卫生、音乐以及其他文娱活动，培养学生健康的身体，活泼奋发的精神，爱运动、讲卫生等习惯及艺术的兴趣和技能。"[②] 培养高质量的美育教师是共产党学校美育工作的重要方面，随着"大跃进"及"文化大革命"，美育师资培育遭到严重打击，1976 年粉碎"四人帮"之后，全国的艺术教育重新受到重视，中等师范院

① 瞿葆奎主编，雷尧珠、余光、黄荣昌编：《中国教育改革》，北京：人民教育出版社，1991 年，第 96—101 页。

② 同上书，第 102 页。

校及高等师范院校的艺术类专业又得到了恢复与发展，学校美育工作也得到进一步巩固与提升，共产党的学校美育工作形成了向好的局面。

4. 高等艺术院校的设立

社会主义革命与建设时期中国成立了诸多高等艺术院校，如中央美术学院、中央音乐学院、中央戏剧学院、中国音乐学院、南京艺术学院等。这些高校推动了我国这一时期文艺事业的发展，开拓了我国的文艺理论与实践，培养了一批文艺人才。

中央音乐学院是社会主义革命与建设时期培育音乐人才的重点高等艺术院校，其办学历史可以追溯到 1949 年 9 月，其前身为国立音乐院，同年 12 月，改名为中央音乐学院。1956 年，中央音乐学院华东分院改名为上海音乐学院，1958 年，中央音乐学院由天津迁址北京。学校分设作曲、声乐、钢琴、管弦四个系，附设中央歌舞团、中国民族音乐研究所以及少年班。[①] 中央音乐学院是集学校教育、社会教育为一体，既是学术中心又是研究中心的高等学府，是社会主义革命与建设时期共产党学校美育工作的重要组成部分。

1950 年 4 月，中央戏剧学院正式成立，学校设话剧系、歌剧系、舞台美术系等，1952 年，学校开办舞蹈运动干部训练班，同时成立研究部，下设创作室、戏剧室、音乐室及联络科等。[②]1953 年，在文化部召开的艺术教育会议上，明确规定中央戏剧学院为专业的话剧学院，为全国培养话剧人才。中央戏剧学院作为专门的戏剧类

① 陈昆、涂上飙主编：《教育部直属高校历史发展沿革概览》，武汉：武汉大学出版社，2018 年，第 95 页。

② 同上书，第 98 页。

艺术院校，集理论与实践为一体，在社会主义革命与建设时期贡献了诸多文艺作品。

1949 年 11 月，国立北平艺术专科学校和华北大学三部美术系合并，成立国立美术学院，1959 年 1 月改名为中央美术学院，徐悲鸿担任第一任院长。[①] 中央美术学院曾参与二、三、四套人民币设计工作，如 1950 年第二套人民币设计工作邀请了中央美术学院教职工罗工柳、周令钊、王式廓等人。1952 年 4 月，中央美术学院教授董希文设计画作《开国大典》完成并通过审核。新中国成立之初，中央美术学院人才济济，如国画大师陈世曾、齐白石、黄宾虹等人，也有海外留学归来的艺术大师徐悲鸿、闻一多、艾青等人，造就了中央美术学院思想进步，学风自由的风气。

社会主义革命与建设时期高等艺术院校的设立是中国共产党学校美育工作的重要组成部分，文艺与美育的内在联系性使得高等艺术院校对于文艺理论及实践的探索经验成为学校美育工作开展的借鉴材料，也是学校美育工作进一步深化的参考依据。

二、社会主义革命与建设时期中国共产党美育工作的总体特点

社会主义革命与建设时期，中国共产党的美育工作历经了不断的探索与实验，从理论到实践层层摸索，形成了这一时期独特的美育发展样式，总体呈现出发展的曲折性、研究的规范性以及形成美

① 《邮票上的中国著名大学》编写组编著：《邮票上的中国著名大学》，厦门：厦门大学出版社，2018 年，第 51 页。

育的社会主义性质这三大特点。

（一）美育发展的曲折性

美育的发展蕴含了时代的价值逻辑，在社会主义革命与建设时期，政治意识形态的需求统摄了美育的内涵与外延。因此这一时期，美育的发展与政治、经济的探索紧密相连，并且根据政治、经济发展战略的变化进行调整，美育便是在这一时代的价值逻辑下寻求自身的空间与发展，呈现出曲折性。

新中国成立初期，我国顺承了新民主主义的教育方针，由于文艺在革命根据地时期发挥了重要作用，新中国成立后便逐渐重视文艺与美育的发展。1951 年，马叙伦首次提出在国家教育方针层面探讨美育，1952 年，美育作为全面发展教育的组成部分在教学大纲中得以贯彻落实。在 1956 年前，美育得到了重视与研究，形成了良好的开端。1956 年底，由于过度重视工业发展，加上“大跃进”与“人民公社化运动”，美育的价值与作用不断被消解。1961 年，美育迎来了短暂的曙光，《文汇报》组织的“美育大讨论”试图重提美育的价值，确立美育在教育方针中的合理地位，但是并没有挽救美育。1966 年，“文化大革命”爆发，美育被视为资产阶级的宣扬，受到了错误的批判与压制。1976 年，“文化大革命”结束，一些文化工作者与文艺作品得到拨乱反正，美育发展有了一个相对自由的政治空间，一切开始恢复正常。

（二）美育研究的规范性

如果说新民主主义时期共产党的美育工作具有革命政治与实践性，其开展依托于根据地建设，各根据地形成了丰富多样的美育活动形式。那么新中国成立以后，共产党的美育工作更具规范性与全国统一性。

从美育课程方面来看，新中国成立之初，教育部颁布了《小学暂行条例（草案）》等系列涉及幼儿教育、基础教育、高等教育等多学段教学大纲，对于各级各类学校开展美育工作做了细致的指导与要求，从美育课程内容、课程结构，课程评价等多方面做了规划与探讨，注重学校美育课程的正规化建设。从美育课外活动方面来看，共产党组织了系列文艺汇演，建设了少年宫、文化馆、艺术博物馆等美育活动场所，既保证了美育的物质条件，又加强了美育活动的开展，从而带动学校美育活动的发展。从美育师资培育方面来看，这一时期加强了师范院校美育课程建设，成立了许多中等师范院校及高等师范院校，保证了美育师资的供给。从社会美育方面来看，这一时期注重美育理论与实践的探索，从两次大讨论到具体的社会美育活动，都在不断认识美育的社会功能与内涵。可以看出，在社会主义革命与建设时期，共产党的美育研究涉及多个维度，更具科学性与全面性。

（三）美育的社会主义性质

建设社会主义美育是新中国成立以来美育工作的重点之一，新民主主义时期，美育分为很多流派，这些流派随着新中国的成立而逐渐演变为社会主义美育这一主流的价值取向。因此这一时期，美育的探索便是在社会主义这一话语体系之下所展开的。

新中国成立初期，以《文艺报》为中心发起了对朱光潜美学思想的批判，一时间，文艺界、文化界众多学者针对朱光潜唯心主义美学思想做了论争，朱光潜本人也对自己的思想进行了批判。这次美学大讨论实则是在社会主义意识形态之下进行的，不同学者通过批判来论述自己的社会主义美学思想，表明自己的社会主义政治立场。50 年代，共产党所创作的文艺作品中，大多蕴含了革命政治色彩，例如电影《桥》《青春之歌》《李双双》等，再如这一时期出现的农民画，也是社会主义美育发展的历史产物。

美育的社会主义性质是马克思美育思想中国化的时代成果，从历史的整体视角来看，这一时期中国的美育发展有一定的滞后性与封闭性，却构成了我国社会主义美育探索的新征程，为当今社会主义美育的发展奠定了基础。

三、社会主义革命与建设时期我国美育工作的当代价值

社会主义革命与建设时期，我国的美育工作在实践中积累了大量经验，对我们今天美育工作的开展有很大的借鉴之处，如美育作为全面发展教育组成部分的合理性审视；重视社会美育组织的公共教育职能；加强学校美育课程体系的正规化建设以及合理看待美育与德育的辩证关系。

（一）美育作为全面发展教育组成部分的合理性审视

1990 年 1 月，时任国务委员兼教育委员会主任李铁映指出："在新的历史时期，我国的教育战线必须努力做到教育为社会主义现代化建设服务，教育与生产劳动相结合，培养德、智、体、美、劳诸方面都得到发展的社会主义建设者和接班人。"① 人的全面发展要求导向了全面发展教育立论的形成，也就是说，全面发展教育应当包括德育、智育、体育、美育以及劳动教育，五育的提法自此

---

① 刘英杰主编：《中国教育大事典（1949—1990，上卷）》，杭州：浙江教育出版社，1993 年，第 9 页。

形成。这一时期，“育什么人”“为谁育人”“如何育人”等相关问题得到进一步研究，美育作为全面发展教育的重要组成部分从国家教育方针层面由上至下得到进一步发展，美育相关研究课题得到重视。新时代，“五育并举”的价值逻辑所支撑的美育作为五育当中独立部分的思想被以“五育融合”理念倡导之下关注美育与其他各育发展关系的思想所取代，美育作为教育的一部分关切如何培养“完整的人”，应当与其他各育走向深度融合。

在“五育融合”理念指导下，美育担负“整合者”的角色。也就是说，一方面美育作为独立的研究领域有其自身的研究范式与研究内容，具有自身的逻辑体系。另一方面，美育与其他各育隶属教育系统，相互之间有共通性与融合性，并且都指向于人的发展。在“五育融合”逻辑之下，美育的育人功能体现在以美育美、以美促思、以美创美、以美成人四个方面。“以美育美”体现了关照美的元认知，注重美育自身的价值与功能。美育首先指向美的引导，“什么是美”“什么是丑”等相关审美能力的培养，正如海德格尔所说的“人诗意地栖居”，美的生活正是诗意的生活，美育便首先是关照美的本体性认识。“以美促思”体现了素质教育下学生学习的新样态。“以美创美”关照了创新性人才的培育以及中国学生发展核心素养要求。“以美成人”指向新世纪人才培养的要求，1996年，联合国教科文组织国际21世纪教育委员会发表了《教育——财富蕴藏其中》的报告，提出学习型社会教育的四大支柱：学会认知、学会做事、学会共同生活、学会生存。其中，在学会生存部分，指出“21世纪需要各种各样的才能和人格，而不只是需要杰出的人才”[①]。

① 联合国教科文组织编：《教育——财富蕴藏其中》，联合国教科文组织总部中文科译，北京：教育科学出版社，2014年，第28页。

因此，“以美成人”是一个使人成为他自己的过程。

（二）社会美育组织的公共教育职能

社会美育组织包括艺术博物馆、文化馆、少年宫、俱乐部等活动场所。1989 年 9 月，国际博物馆协会第十六届全体大会于荷兰海牙通过《国际博物馆协会章程》，指出：“博物馆是一个为社会及其发展服务的、非营利的永久机构，并向大众开放。它为研究、教育、欣赏之目的征集、保护、研究并展出人类及人类环境的物证。”① 博物馆的教育功能在欧美国家首先发展与成熟，如 1906 年美国博物馆协会成立时，提出“博物馆应成为民众的大学”。欧美博物馆的公共教育职能发展已经形成体系化的教育活动，并且开发完成各类面向儿童的博物馆科普图书，延伸并挖掘了博物馆的社会价值。② 在我国，博物馆的建设与教育职能的发挥也是紧密结合。中国美术馆在 2004 年成立了公共教育部，标志着博物馆的教育功能的规范性发展。中国美术馆的公共教育部组织了系列教育活动，例如论坛讲座、艺术讲堂以及加强与学校的教育合作等活动。另外，中国美术馆还积极举行教育课程，如“文艺的人民性”“英国风景画的传统及名家名作解读”“中国画之美”等。博物馆的公共教育职能随着时代的发展不断受到人们的重视，社会美育组织也不仅仅是美育活动的承载区域，其本身的价值也值得我们进一步探究。

（三）学校美育课程体系的正规化建设

学校美育课程体系是构成学生全部教育生活的课程体系，它包

① 国家文物局法制处编：《国际保护文化遗产法律文件选编》，北京：紫禁城出版社，1993 年，第 182 页。

② 杜莹：《博物馆儿童美育——让儿童感知博物馆的“美”》，北京：科学出版社，2020 年，第 19 页。

括艺术课程；融合美学精神的国家课程及校本课程；学校开发的拓展课程和综合课程；与这些课程密切相关的社团活动和课外实践活动。[①] 2020 年 10 月，中共中央办公厅、国务院办公厅印发了《关于加强和改进新时代学校美育工作的意见》，指出要不断完善美育课程设置，学校美育课程以艺术课程为主体，并且分别论述了幼儿园、义务教育阶段、高中阶段、职业教育及高等教育阶段美育课程的设置要求。美育课程体系的综合研究成为这一时期改进学校美育工作的重点课题。

从历史发展的视角看，我国美育课程体系的构建经历了曲折摸索的过程。在新民主主义革命时期，各革命根据地依据本地区教育发展水平，对美育课程进行了不同层次的研究。这一时期，学校美育课程建设的进度参差不齐，正规性与统一性程度较低，发展更为多样化。新中国成立初期，学校美育课程体系的正规化建设受到重视，中央出台了系列教学大纲及文件以保证学校美育课程的质量。随着政治运动的不断发起，学校美育课程在这一阶段受到重创。随着十一届三中全会的召开以及改革开放，中国的美育事业重提日程，学校美育课程的建设也受到不断的重视。到今天，从国家政策层面来看，应当正视美育课程体系的正规性建设问题，从学校美育课程开展的现状来看，美育实施过程中仍有很多的问题亟待解决。因此，建立一种校际合作的美育课程研究共同体，形成高校与学校，基础教育阶段各校，专家与教师，专家与校长等生态合作模式尤为必要，从而实现以美育重构校园生活。

---

① 马维林：《美育课程论》，北京：北京师范大学出版社，2020 年，第 47 页。

（四）美育与德育的辩证关系

美育与德育是全面发展教育的重要组成部分，两者首先是相对独立的概念。2020 年，《关于全面加强和改进新时代学校美育工作的意见》指出，美育是审美教育、情操教育、心灵教育，也是丰富想象力和培养创新意识的教育。[①] 2017 年，教育部印发《中小学德育工作指南》，指出，德育包括理想信念教育，社会主义核心价值观教育，中华优秀传统文化教育，生态文明教育以及心理健康教育。[②] 由此可见，美育与德育有不同的教育目标、教育内容、教育方法等。另一方面，美育与德育又密切联系。从词源学角度来看，“美”与“善”同出一源，《说文解字》有言：“美，甘也。从羊从大，羊在六畜，主给膳也。美与善同意。”也就是说，美与善不可分割，两者为“羊”字头，羊肥大可口为“善”与“美”。孔子有言：“君子成人之美，不成人之恶。”此处的“美”，便有善的含义。孟子也指出：“可欲之谓善，有诸己之谓信，充实之谓美，充实而有光辉之谓大，大而化之之谓圣，圣而不可知之谓神。”其中指出，值得追求的叫“善”，自己有善叫“信”，善充满全身叫“美”，充满善并且能发出光辉为“大”。也就是说，在中国古代，美与善有深刻的渊源，善一般被认为是美的内涵，而美则是善的外部表征。由此看来，美育与德育有着深刻的联系。

从美育的外部功能与内部功能双重视域解读美育与德育的共生

---

① 中共中央办公厅　国务院办公厅印发《关于全面加强和改进新时代学校体育工作的意见》和《关于全面加强和改进新时代学校美育工作的意见》，http：//www.gov.cn/zhengce/2020-10/15/content_5551609.htm。

② 教育部关于印发《中小学德育工作指南》的通知，http：//www.gov.cn/gongbao/content/2018/content_ 5254319.htm。

关系，首先从外部功能来看，美育以其生动形象的方式唤起人的共情能力，从而实现德育目标。另外从内部功能来看，美育自身是道德的，如高尔基曾言："美是未来的伦理学。"美本身就包含着道德的意味。

美育与德育都关怀人的同情，从杜威的同情理论来看，"儿童具有灵活的和敏感的能力，对他们周围的人的态度和行为，都同情地产生感应"[①]。在美育方面，艺术家的作品便是对别的关系的一种同情反应，在德育方面，同情才能导向德性的内化。由此可见，美育与德育是既相互独立又彼此共生的一种关系。

① 杜威：《民主主义与教育》，王承绪译，北京：人民教育出版社，1990年，第51页。

第二部分　当代美育：多元探索

关于当代美育的生态转型

曾繁仁①

新冠肺炎疫情的泛滥，至今没有终止，这给我们空前的震撼与深深的反思：反思人类的生存方式，也反思我们现有的学术研究，特别是反思在人与自然关系这一最基本问题上，如何由传统的人类中心论转到人与自然的和谐共生。这里就包括当代美育研究的生态转型。只有实现这样的转型才能使得美育真正起到“培根铸魂”的作用，即培生态文明时代之根，铸生态文明时代之魂。只有这样，美育才能在面对生态灾难时发挥出“生态救赎”的作用。

一

美育从1795年席勒提出，迄今已经200多年，我国从1903年王国维先生将之引进，也已经100多年，当今为什么要实现美育的生态转型呢？

---

① 曾繁仁，山东大学文艺美学研究中心教授。

首先是时代的需要。马克思在《科隆日报179号社论》一文中指出，“任何真正的哲学都是自己时代精神上的精华”[①]。美育作为哲学的组成部分也应该成为时代精神的反映。我们的时代从1972年斯德哥尔摩国际环境会议之后就跨入了生态文明时代。1972年国际环境会议概括的生态文明时代的二个基本特征是：其一，人与自然的共生；二，发展与环保的双赢。一切的人文社会科学都要反映这两个时代的基本特征，包括美育在内。总之，时代的转型要求美育的转型，美育的生态转型是时代之需要也。众所周知，美育是18世纪末期由席勒在著名的《美育书简》中提出，所针对的是封建残余与工具理性对于人的自由的双重剥夺，因而席勒倡导美育以“自由”为其标志。席勒还以继承康德理性论哲学为其追求。席勒与康德距今均已200多年，他们的哲学与美学均是工业革命时期的哲学形态，作为德国古典哲学美学早就被恩格斯在《费尔巴哈与德国古典哲学的终极》中宣布完成历史使命；而我国是1903年王国维最早倡导美育，20世纪初期蔡元培倡导“以美育代宗教”，也是在启蒙主义提倡“科学”与“民主”的背景之下，距今100多年了。从20世纪初的启蒙到21世纪的新时代，已经发生了巨大的变化，在当今后工业的“生态文明”新时代，美育的生态转型乃时代发展之必然趋势！

同时，有诺贝尔奖获得者认为当前地球已经进入“人类世”时代，所谓“人类世”就是说人类的活动极大地或者说从根本上影响到地球与自然环境；人与自然的矛盾空前加剧，环境压力十分剧烈，人类的“生态足迹”（ecological footprint）早就超越地球应有

---

① 《马克思恩格斯全集》第1卷，北京：人民出版社，1956年，第121页。

负荷的1.5倍。在这里需要特别说明一下什么是“生态足迹”。所谓“生态足迹”就是指“这个星球的人类需求和地球能提供的容量之间的关系”，具体指满足一个人的基本生活需要并吸收其所产生的废物的土地面积。[①]这个生态足迹负荷目前已经严重超标，从而导致生态灾难频发，包括非典与最近的新冠肺炎疫情，此后将成为常态。在这种情况下人类急需调整人与自然的关系，由人与自然的对立走向生态共生，实现新时代的生态转型。目前新冠肺炎疫情仍然在蔓延，这就是现时代的状况，急需人类改变人与自然的对立关系，在一切领域尽快实现生态转型。总之，包括美育在内的人文学科的生态转型，是时代的需要，只有实现这样的转型，才能使美育真正发挥的作用。

其次是学术发展的需要。我国人文学科哲学面对生态文明新时代，都有一个哲学基础理论调整的紧迫问题。传统人文学科的哲学基础是“人类中心论”，在生态文明新时代需要调整到人与自然共生的生态整体论。众所周知，所谓“人类中心论”强调人与自然的对立，力主人类高于自然，为自然立法，特别是试图“战胜自然”。但这是错误的，所谓人与自然的对立或者说盲目的战胜自然，必将导致如此次疫情这样的“生态灾难”的严重后果。正如恩格斯在著名的《自然辩证法》中发出的警示：“我们不要过分陶醉于我们对自然的胜利。对于每一次这样的胜利，自然界都报复了我们，每一次胜利在第一步，我们确实都取得了我们预期的结果，但是第二步和第三步却有了完全不同的、出乎意料的影响，常常把第一个结果

① 德内拉·梅多斯等：《增长的极限》，李涛、王智勇译，北京：机械工业出版社，2006年，第3页。

取消了。”[①] 实践完全证明了恩格斯的正确和人类中心论所谓战胜自然的严重后果！这里我们需要划清人类中心论与生态整体论的界限。摒弃人类中心论，走向生态整体论。

同时，生态转型也是美育学科自身建设的需要，需要由单纯的人性解放过渡到兼顾自然万物的权利与保护，实现人与自然的共生。这里需要划清“人的解放”与“人与自然万物共生”的界限。由单纯对于人的关心走向关心包括人类的生态共同体。德国诗人席勒在著名的《美育书简》中提出，美育即是人性的自由解放，他说，“正是因此通过美，人们才可以找到自由”，又说，“想使感性的人成为理性的人，除了首先使它成为审美的人以外，再没有其他的途径”[②]。很明显，席勒仍然立足于传统理性主义的人道主义，是一种典型的人类中心论，须加以改造。使之由传统的人道主义转到人与自然共生，即新的生态人文主义；传统人道主义只强调人自身的“自由与权利”，完全漠视自然万物的“自由与权利”，属于典型的“人类中心论”，而新的生态人文主义则力图将“自由与权利”的范围扩大到自然万物，实现人与自然万物的共生，唯其“共生”，人类才得以美好生存！

当然，生态转型也是中国当代美学改造的需要，由“美是人化的自然”转到“美是生命共同体的稳定和谐与美丽”。众所周知，中国当代美学以“实践论美学”为其标志，力主“人本体”“实践本体”“工具本体”与“人化的自然”，以上诸多“本体”与“人化”其出发点为“人类中心论”是十分明显的。这是与生态文明时

① 《马克思恩格斯选集》第 3 卷，北京：人民出版社，1972 年，第 517 页。

② 席勒：《美育书简》，曹葆华译，北京：人民文学出版社，1963 年，第 73 页。

代相悖的，必须加以改造，由“美是人化的自然”转到“美是生命共同体的稳定和谐与美丽”。这是一种新的美学概念，由生态伦理学的诞生为其标志。著名的生态伦理学的开创者之一利奥波德在《沙乡年鉴》中提出著名的“土地伦理学”并阐释了新的伦理观与美学观。他说，“当一个事物有助于保护生物共同体的和谐、稳定和美丽的时候，他就是正确的，当它走向反面时，就是错误的”[①]。

二

现在，我们需要进一步论述一下，当代美育生态转型的内涵。首先从美育的作用来看。必须从传统的人的“个体的情感教育”转型到包括生态伦理的“人类终极关怀”；众所周知，传统美育是一种“情感教育”，席勒认为美育是在力量的王国与法则的王国之间建立一个愉快的王国，运用了康德情乃知与意之桥梁的观点。席勒认为这种情感教育是人摆脱了动物性之后与现实世界建立的“第一个自由的关系”。很明显，这里的“情感教育”是一种人类对于个体自身的关怀，而新的生态文明时代的人类仅仅有对于人的自身的关怀远远不够，还需要将其关怀的视角拓展到自然，拓展到生命共同体，这就要求美育必须包含生态伦理的内涵。正如当代生态伦理学的先驱利奥波德所言：“只有当人们在一个土壤、水、植物和动物都同为一员的共同体中，承担起一个公民角色的时候，保护主义才会真正可能；在这个共同体中，每个成员都相互依赖，每个成员

---

① 奥尔多·利奥波德：《沙乡年鉴》，长春：吉林人民出版社，1997 年，第 213、216 页。

都有资格占据阳光下的一个位置。”①

其次，从哲学基础上看。从传统的人类中心转型到生态平衡，也由人与自然对立转型到敬畏自然。人类从18世纪工业革命以来，人类中心论就占据压倒性的地位，成为哲学、各种人文社会科学的指导思想。对于中国当代美学与美育来说具有极大影响的德国古典哲学与古典美学就是人类中心论的代表性理论，美育领域受康德与席勒的人类中心论影响极大。在当前生态文明新时代必须将之调整到生态平衡与敬畏自然的正确轨道上来。试想，如果审美仍然被界定为“人化的自然”而没有生态的平衡，那么不是鼓励对于自然的没有节制的“肆意人化”而造成生态灾难吗？这是一种严重的后果！而生态整体论要求生命共同体的平衡、稳定与和谐，就是对“人化”行为的一种必要限制！

再次，从审美对象上看。由传统的艺术审美转型到包括自然的审美，也由区分性审美转型到融入性与进入性审美。传统美学基本上是一种艺术美学，在一定程度上排除了自然审美，而生态文明时代的生态美学必须包含自然审美，这正是当代环境美学产生的一种机缘。众所周知，环境美学就是产生于纠正单纯的艺术美学对于自然美的遗忘，划清了自然审美与艺术审美的界限。艺术审美是一种区分性的对象性审美，而自然审美则是一种融入性的参与式审美。这两种审美反映了人与自然的截然不同的关系，艺术审美之中人与自然是一种相互对立的关系，而自然审美则是人与自然的一种亲密的融入性关系。这种自然审美是一种身体的审美，也是一种走进自然的审美，学者们将之称为是一种具有生态意义的“生态行走”

---

① 奥尔多·利奥波德：《沙乡年鉴》，第213、216页。

（ecology walk）[1]。使我们在自然审美中以审美的态度对待自然万物，亲近自然，走进自然，与自然共生，尊重自然万物在环链中的生存权利，尽量不去打扰自然万物！

其四，从审美类型上看。由共通性审美转型到地方性审美，也由单一性审美转型到多样性审美，也就是目前环境美学所倡导的“place”即“地方”理论。“地方”是当代西方环境美学与生态批评的重要论题。诚如布伊尔所言：“我的住所是‘我的地方’而非‘我的空间’，因为我感觉它不同于一间陌生的酒店客房。地方可以引起浓厚的联想，空间引起的联想是薄弱的，除了被当作‘神圣’而分离出来的崇高‘空间’。这种空间会引起无限共鸣，很接近‘地方’引发的日常特有的亲密感。”[2]很明显，所谓“地方”乃是活生生的人居住的“家园”，具有人气，具有亲密感，具有丰富的多样性，而不是缺少人气的“空间”。而传统的艺术审美常常是一种具有极大共通性的形式性的审美，仅仅是一个“空间”。但自然审美则是一种具有丰富色彩与人气的“地方性”审美。欧亚大陆与南北各方乃至不同的地区甚至每个村庄城市作为不同人群的“家园”均有不同的人气，成为各具特色的美景，都有其个性特色。这就是生态审美的“地方性”与“生命性”所在，是生态多样性与生命性的体现．也体现了“看得见山，望得见水，记得住乡愁”的城市建设原则。是对于当前千城一面的城市与乡村建设的批判。

---

① 贝尔德·卡利科特：《众生家园》，薛富兴译，北京：中国人民大学出版社，2019年，第226页。

② 劳伦斯·布伊尔：《环境批评的未来》，刘蓓译，北京：北京大学出版社，2010年，第71页。

其五，从生活方式上看。由消费主义转型到简约生活。

当前疫情的发展与居家隔离，使我们意识到生活方式转型的必要性，从什么都敢吃，到拒吃野生动物，从消费主义转向简约生活，够了就行，使之成为生态审美的必要内涵，融入我们的生活方式之中，这次疫情成为生活方式革命的一次契机。“简约生活”原则体现了每个人保护“生态环链平衡”的高度自觉性。所谓“生态环链平衡”，即指每个物种都仅仅享受生态环链之上的权利而不加超越，从而保护了环链的平衡，生命共同体得以自然运转。在生态环链之中只有人这个物种才是有自己的意识的，才能自觉保护环链的平衡。但人处于环链之最高端，又是最重要的，人的自觉保护就为环链的平衡奠定了基础。而简约生活，贯彻“够了就行”就是自觉保护环链平衡的最重要行动！是人的终极关怀的体现，是一种超越人类利益的高尚行为，崇高品德。应该将这种高尚行为与崇高品德教育于下一代，传承到年轻人，确保人类永续安宁！

三

美育的生态转型还标志着我们的美育教育和科研重心将由单方面重视西方美育资源的运用，逐步转型到中西兼顾，更重视中国本土资源的运用。

长期以来，由于美学与美育作为现代意义之上的学科最早出现于西方，而其学科意义上的资源也相对集中于西方，我们又在一定程度上缺乏文化自信，所以美学与其他人文学科的发展是一种“以西释中”的路径，主要学术资源运用的是西方资源，美育更是如此。但美育的生态转型却告诉我们，真正意义上的富有生态意味的美育，西方反而不如中国丰富。众所周知，中国传统社会是农业社会，以农为本，遵循“天人合一”的文化模式，是一种日出而作日落而息的生活方式。所以，我们认为中国传统文化从根本上说是一种生态文化，生态文化在中国传统社会中是一种原生性文化，中国传统文化之中包含丰富的生态文化资源。首先，《易传》之“生生之谓易也”即是中国传统生态文化的最基本表达。所谓“生生之谓易也，成像之谓乾，效法之谓坤，极数知来之谓占，阴阳不测之谓神”；“一阴一阳之谓道也，继之者善也，成之者性也”。这里以“生生之谓易”与“一阴一阳之谓道”，概括了中国传统思维模式，万事万物均在生生与阴阳之道中发生，发展，变迁，成长，最后衰落。这是人类、万物与艺术之规律，包含丰富的生态意蕴。其具体表现是儒家之爱生，所谓“仁者爱人”；道家之养生，所谓“道法自然”；佛家之护生，所谓“众生平等”。均包含浓浓的“生”之意味。至于传统文化中有关生态格言更是举不胜举。如“子钓而不纲，弋不射宿”；“辅万物之自然而不敢为”；“天地有大美而不言”；“与天地合其德，与日月合其明，与四时合其吉凶”；“斧斤不入山林，不夭其生，不绝其长也”；“是故易有太极，是生两仪。两仪生四象，四象生八卦”；“天地与我共生，而万物与我为一”；“圣人之处国者，必于不倾之地，而择地形之肥饶者”；“天育物有时，地生财有限，而人之欲无极”。如此等等，不一而足，无比丰富，这是生态文化建设极好的资源，也是美育建设的极好教材。国家明确提出“文化自信”与“坚守中华文化立场”，给我们以鼓励与支持。我们要以此为榜样与鼓舞，在未来的美育建设中努力继承中国传统文化中的美育精神，发扬这种精神，运用好传统文化中的美育资源，建设好新时代具有中国本土特色的美育话语，这是我们光荣的学术义务。

最后，我要特别强调，当代美育的生态转型不是在传统美育之外建设一个与之并列的生态美育，而是对于传统美育的超越与彻底改造，意味着我们已经进入一个“后美育时代”也即“后理论”时代，就是对于现代主义的“人类中心论”的理论进行反思与超越的美育建设时代。

（原刊于《美育学刊》2020 年第 5 期）

手工艺的美育意义

刘毅青[1]

从美育理论来看，美育应该是建立在感性教育基础上，走向伦理教育与创造教育，即美育并不仅仅是艺术教育，美育的最终目标并不是提高审美鉴赏力。正如长期致力于美育研究的学者杜卫最近在总结美育的意义时指出的："美育的基本意义是感性教育，即保护和提升与理性相协调的丰厚的感性，促进人的全面发展，这体现了美育概念的现代性。美育是培养整体人格的教育，感性发展有利于整体人格的健康成长。儒家主张以深度体验的方式培养人格，使德性内在化，从而形成了悠久而丰富的美育思想传统。美育又是创造教育，激发生命活力，培养独创性和创造性直觉。美育的这三层意义是相互有内在关联的。"[2] 笔者同意杜卫对美育当代意义与功能的理解，依此，在笔者看来，美育的目标在于通过审美的教育，提高人们的审美能力，涵养其道德人格，培养其创造能力。无可否

---

① 刘毅青，江西人，文艺学博士，南昌大学人文学院特聘教授，博士生导师，主要从事中国美学、文艺理论以及比较诗学研究。

② 杜卫：《美育三义》，《文艺研究》2016 年第 11 期。

认，目前的美育在落实过程中存在着与其理念之间的巨大落差，美育在一般的认识中被视为是审美鉴赏与艺术教育，故此，刘悦笛在最近的文章中力陈当前学界对美育的理解存在误区："第一，美育矮化为技巧教育；第二，美育窄化为艺术教育；第三，美育仅限于学校教育。"[①]

的确，长期以来，我国的美育主要依靠艺术教育展开。2014年教育部出台的《关于推进学校艺术教育发展的若干意见》一文，就被学者们视为美育具体实施的重要纲领性文件，也正如论者指出的："艺术教师是实施美育教学的主力。"[②]而在笔者看来，艺术教育成为目前美育实施过程中最重要的设计路径，这与其说是美育理解的误区，毋宁说，这是美育在教育实践中落实面临的困境。美育作为一种教育，始终面临着如何落实在具体的教育实践中的难题。因此，也就是说，虽然艺术教育不是美育的全部内容，但是由于艺术教育最具有可操作性，当下的美育基本上还是要依托艺术教育展开。毕竟，在基础教育中开展艺术教育是最具可行性的办法，对于国家层面来说，这也是最能彰显其美育理念的途径。美育作为一种教育，从根本上来说需要落实在基础教育过程中。无可置疑的是，学校教育在今后长时间里仍然要成为美育的主要方式。如果说，之前的艺术教育的主要问题在于刘悦笛所指出的美育被矮化为技巧教育、窄化为艺术教育、仅限于学校教育，那么，在笔者看来，现在的问题是，如何在现有的艺术教育框架里，解决这些问题，达到杜卫所说的，通过美育实现感性教育、人格教育与创造性教育。

---

① 刘悦笛：《以改善美育提升美好生活》，《人民日报》2018年4月28日第24版。

② 尹少淳：《改进美育教学正当时》，《人民日报》2014年6月1日第25版。

一

美育的实践过程中，美育如何落实是其面临的难题。在义务教育阶段对青少年进行美育教育是美育真正产生影响的有效手段，中小学教育中的美育实践都集中在艺术教育。从现状来看，在很长的时间里，艺术教育仍然是美育的最重要途径。那么，我们应该思考如何在学校的艺术教育过程中，通过艺术教育实现美育的目标，而使得艺术教育本身不仅仅成为某种艺术技能的训练。

在笔者看来，要改变艺术教育的现状，首先要改变我们对艺术教育的认知。当下中小学的艺术教育存在的问题与我们对艺术教育本身的领域理解过于狭隘有关，当下所谓的艺术主要指美术、音乐等纯艺术或者高雅艺术，学校中的艺术课程也主要是绘画、音乐，只有诸如钢琴、美术等才成为学校的艺术教育科目。笔者认为，当下中小学乃至大学的艺术研究里，没有关注到民艺所具有的美育功能与意义。然而值得玩味的是，在世界范围内的区别于纯艺术的手工艺运动的兴起恰恰是带有强烈的美育意义。而且民艺作为一种艺术形式，远远比纯艺术具有普遍性，有着广泛的群众基础。美育要落实在艺术教育乃至生活中，民艺可谓是最好的途径。那么，何谓民艺？为什么说民艺能够联结艺术与生活，通过艺术实现美育的功能呢？

中国学界对“民艺”缺乏一个严格的定义，作为一门学科，在中国学术界，民艺的研究一般归属于工艺美学。如果从工艺美学的角度看，民艺就是手工艺，手工艺区别的是机械时代的工业设计。而这个定义与日本民艺的观念是一致的。实际上，中国的民艺研究也正是在日本民艺美学家柳宗悦的影响下建立起来的，张道一先生原本是中国工艺美学史学者，他在《中国民艺学发想》(1988年)一文中最早提出了构建中国民艺学科的设想。张道一是在受到柳宗悦的影响下提出这个构想的，因此，“虽然他和柳宗悦的理论与实践并非完全一致，不过在对工艺本质的认识以及思想理念上是一脉相承的，可以说，张道一先生最初对于中国民艺学的发想源于柳宗悦的民艺思想”①。柳宗悦的民艺美学观念是建立在造型艺术基础上，他将造型艺术分为“美术”与“工艺”两大类，如下图所示：

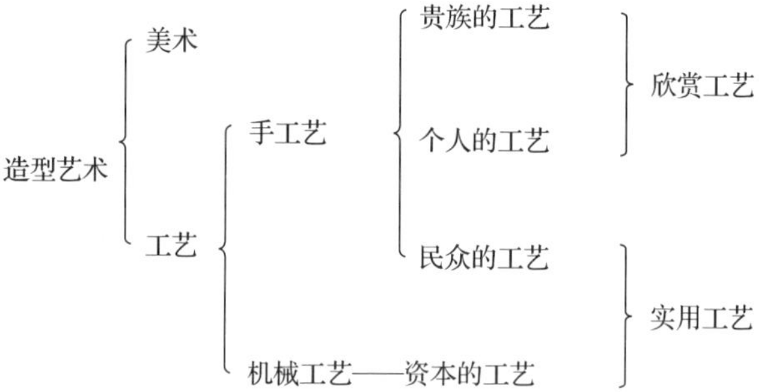

柳宗悦大概是对中国民艺研究产生影响最大的国外学者。一方面，民艺这个概念来自柳宗悦；另一方面，在历史上日本受到了中国美学的深刻影响，毫不夸张地说，中国的禅宗、宋代文人画塑造了日本的美学，构成了日本美学精神的重要部分，而这也直接反映在民艺美学上。日本的民艺美学事实上部分继承了中国禅宗美学与文人美学的审美观念。由此，中国民艺美学很容易对日本的民艺美

① 王芊：《柳宗悦民艺思想研究》，北京：文化艺术出版社，2017年，第178页。

学产生认同乃至模仿。但柳宗悦之所以在日本发动民艺运动，提出民艺美学，却是受到英国画家、诗人、工艺美术家威廉·莫里斯的影响。后者则受到英国现代工艺设计的先驱，著名作家、艺术家、艺术评论家约翰·拉斯金等诸多有着浪漫主义美学情结的艺术设计和艺术家的影响。柳宗悦之所以将手工艺限定在造型艺术里，然后区分美术（fina art）与工艺（handcraft），其实是受莫里斯的影响，莫里斯的这种区分，目的就在于要凸显手工艺的意义。

莫里斯所发起的英国手工艺运动有极其现实的社会目的，有着深刻的思想诉求。而柳宗悦的民艺美学其内在的艺术观念与莫里斯是一致的，都是指手工艺，而手工艺是要力图区别，乃至批判的就是为艺术而艺术的纯艺术与贵族艺术；另一方面是资本主义的大工业机械制造。在柳宗悦看来，美术是纯粹以审美为目的，表现自由的个性；而工艺则是以实用性为目的，满足生活用途。因此，美术具有欣赏性、个人性和自由性，工艺则有机能性、实用性。在笔者看来，柳宗悦所论的民艺范围过于狭隘，其最大的问题就在于其将民俗文化从中剥离出去，从中国的民艺传统来看，民艺的范围更为深广。[1]但对民艺的理解事实上并不能仅仅局限于所谓的民艺学科这样一个学术范式的问题，而回到莫里斯乃至之前手工艺运动兴起的内在思想动力上去看，手工艺的提出在当时的历史语境中有着超越单纯的艺术分类观念的美育思想意图。

---

① 本文的着眼点不在于理清民艺美学内在的观念发展，从中国的民艺的发展来看，中国的民艺包含着更广泛的手工艺术实践，具有强烈的民间性，而柳宗悦的民艺美学其实是要与民俗文化剥离开来的，相关问题将另文处理。在本文中，民艺与手工艺在等义上使用。

二

毫无疑问，莫里斯称得上是西方工艺美学“现代运动之父”。[①]但在莫里斯的思想形成过程中，拉金斯产生了极大的影响。在工业革命大规模开始使用机器之前，拉金斯就开始意识到机械工业对手工艺的冲击，他推崇手工艺，反对机器，乃至反对新兴材料。而莫里斯则重视传统手工艺的继承和挖掘，更认为机器生产是一种罪恶，希望复兴中世纪的手工艺。[②]正是在莫里斯的影响下，柳宗悦才坚持认为：“为何在机械作业的同时，手工艺也很有必要呢？是因为在用机械制造产品的同时，也有很多是机械不能制造的产品……机械往往被用来逐利，而产品则粗制滥造。而且，由于人类为机器所左右，剥夺了工人的种种乐趣……因此，手工艺是最具人性的工作，我认为这才是手工艺最大的特性……认为手工艺已过时的想法愈来愈强烈……为了保护固有的日本之美，应该更多地进行手工艺历史的教育，更加清楚地认识其优点，并使之更加优化，这才是我们的义务所在。”[③]由此可见，工艺美学尤其是手工艺运动的兴起，是在批判和反思机械工业的过程中不断完善起来的。而从柳宗悦对机械生产和手工艺之间关系的讨论中，我们可以看到，这种对手工艺的推崇，如果抛开其对自身文化过分推崇的民族心理，实际上也

---

① 尼古拉斯·佩夫斯纳：《现代设计的先驱者——从威廉·莫里斯到格罗皮乌斯》，北京：中国建筑工业出版社，2004年。

② 参看尼古拉斯·佩夫斯纳：《现代设计的先驱者——从威廉·莫里斯到格罗皮乌斯》。

③ 柳宗悦：《日本手工艺》，张鲁译、徐艺乙校，桂林：广西师范大学出版社，2011年，第3页。

包含着深刻的美育思想。而这种美育思想就蕴含在自拉斯金、莫里斯等最开始在英国提出工艺运动的思想中。总之，从源自英国的手工艺运动到了日本柳宗悦所发起的民艺运动，都指向对资本主义的批判，深刻地揭示了资本主义大工业生产对工人的异化，他们对资本主义的批判与席勒、马克思有着内在的思想共鸣。正如有论者指出的："19 世纪以来，欧美、日本等国都曾经有复兴传统工艺的运动。19 世纪 30 年代兴起于英国，然后波及欧美、日本等国的'艺术与手工艺运动'，便是各国艺术家以浪漫主义、人文主义为取向，试图通过复兴传统手工技艺的艺术实践，抵抗机械主义对于日常生活的主宰，其中以英国、日本为典型。"[①] 也就是说，手工艺运动从英国发源伊始，就是为了反抗资本主义的现代性，其反思的思想资源来自浪漫主义，因此其内在的思想旨趣与席勒的美育思想一样，都具有审美现代性的诉求，二者在思想上有着共同的目标——都对启蒙现代性进行了批判和反思，都导向一种以艺术拯救被资本主义撕裂的人性，试图通过艺术实现人性的完整。

席勒主张通过艺术教育进行美育，席勒认为，资本主义的机械生产导致了享受与劳动、手段与目的的对立，也就使得人性面临着分裂。与席勒一样，莫里斯关注社会现实，但与席勒不同之处在于，莫里斯积极投身社会改革活动，还是空想社会主义者，写了著名的乌托邦小说《乌有乡消息》。莫里斯在《乌有乡消息》中构想了一个乌托邦的社会，在小说中他对资本主义制度进行了严厉的批评，在资本主义社会里，劳动成为一种手段，获取生存的手段，从

---

① 刘晓春:《从柳宗悦到柳宗理——日本"民艺运动"的现代性及其启示》,《民族艺术》2008 年第 1 期。

而劳动失去了其具有的美感，成为一种束缚自由的行为。正如马克思指出的，在资本主义的机械生产中，“按照国民经济学的规律，工人在他的对象中的异化表现在：工人生产得越多，他能够消费的越少；他创造的价值越多，他自己越没有价值，越低贱；工人的产品越完美，工人自己越畸形；工人创造的对象越文明，工人自己越野蛮；劳动越有力量，工人越无力；劳动越机巧，工人越愚钝，越成为自然界的奴隶”[①]。莫里斯设想着的共产主义就是抛弃工业文明，回到手工业时代。在《乌有乡消息》里，莫里斯热情歌颂手工劳动，认为劳动创造美，主张“劳动愉悦”，强调了劳动者从事使自己快乐的劳动，在他看来，“没有幸福的日常工作，幸福是不可能的”[②]。莫里斯描写了人类在自由的创造性劳动中获得了乐趣，从而在乌有乡里没有“艺术品”的观念：“一句话，我们所采取的补救方法就是进行过去所谓艺术品的生产，我们现在没有艺术品这个名称，因为艺术已经成为每一个生产者的劳动的必需组成部分了。”[③]也就是说，在莫里斯看来手工艺劳动里，手工艺以自身为目的，手工艺不是手段，是一种艺术创造，也就能够恢复人性的完整，使得人性走向感性与理性的统一。

而在柳宗悦看来，艺术只有具备“平常性”，才能让人们在日常生活中培育正确的审美情趣。由此，他极力批判近代以来的“纯艺术”观念，他认为：“近世的人们不停地讴歌天才个人，形成了一切均崇仰非凡作品的习惯。但是，真正的美，并非只是存在于

① 卡尔·马克思：《1844年经济学哲学手稿》，中共中央马克思恩格斯列宁斯大林著作编译局译，人民出版社，2000年，第53页。

② 威廉·莫里斯：《乌有乡消息》，黄嘉德、包玉珂译，北京：商务印书馆，2007年，第117页。

③ 同上书，第165页。

罕见的世界之中，同样深深地、静静地潜藏于平凡的寻常事物之内。”[1]“近代将美之创造委托于天才，因而产生了一种赞赏奇异、卓越之器物的倾向……这样就会导致美的产生离开生活、疏远群众的弊端。近代的人们在欣赏器物时厌恶平凡、以为美必须是非凡之美，认为卓越的美就必须是异常的、怪异的，而普通的、平凡的器物则不具备深刻的美，美的器物必须超过任何一般的器物。”[2]柳宗悦认为手工艺美学能够拯救纯粹艺术这种脱离生活，走向偏执的美学，从而真正在艺术中实现人性的健全，“民艺品中含有自然之美，最能反映民众的生存活力，所以工艺品之美属于亲切温润之美。在充满虚伪、流于病态、缺乏情爱的今天，难道不应该感激这些能够抚慰人类心灵的艺术美吗？谁也不能不承认，当美发自自然之时，当美与民众交融之时，并且成为生活的一部分时，才是最适合这个时代的人类生活”[3]。由此可见，从手工艺运动到柳宗悦的民艺运动其内在的是以美育为目的的审美现代性运动，都是以人性的全面发展作为美学目标，以人类的生命本身的完整作为追求——“怎样的途径才能达到美，也许值得终生思考。可是，其中什么是最根本的东西呢？……怎样的美才会给人类带来幸福呢？怎样的美才能使生活清静呢？”[4]

席勒的美育是精英的，以艺术来教化大众，与此不同，从莫里斯的手工艺运动到柳宗悦的民艺美学都认为，来自日常器物制作

---

① 柳宗悦：《民艺论》，徐艺乙主编，孙建君等译，南昌：江西美术出版社，2002 年，第 162 页。

② 柳宗悦：《工艺文化》，徐艺乙译，桂林：广西师范大学出版社，2011 年，第 162、163 页。

③ 柳宗悦：《民艺论》，第 6 页。

④ 柳宗悦：《工艺文化》，第 164 页。

中的手工艺创造具有很高的审美价值，手工艺—民艺是劳动与艺术创造的统一，实用性与艺术性的统一。在笔者看来，而手工艺作为美育的意义在于，手工艺能够将美育落在实处，因为手工艺在日常生活中随处可寻。刘悦笛的“生活美育”是一个极好的提法，但他并没有指出真正落实生活美育的途径。手工艺比席勒以来审美教育所依托的纯艺术相比，手工艺具有更为广泛的群众基础，能够落实到日常生活，从而真正能够将美育落实在具体的生活实践当中。例如，在日常生活中，许多人会手工织毛衣，制作各种布玩偶、做陶瓷等，手工可以成为城市大众日常的生活方式。手工艺术创造活动能够给人带来身心方面的愉悦感，进而具有疗治人的精神与身体的功效。1989 年 9 月，香港作家西西曾因癌症手术后遗症，导致右手失灵。由于她从小喜欢手工，手工缝制布娃、毛熊，意想不到的是，在重拾儿时的手工爱好作为其放松的方法时，手工不但成为右手的物理治疗的有效途径，进而给予了她精神极好的安慰。[①] 因此，笔者认为，手工艺就是生活美育的最好载体。

三

在作为“生活美育”之外，手工艺作为美育的根本意义在于，它能够突破席勒乃至之后作为审美现代性的西方美育思想的局限。西方的现代性美育思想都是将审美的意义放在弥合感性与理性的精神分裂层面上，没有意识到，现代化进程中，机械化大生产使得人的身心分裂加剧，造成严重后果。而且传统的高雅艺术也普遍忽

---

① 西西：《缝熊志》，南京：江苏文艺出版社，2011 年。

视了身体在审美中的意义，作为现代西方美学奠基的康德美学就将审美视为一种静观。西方美育思想并没有突破身心二元论，忽视了人作为一个整体，其身心之间不能割裂为精神与肉体。对人身心的分割，导致将艺术视为一种纯粹的审美形而上学，身体成为艺术实践中被遗忘的角落，这种遗忘使得纯艺术缺少一种从根本上改造人心的力量。而也正如柳宗悦所批判的，纯粹艺术由于脱离了大众的日常生活，从而不能将美育落在实处，也就不能解决现代性中人性的分裂问题。纯粹艺术本身就是现代性语境里艺术自律性形成的观念，是现代性的后果。而手工艺则从一开始就站在现代性的批判立场，从根本上对现代性进行批判的美学。现代性的机械制造造成了人们身心的分离，不能在纯艺术的美育中得到弥合。在手工的艺术创造中，身体经验与精神愉悦是统一的。尤其在当今的人工智能时代，人们脱离身体的劳动，人类的手工劳动只能日益被机械所代替。人工科技越是发展，人类越脱离体力劳动，人的身体功能面临着退化的危机。人类的动手能力日益退化，人类急需通过艺术创造的形式让身体，尤其是双手保持其灵敏的艺术感知力。有科学家对人工智能发展的远景进行过描绘，在科学家看来，人工智能由于极大地将人从手工劳动中解放出来，使得人类在未来的演化过程中越来越弱化四肢的功能，人类面临着肢体变弱的困境。[①] 美国社会学家桑内特（Richard Sennett）指出，工业化的大规模机械生产扼杀了

① 科学家在研究人工智能对未来人类的影响时，勾勒了未来的人类形象：人类将具有更为庞大的头颅，以便容纳发达的头脑，而四肢将逐渐弱化。总之，庞大的头颅和孱弱的四肢形成鲜明的对比，这种在当代人看来怪异的外星人式的模样将是人类的未来物种形象，而这一切就是以四肢的退化为前提。

传统技艺的“单一性”，从根本上造成了人与机械之间的对立。[①]也就是说，现代的机械工业对传统手工技艺带来冲击就在于，当人们不再亲手接触技艺及有关的工具之后，人与世界，人与其制作的产品之间存在着对立，其工作本身也就成为压抑自我身心的过程，工作就成为一种重负，从而从根本上丧失了工作的快乐。

从手工作为技艺的角度来看，现代的技术发明主要体现为一种机械制造，即技术的进步就是让人脱离身体劳动，以机械制造代替人工制作。徐复观曾经用“技艺”与“技术”的区别分析过庄子思想中有关技艺的美学内涵，具体来说：“包括庖丁解牛在内的活动是与身体有关的，它需要身体的参与，我们可称之技艺。这就包括一切的手工艺术，以及其他活动，比如游泳、捕蝉等。在技艺的活动中，人的身体活动就是技艺本身的一部分，技艺的提高与人对自我身体的把握和控制相关。技术的进步需要‘机心’——工具理性的思考和发明，而技艺的高超则来自心灵的虚静。同时，技艺是一种上手的状态，上手是一种生存方式，它就不仅仅是一件工具，技艺是一种更原始的本源，工具与人之间它不是一种对象之间的知识关系，工具就是人的一部分，科学技术中人对技术的运用，对技术产品的运用，它永远只能充当作外在与人的知识器具。而上手状态就消除了人与工具之间的对象化关系。”[②]

技术的进步无关于人的身心修养，技术的力量源自科学的日益进步，技术的目的在于提高劳动生产率，让人脱离体力劳动。然而，从事机械生产的工人其实面临着“异化”的困境，在机械的生

① 参看理查德·桑内特：《匠人》，李继宏译，上海：上海译文出版社，2015 年。

② 刘毅青：《庄子道艺观的修养美学》，《哲学研究》2013 年第 8 期。

产中，人不能体会到劳动的快乐与美感，机械生产成为压抑人的力量。机械技术的劳动过程中，人的身心日趋分离，乃至身心对立。手工是以身体为基础的技艺，手工技艺的高低与人的修养工夫相关，而技艺的提升过程中本身就是人的修养过程，在此修养过程中，人获得身心的统一。进言之，手工艺美学不同于纯艺术的地方在于，手工制作中人的身体本身成为工具的一部分，手工使用的工具在一定程度上是手的功能的延长，工具的使用过程是对人自身的运用过程。这就是说，手工艺的制作需要身心的共同参与，具有美感创造意义的手工过程是身心合一的过程。手工过程中，手的工作让人的大脑不得不集中在手中的活动，集中精神对手的控制使得身体技艺具有的修行功能。在手工过程中获得身心合一，才能实现治疗的作用，技艺最高的境界就是心手合一。正因此，手工制作的技艺具有疗治身心疾病的作用。在当代的精神与身体的康复治疗中，手工对于一些精神乃至身体疾患的康复治疗作用在医学界得到了承认。[①]这充分说明，手工艺术制作能够对精神与身体疾患的康复有效果，其根本的原因在于其身心合一所带来的审美功能，即审美的手工活动能够带来审美的愉悦。张庆熊在分析人类关于信仰等超越性的精神时指出：“我们能感知物质实体的存在，但是我们不能感知精神实体（实体性的灵魂之类的东西）的存在。确实，我们能够体验到自己的思想活动和情感的存在，但是我们是在自己的身体之中体验到自己的意识的。我们不可能脱离自己的身体的存在去体验自己的意识的存在。对此，某些哲学家，如胡塞尔持反对意见。胡

① 参看谭流芳、邹桂香、张程赪：《手工刺绣与绘画工娱治疗对康复期精神分裂症患者康复效果的影响》，《临床心身疾病杂志》2016 年第 5 期。《十种手工疗法》，《中华手工》2011 年第 7 期。

塞尔主张可以通过现象学的中止判断把身体存在的问题悬置起来，存而不论。但是，这种对身体存在的现象学的中止判断充其量只是一种逻辑上的可能性，而不是现实中的可能性。我们生活在现实世界中的人总是在自己的身体中进行思考的。鉴于身体与意识的关联性，以及精神性的灵魂的不可证实性，把我们的意识理解为物质性的大脑的功能要比把它理解为精神性的灵魂的属性更加妥当一些。"[①]这就是说，人的精神是要落实在其身体上的，而具体到大脑的活动来说，就是人的思想活动离不开大脑。

四

在笔者看来，作为美育的手工艺，促进了艺术创造过程中身心之间的互动，凸显了身体尤其是手感在艺术创造中的功能。[②]马克思说"劳动创造了人"，这句话从人类进化的角度来理解，就是在

---

① 张庆熊：《对永恒生命的模式及意义的反思》，《陕西师范大学学报》2004年第2期。

② 像认知一样，情感经验及其反应有赖于身体。美国微生物学家马丁·布莱泽在其专著《消失的微生物——滥用抗生素引发的健康危机》（傅贺译，湖南科学技术出版社，2016年版）对此进行了研究并指出，在我们的胃肠功能与大脑功能间存在着直接的关联。例如拥有1亿神经元的肠道神经系统，它产生的神经信号可以通过迷走神经直接传递给大脑，从而影响我们的认知和情绪。肠道还生产人体80%的血清素，这种神经递质是调控睡眠、学习和情绪的重要因素。布莱泽推测，之所以如今出现越来越多的自闭症患儿，跟母亲滥用抗生素导致肠道紊乱有关。中国学者李素水等人研究也提出了相应的观点。（参看李素水等：《孤独症谱系障碍与胃肠功能紊乱关系研究进展》，《中华精神科杂志》2013年第5期。）美国哥伦比亚大学梅尔曼公共卫生学院感染与免疫中心（CII）和哈佛医学院的研究人员在PLoSONE上撰文认为，认知功能与肠胃功能之间存在着关联性。（参看 https://www.jianke.com/jsbpd/2122999.html。）这种观点与中国的中医研究相关，在中医看来，肠胃是人类的第二个大脑。

工具的使用过程中，人类的能力逐渐增长，为人类逐渐成为自然界的霸主奠定了决定性的基础。康德从哲学直觉中感悟到，“手是人外在的大脑”，心理学家曾经做过这样的实验，让说话的人在讲的时候手不能动，结果说话者无论是在精力集中还是在表达方面，质量都明显降低，这说明大脑的语言功能与手的运动机能是相互影响的。

虽然没有现代实验方法的验证，中国人却很早就根据身心统一的观念认识到：“十指连心”。徐复观把中国文化定义为“心的文化”，他指出：“中国文化所说的心，指的是人的生理构造中的一部分而言，即指的是五官百骸中的一部分。”[①] 在他看来，“所以中国文化中的心，牵附到唯物方面去，还有点影子；因为生理本身就是物，心的作用正是生理中某一部分的作用。牵附到唯心方面去，便连一点影子也没有了”[②]。也就是说，在中国文化里，“心”从生理上讲就是大脑与心脏，但它又不仅仅是生理机能，还包含着人的精神意志，心是精神与生理功能的统一。从中国的身心统一观念看来，心手的相连不仅仅是说手是人类的触觉末端，通过神经的传导把握自身的感觉，而是说手的感觉包含着人的情感。而对于手工的艺术创作来说，手的触觉极其重要，触觉作为人的知觉方式，是通过与对象接触而产生的，虽然视觉也会产生类似于触觉的那种视觉接触，但触觉的方式是以主体与对象的互相触碰作为基础，这是空间上的“零距离”，甚至是“负距离”——即互相深入到对方。正因此，西方哲学一直将这种没有距离的知觉方式排除在知识构成来源

① 徐复观：《徐复观文集》第二卷，武汉：湖北人民出版社，2002 年，第 113 页。

② 同上书，第 133 页。

之外，因其缺乏客观性。但问题在于，这种二元论式的感知方式忽视了人类与万物之间的内在连通的可能性。海德格尔从存在论出发指出，个人此在是奠基于手之上的：手是身，是此在的舞台。即手是我们感知世界的方式，我们的时间空间感知来自手，对外在物体的感知：温度、体积、重量等都与手的感知有关。海德格尔认为，在手工操作的过程中，不是“我”在思，而是手在思——我们是用手来思考的。在他看来，在手被大脑思考之前，手自身就在思考。梅洛－庞蒂认为触摸运动“问题不在于和意识一起发生的关系，而在于直接反应”，在他看来“在这种触感中，问者与被问者离得更近……这两个体系相互与对方贴合，就像一个橘子的两半相互贴合那样”[①]。而正如阿伦特指出的，经由手工制造、保存独特印记的物品（比如手制的家具和提琴），让人“对这个世界产生亲切感”，并促进人与物、人与人的沟通。[②]作为身体的一部分，手不仅仅是被思维控制的器官，而是具有自身思考能力的器官。手能够凭借自身的感觉方式制作作品，手以自身的方式把握世界，就是所谓的上手状态。手在使用工具的时候，不是被动地适应工具，而是主动的选择工具，手本身就具有创造性。手的创造性就体现在它要求思想与它一起思考，而不仅仅是被动地被意识控制。

手工技艺的审美意义建立在其修养身心的功能上。手工技艺依赖手的触觉，触觉的主客融合性使得手工技艺不是一种客观的对象化知识，它永远以身体的经验习得，保存为身体的动作能力。但

---

① 莫里斯·梅洛－庞蒂：《可见的与不可见的》，罗国祥译，北京：商务印书馆，2008年，第164—165页。

② 参看阿伦特：《人的境况》（第四章），王寅丽译，上海：上海人民出版社，2009年。

是，手工技艺难以被传授，可以被领悟，这种领悟需要的是体验。在武侠小说中，寻找武功秘籍是其情节发展的主要推动力，这是武侠小说诞生开始就有的一种情节设置，包括武侠小说的集大成者金庸也难逃这个情节推动。没有了诸如《九阴真经》《九阳真经》等武功秘籍，金庸笔下的郭靖、张无忌、令狐冲等最后都无法完成武功的蜕变，成为顶尖高手。似乎只要获得了武功秘籍就能够学到并领会秘籍中的高级功夫，从而武林独步，天下无敌。然而，武侠小说对武功的这种理解最大的错误就在于，武功作为一种身体的技艺，是不可能从书本中习得的。就像没有人能够从一本研究如何游泳，如何打羽毛球，如何踢足球的书中学会游泳，打球的技术，成为高手一样，没有人能够读了武功秘籍之后就能将书中的功夫学会。因为，任何的身体技艺，不是知，而是行，从体知到体现，到达一种上手的状态，需要很长的时间磨炼。而要到达天才的创作境界，就要看个人的领悟能力。当然，具体到手工艺，手工的体验依靠触觉，触觉作为一种知觉方式难以用语言表达出来。手工技艺最大的特点在于它是一种内在的身体经验，身体通过训练感知而熟能生巧，成为仿佛是自然习得，作为技艺它的特性在于庄子在轮扁斫轮中所说的“得之于手，应之于心，有数存焉，口不能言”。任何修习手工技艺的学徒，都无法仅仅通过书面的理解掌握技艺。技艺只能不断在制作过程中逐渐领悟，这种领悟可以在师傅的指导下完成，但是徒弟几乎不能完全承继师傅的技艺。

任何的技艺创造都需要身体来实现，手工艺的创作需要身心的协调一致，手工艺尤其体现出人的身心之间存在的密切关系。高超的技艺来自身心一致的修养，从而手工技艺的修习过程就是身心合一的过程，身心合一是后天的功利与生理欲望消解所达到的境界，心中所想必然能在手中实现，手中的工夫来自心灵的直觉。庄子的“虚静”“心斋”“坐忘”之所以强调修身工夫中生理欲望与理性的知见需要被悬置，是因为庄子发现了，身心的统一源自后天的意识与欲望的消解。这也就是为什么，手工技艺能够成为修身的工夫，其原因就在于手工技艺创造中身心统一所达到的无我状态与“虚静”“心斋”“坐忘”等修身工夫所达到的境界是一致的。当代的具身认知理论，以及波兰尼的默会知识论都将身体的记忆归为不同于对象化知识的知识类型。对于现代学术研究来说，这仍然是从一团未知的领域，难以进入的模糊之地，充满了迷雾。这是因为体知作为一种认识，它需要的是体验，而不仅仅是反思。也就是说，体知难以仅仅通过内在的自我反思获得，而需要身体训练的基础上，提高身体的觉知能力。自我既是认识主体，又是认识对象。自我的实验效果难以被他人领会，也就难以被客体化为可描述性的知识。这就导致现代的认知科学无法对其做更为深入的研究。因为技艺是积累在人的身体动作的能力上，体现在具体的行动之中。技艺最终要通过身体呈现出来，在语言乃至意义的层面上的理解并不能保证身体能够实现。这就是心手之间的距离。庄子哲学之所以将“心斋”“坐忘”“虚静”等视为技艺的根本，是因为庄子发现了，身心合一的“虚静”状态中，心手才能相应，心始能以其“凝神”虚静的状态运用身体。

手工艺的创作来自“手”与“身体”的经验感受，通过肌肤的触觉直观，感觉与接收手工器物在制作过程中的分寸。也就是说，与客观知识的理解与运用其遵循的原则的不同之处在于，手工技艺的活动过程中，技术的习得必须依赖对自我身心的控制，技艺的提高从而不仅仅是一种客观的认识活动，也就必然包含着对自我身心的转换。铃木大拙在解释东方的身体技艺时说道："不单是箭术，实际上包括在日本，以及可能在远东其他国家所习练的所有艺术，我们注意到的最重要的特征之一便是这些艺术并不是单纯出于功利的目的，也不是纯粹为了获得美的享受，而是旨在炼心；确实，旨在使自己的心与终极存在相连接。因此，习射不单是为了中靶，舞剑不只是为了克敌，舞蹈不仅仅是为了让肢体表演某种有节奏的动作。"[①] 铃木大拙所指出的，东方技艺有超乎技艺本身的意味，就是指这些身体的技艺具有涵养心性的功用，其美学意义在其心性功能展现的同时自然显露。手工创作的过程能够成为修养的途径，中国传统的道家美学对此进行过深刻的阐释。

五

先天创造力的丰富性与手工作品的美感相一致，美感意识导向身心愉悦，这也是手工艺能够对于身心产生治疗效果的根源。大家所熟知的成语"心灵手巧""得心应手"就说明了人在思维上的创造性与手的实践能力之间存在着内在的关系。"手是人类大脑进化的动力，是思维创新的摇篮。由于手的活动，引发了脑的思维，脑的思维又通过手的实践去完成、完善。手和脑在如此不断的循环中不断地相互促进、进化，从而造就了人类文明不断进步的历史。"[②] 手工本身是激发人的创造力的一种方式，柳宗悦的儿子柳宗理发扬

---

① 铃木大拙：《学箭悟禅录》序，载欧根·赫里格尔：《学箭悟禅录》，余觉中译，合肥：黄山书社，2011 年，第 1 页。

② 杨昆：《保护好"第二大脑"——访手外科专家顾玉东院士》，《祝您健康》2015 年第 3 期。

其手工艺的美学思想，将手工艺的身心观念引入到工业设计中。柳宗理认为在工艺设计过程中“真正的美不是创造出来的，而是自然出现的”[①]。所谓自然出现就是说，设计的具体构思并不是事先就存在脑海中，而是手工制作模型的过程中逐渐形成的，他的“柳工业设计研究所”强调设计的模型建造过程是“手”在去思考。“柳设计”从草案阶段开始就用手工制作的立体模型来讨论，因为“手要用的东西，怎能不用手做出来”？“摸一摸、动一动、晃一晃，重叠起来看看，完全依照实际使用时的情况来模拟，接着再修正，再重新模拟，因此在设计过程中，已经彻底检验过了实际使用时是否顺手等问题。”[②] 因此，整个设计过程并不提供事先的设计图，而是先制作出模型。通过强调手在设计中的创造性，柳宗理在工业设计中引入了手工艺的美学思维方式，重视“手”作为审美创造的主体意义。身体与手作为创作的主体与人的理性思维不同之处就在于，“手”作为身体，具有本能的美感能力，这种身体的美感经验超越了知性改造的理性审美意识。因而，“手”的身体审美真正朝向无功利的合目的性审美。

人的认知能力与身体能力存在着内在关联性。手工技艺之所以在制作工具的过程中，激发创造性，其根源在于，手工技艺的制作过程中，身心能够得到统一，人之精神高度凝聚，进入一种宁静的状态，人自身的创造潜力被激发出来。书法被很多人作为一种日常生活的修习方式，许多人步入老年之后，喜欢书法。因为书法的练习，需要身心安静，身心因此得到放松。书法之所以能够成为最好

---

① 转引自《民艺与设计——关于柳宗悦与柳宗理》，《装饰》2015年第12期。

② 同上。

的精神排解方式也就在此。这种放松的过程具有激发人的创造性的功能。这就是铃木大拙指出的，东方身体技艺所发挥的修养心性功能："首先，大脑必须处于无意识状态。"[①] 另一方面，这种修养心性的过程也能够激发出创造力，当手里的毛笔从墨汁瓶里提起时，书写者的身上浑然有了一种气势，书写者能够借由这种气势，唤起自身的创造性。

聂清在研究禅宗对中国书法的影响时指出："真正的书法创作强调无意乃佳，所以古典书法作品往往面貌各异。不仅各个时代不同，其实每个书家也各有千秋，甚至同一书家的不同作品，同一作品的不同位置，其造型都不雷同。这种不为规则所局限的能力，我们借用禅宗的术语，可以称之为'无住'。"[②] 也正如铃木大拙所说："人能思想，却弱如苇草。然而，当其无思无虑之时，即可成其伟业。'如婴儿状态'须经长年累月的忘我训练才能达到。一旦达到这种状态，人便会不思而思，其思如阵雨从天而降，如波涛涌过海面，如星辰闪耀夜空，如绿叶吐芽于和煦的春风之中。确实，它就是阵雨，就是海洋，就是星辰，就是绿叶。"[③] 因此，修炼的过程就

① 铃木大拙：《学箭悟禅录》序，载欧根·赫里格尔：《学箭悟禅录》，第1页。

② 聂清：《试从禅宗的角度审视古典书法》，《世界宗教文化》2012年第1期。所谓"无住"，根据聂清的说法："无住也是三昧之一，住此三昧时能观见诸法念念无常无有住时。同时在《维摩诘经》中提出'从无住本立一切法'的观点，由此中土佛学多将无住理解为空性的另外一种表达。《坛经》中对无住之说更加重视：'无住者：人之本性，于世间善恶好丑，乃至冤之与亲，言语触刺欺争之时，并将为空，不思酬害，念念之中，不思前境。若前念、今念、后念，念念相续不断，名为系缚。于诸法上，念念不住，即无缚也。此是以无住为本。'"（见聂清：《试从禅宗的角度审视古典书法》，《世界宗教文化》2012年第1期。）

③ 聂清：《试从禅宗的角度审视古典书法》，《世界宗教文化》2012年第1期。

表现为获得空静，空静使得先天从后天的压抑中得到释放。而按照徐复观的看法，这种虚静的精神境界，就是一种审美活动，在一个不断节制自我欲望的过程中，一种审美愉悦会油然而生："庄子的'堕肢体''离形'，实指的是摆脱由生理而来的欲望。'黜聪明''去知'，实指的是摆脱普通所谓的知识活动。二者同时摆脱，此即所谓'虚'，所谓'静'，所谓'坐忘'，所谓'无己''丧我'。《齐物论》的'忘年（年是人的最后的欲望）忘义（义是由知而来的是非判断）'，也正是欲望与知识双忘的意思。欲望藉知识而伸长，知识也常以欲望为动机；两者是在互相推长的关系，同时也是在互相解消的关系。离形即含有去知的意味在里面，去知即含有离形的意味在里面。而庄子的'离形'，也和老子之所谓无欲一样，并不是根本否定欲望，而是不让欲望得到知识的推波助澜，以至于溢出于各自性分之外。在性分之内的欲望，庄子即视为性分之自身，同样加以承认的。所以在坐忘的意境中，以'忘知'最为枢要。忘知，是忘掉分解性的，概念性的知识活动；剩下的便是虚而待物的，亦即是徇耳目内通的纯知觉活动。这种纯知觉活动，即是美地观照。"①

但人的身心空静之状态，并不能通过强制的压抑自己的意识获得，原因在于潜意识无法通过对意识的压制而消失。对无意识的压制反而导致精神产生对抗性的分裂，精神的分裂也导致行为的分裂，其根本就是一种身心分裂。治愈的关键在于唤起身体的主体性，激发身体自身的愈合力量，而身体愈合的力量恢复的关键则在

① 徐复观：《中国艺术精神》，《徐复观文集》，武汉：湖北人民出版社，2002年，第62—63页。

于后天的意识不去按照后天的思维逻辑控制和运用身体，所以儒释道的所有的修炼与修行的核心都在于让后天的意识退出对身体的控制。能够被大脑控制的，是可以被言语表达的，不能被言语表达的恰恰是不能被大脑控制的，大脑的控制是一种理性的控制。大脑的理性控制之外，还有潜意识，胡思乱想，大脑自身能够产生的情景与意识超出了其理性的控制。抑郁症等精神疾病是一种身心疾病，精神的控制力差，恰恰不是要去控制，而是要放空，禅宗的精神疗救就在于空，空之后让身体本能激发出来。身体的本能就是道家所说的先天性，这种先天性的东西不需要锻炼，只能等待，只能让其自身显现。

艺术创造中的这种空静，事实上“将抽象的无住，阐发为具体翔实的心性涵养途径，认为人如果能摆脱对于所有观念的执着，便能达到终极的解脱”[①]。手工的技艺制作过程中，人的身心凝聚为一个整体，对于后天意识的放松，激发先天的创造能力能够有着积极的意义。这就是中国的艺术在谈及创造的时候，就认为“至法无法”，而这种“至法无法”的境界来自身心在技艺创作过程中获得的空灵境界。

艺术创作需要超出常规的创造性，但是创造性常常不以主观愿望为转移。灵感作为一种潜在的活动，是以表层意识，主动意识的弱化为条件的，只有当不在后天的努力时候，它自然而然的到来。道家的无为就指出，在创造过程中，主观上强烈的创造愿望并不能实现创造性，事与愿违。创造性有待于虚静的精神境界，以虚无的心态等待创造灵感的来临。当然，西方艺术则通过对自身的感官刺

---

① 聂清:《试从禅宗的角度审视古典书法》,《世界宗教文化》2012 年第 1 期。

激来激发灵感，进而通过酗酒与吸毒等极端的方式让自己进入精神的高度兴奋来获取灵感。但这种对灵感的刺激最终伤害了艺术家的身心，故而西方现代艺术常常以艺术家的身心受损作为代价。在中国美学里，自然作为最高的审美境界，其创造来自一种虚无的精神状态，以无为的境界与自然相遇。

结　语

现代学术是知识论化的，活生生的人格教育也被建构为一整套的逻辑体系的知识。美育作为一种理论也无可避免地被形而上学化为一整套的知识理论体系，但是美育最大的特点就是体知，这种知识化就将其中活生生的体验实践性给牺牲了。手工艺作为美育最大的意义就在于能够将实践与体验纳入教育的过程中，从而将美育的目标落实在艺术的创作实践中，这种艺术的实践对于儿童青少年来说尤为重要，是为真正的审美教育的必要手段。现代生活使得人们越来越远离身体的劳动，越来越倾向于脑力劳动，这使得身与心之间产生了极度的不平衡。智能机器人的可能会越来越使得人们远离体力劳动，越来越多的人工体力劳动会被机器人所代替。但是适当的体力活动，尤其是带有审美的手工艺的创作活动对于平衡人的身心有着极其重要的意义，手工艺的创作过程是让人性复归自然的过程，自身技艺的这种修炼过程乃是使得身心统一的过程，能够疗救现代后现代造成的身心分裂对人带来的侵害。

（原刊于《东岳论丛》2020 年第 3 期）

中国陕北民歌的现代传唱与审美教育

王杰　石甜[1]

艺术是社会发展变化的先导，艺术具有表述和反应的情感结构与“文化习性”。本文从美学和艺术学的角度，集中讨论陕北民歌的现代传唱机制以及其反映的黄土“神韵”，笔者认为，陕北民歌的现代传唱具有艾科似的“回声”文化特征以及民歌文化的外舒性特征，是在文化全球化背景下的现代性焦虑与生态文明的寓言化表述，因此，陕北民歌的现代传唱具有重要的审美教育意义。

一、陕北民歌与黄土“神韵”

“三月里太阳红又红，为什么我赶脚人儿这样苦闷。不唱山曲不好盛，唱上一个山曲想亲人。”像《脚夫调》这类陕北民歌带给

① 王杰，浙江大学传媒与国际文化学院“求是特聘教授”，教育部长江学者特聘教授，中国文艺评论（浙江大学）基地主任，浙江大学当代马克思主义美学研究中心主任，《马克思主义美学研究》集刊主编，主要研究方向为马克思主义美学、审美人类学、当代美学问题。石甜，比利时（荷语）鲁汶大学社会与文化人类学系博士，浙江大学传媒与国际文化学院博士后。

听众一种难以言状的沧桑感。民歌是特定地域、特定人群中的民间歌唱，反映了该地域的文化历史风貌和社会心理，嵌入到当地的传统习俗之中，通过代际传递而实现跨时空的传承。[①]陕北民歌实际上是一个丛生概念，包括了祭祀歌唱形式和社火过程中的歌唱，[②]其上下两句为一段（章）的结构格式和赋比兴的手法可以将其产生时间追溯至《诗经》流传的年代。[③]陕北民歌具有激扬、高亢、苍凉、崇高风格的美学特征，基本曲式是“信天游”。双四度音调结构是陕北民歌的主要特征，悲怨、凄凉是陕北民歌的情感主线，歌词简洁凝练，口语化中又以二句体而体现其文学特点。[④]

青线线（那个）蓝线线，
蓝格英英（的）彩，
生下一个兰花花，
实实的爱死人。
五谷里（的那）田苗子儿，
数上高粱高，
一十三省的女儿（呦）就数（那个）兰花花好。
正月里（那个）说媒，
二月里订，
三月里交大钱，

① 罗梅：《怒江中游地区傈僳族民歌传承研究》，北京：社会科学文献出版社，2013 年。

② 垒耘：《说陕北民歌》，北京：文化艺术出版社，2011 年。

③ 刘育林：《信天游的形成》，载《陕北民歌研究论集 2》，西安：陕西人民出版社，2007 年。

④ 张智斌：《陕北民歌通论》，北京：中国社会科学出版社，2010 年。

四月里迎。
三班子（那个）吹来，
两班子打，
撇下我的情哥哥，
抬进了周家。[①]

从这首唱遍大江南北的《兰花花》就可以看出，短短几句歌词就已勾勒出一个凄美悲伤的爱情故事。貌美善良的兰花花与心上人相爱，但被有钱有势的周家用金钱拆散，兰花花誓死不从，与心上人相约共赴黄泉。前两段唱词以比兴的手法比喻兰花花姑娘人见人爱；结构上，陕北民歌是七字格二二三式，“徵—宫—商—徵”双四度音调框架，二句变文体分别以不同的音区来表达不同感情。上句音区较高，跨度较大，情绪高昂，下句一气呵成，感叹悠远。[②]

陕北民歌的形成，离不开黄土大地的滋养。黄土沟壑万千，黄河咆哮冲击，漫无边际的黄沙，都是陕北民歌产生的首要前提，也是造就陕北民歌“曲调豪宕粗犷、缠绕张弛的内因”动力。[③]恶劣的自然环境和贫困的生活现实，是陕北人民通过民歌来传递心声的基本条件，历史上南来北往的各民族在这片土地上共同生活，不断重组，其歌唱文化也发生碰撞和融合，这是陕北民歌形成的重要原因。

陕北是中华文明的摇篮之一。在中国传统文化中，音乐和歌唱是人与天、人与神交流和沟通的工具。在中国传统文化中，音乐和

① 党音之：《陕北民歌》，香港：香港银河出版社，2001年。
② 蒋宗仁、杨晨：《论信天游旋法中的“双四度音调结构”》，《考试周刊》2011年第61期。
③ 奎耘：《说陕北民歌》，北京：文化艺术出版社，2011年。

歌唱是人与他人、人与自然交流和沟通的工具。农耕社会的乡俗民约是这种文化的基础，或者说“文化共同体”。陕北民歌体现了农耕文化和草原文化结合地区的文化特征：对话性和自然崇拜。陕北民歌以其回旋的曲调结构，在回旋中展开和升华，是一种艾科式的“回声”文化。从“青”到“蓝”再到“兰花花”，从田苗子到高粱，一层层的变化中留下的却是稳定的结构，从“二月里”到“三月里”再到“四月里”，每一层的递进都是相同而又不同的表现。这种“既稳定然而又不稳定、既相同然而又不相同”①的表达方式正是艾科式的“回声”文化，以一种潜在的、层层推进的表现，表达时代背景下的情感结构。

回声与回旋是音乐和歌曲特有的传播，他不仅是抒情的，而且是对话性的。陕北民歌的“回旋”机制和“外舒性”特征，不仅反映了日常生活审美化和审美介入方式，②还反映了宏大叙事缺席与淡化的背景下，游牧农耕两大文化的互动和融合。

二、陕北民歌的现代传唱

陕北民歌的传播可以分为三个阶段：1949年以前、1949—1977年和改革开放以后。三个阶段有各自不同的感觉结构。第一个阶段又可以分为“走西口”时期和延安时期。特殊历史时期的“走西口”现象，促进了陕北民歌的传播和发展。③“走西口”指的是清朝

---

① 盖娅特丽·C. 斯皮瓦克：《论艾科》，凌学东译，《马克思主义美学研究》第8辑，桂林：广西师范大学出版社，2005年。

② 垄耘：《说陕北民歌》，北京：文化艺术出版社，2011年。

③ 张智斌：《陕北民歌通论》，北京：中国社会科学出版社，2010年。

前期开始，陕西、山西等中原地区的商人和流民前往内蒙古西部地区移民定居。清政府“借地养民”和放垦政策的鼓励，内地的人们为了躲避天灾、摆脱饥荒，踏上了远走他乡的道路。走西口不是一条平坦大道，挑着行李、食品渡过黄河，经陕西府到内蒙古境内，风餐露宿，随地而息，其间还有可能遇到各种意想不到的危险，也是闯鬼门关。[①]

哥哥你走西口，
小妹妹实难留，
有几句那个知心的话，
哥哥你记心头。
走路你走大路，
不要走小路，
大路上的那个人儿多，
拉话解忧愁。[②]

一曲《走西口》唱出了西部移民的心酸迁徙史。新婚燕尔的小夫妻分别之际，妻子拉着丈夫的手，泪水在眼眶里打转又忍了回去，“小妹妹实难留”，只能拿出梳头匣给情哥哥梳头，一再嘱咐心上人，“喝水要喝长流水”“走大路不要走小路”，远方的道路艰险，情郎不知何时才能回来，自己只能痴痴地等待，却又对不可知的未

① 沈健：《历史上的大移民：走西口》，北京：北京工业大学出版社，2012年。

② 徐黎丽：《走西口：汉族移民西北边疆及文化变迁研究》，北京：民族出版社，2010年。

来感到哀伤。这种离别的惆怅和悲伤，在唠叨和叮嘱中表达得淋漓尽致。《走西口》创作于咸丰五年，山西大旱之后太春和玉莲夫妇被迫分离，他们的故事被艺人改编成戏剧和民歌。[①] 从年轻妻子的口中唱出的每一句歌词，都表达了“走西口”的艰辛，以及期望丈夫早日归来的挂念之情。在“走西口”的路程中，漫天的黄沙、沟壑纵横的黄土越是激发流民的悲凉和豪迈感，在这种环境中陕北民歌越能得到更广泛的传播，用辽阔悠远的歌声来表达这种悲壮而豪迈的情怀。

陕北民歌真正得到全国范围的传播，还是在延安时期。1935 年冬，毛泽东同志率领中央红军胜利到达陕北。在此后的十多年里，毛泽东同志领导人民建立了陕甘宁革命根据地，展开了根据地建设。西北战地服务团采用民间曲调来进行创作，改写了歌词，使歌曲符合革命环境、鼓舞士气。像《军民大生产》，它的曲调是华池县的民歌《推炒面》，从原来哀苦的小调，经过节奏、速度等处理和重新填词，被改编成一曲豪迈雄壮的群众歌曲，反映边区的生产建设。1942 年，在《在延安文艺座谈会上的讲话》精神指引下，鲁艺师生组织秧歌表演，可见当时延安文艺之兴盛。[②] 延安文化代表着中国革命的“文化领导权”，革命民歌是陕北民歌发展史上的“新里程碑”，其人物形象逐渐集中[③]，审美意识形态发挥了正面的作用。

在劳动现场时，当人民群众唱起这些改编后的陕北民歌时，无论旋律还是歌词，都能激发参与群众的力量，音乐成为鼓舞人心的

---

① 加俊：《河曲民歌〈走西口〉背后的艰辛与辉煌》，《晋中学院学报》2005 年第 5 期。

② 张智斌：《陕北民歌通论》，北京：中国社会科学出版社，2010 年。

③ 垄耘：《说陕北民歌》，北京：文化艺术出版社，2011 年。

无形旗帜。音乐通过参与者分享相同感受来形成集体的情感，从而把意识形态转化成让人更容易接近的形式，成为政治传播的有力工具，也有助于集体愿景的共同分享。[①] 集体认同在音乐所构建的情感空间中逐渐形成，参与者个人认同的转变，也是在音乐的情感空间中完成。

中国革命胜利后，陕北民歌成为传播“延安文化”的载体，得到了广泛的传播，最典型的形态是大型舞蹈音乐史诗《东方红》。陕北民歌成为一种“新文化”的代表而广泛传播，《东方红》《山丹丹花开红艳艳》《绣金匾》《叫一声哥哥你快回来》《黄河船夫曲》《南泥湾》《走西口》等。这一时期的陕北民歌吸收了西洋音乐的风格，例如《山丹丹花开红艳艳》就是以信天游风格的曲调为基调，三段式的曲式中借鉴了西洋作曲手法，表演形式上有领唱、伴唱和混声唱[②]，在这首刚性色彩的陇东民歌中融入了新时代的节奏。

改革开放时期，也就是发展社会主义市场经济的时期，陕北民歌也得到了重新传唱和广泛的认可。例如，流行歌曲中的“西北风”；《人生》《黄土地》《红高粱》等电影配乐选用陕北民歌作为主要旋律。这个阶段“陕北民歌”有了新的传播方式，内涵和价值意义都有所不同。新陕北民歌是以整个北方民间音乐为创作素材，选取其强劲有力、慷慨激越的调式，又糅合了现代摇滚乐配器手法，反映了平凡生活中的情感和苍凉。[③] 通过对陕北民歌的改编和重新

① 张铁志：《声音与愤怒：摇滚乐可能改变世界吗？》，桂林：广西师范大学出版社，2008 年。

② 王焱：《民歌的激活与创作——兼谈〈毛主席恩情比海深〉》，载《陕北民歌研究论集 2》，西安：陕西人民出版社，2007 年。

③ 张智斌：《陕北民歌通论》，北京：中国社会科学出版社，2010 年。

传唱，实现对传统的再叙述，从而构建一种乌托邦的情绪，即美好生活愿景存在于过去之中，存在于传统之中。传统被赋予一种崇高的力量来构建心理上的安全感，从而抵抗全球资本进入中国后带来的动荡和不安。虽然传统关系已解体，但它所代表的某种共同体形象变得更加“美好”，怀旧的情绪使过去的“苦难”被忽略，只有看上去觉得美好的事物是存在的，“过去”被视为一个美好的黄金时代，通过对传统的追忆和再传唱，实现对混乱的现代生活的一种逃离。

三、新时期的陕北民歌与审美教育

2004年，一个头扎白肚毛巾、身着羊毛背心的年轻人阿宝站在中央电视台的舞台上。在经历了一轮又一轮的PK后，阿宝成为中央电视台《星光大道》栏目2005年年度总冠军。阿宝自称农民出身，坚持用原生态唱出地道的陕北民歌。[①]2004年，央视推出了《星光大道》这一档定位在大众、娱乐的综艺节目，每周六晚上22：30首播，周日、周二、周六重播，时长80分钟。[②]《星光大道》的定位在“平民参与”[③]，这让许多老百姓有了一个展示才艺的平台，这也是阿宝走上《星光大道》的契机。在这之前，阿宝曾经连续16年参加全国青年歌手大奖赛，每次初赛就被淘汰，还被评委说

① 张扬、黄浩：《走过星光大道》，《新电视》2007年第2期。

② 李岭涛、李德刚、陈鹏等：《中国最具网络影响力的十大CCTV栏目》，北京：中国广播电视出版社，2009年。

③ 赖祥亮：《网络时代文化娱乐特征解析——从〈星光大道〉等电视栏目谈起》，《文教资料》2006年第13期。

他的“发音方法不科学”。但在获得星光大道年度总冠军以后，阿宝签约了公司，发行了专辑，专辑定位为“中国乡村音乐”①，让山西大同郊区小村子走出来②的阿宝在21世纪初的十年里获得了更多关注。

《星光大道》创造的收视率和阿宝的走红，并不是偶然事件。20世纪90年代，中国大陆被英美流行音乐和港台音乐包围，不同风格、唱法、流派的摇滚音乐、通俗音乐也进入中国市场，诸如后街男孩（Backstreet Boys），辣妹组合（Spice Girls）等受到年轻人的追捧。③21世纪开始后，人们想从传统中寻找一些新的力量，期待一些不同的声音。这一时期进入中国市场的港台歌手也呈现不同的风格，例如台湾歌手周杰伦的词曲风格就是尝试在中西文化之间找到一些融合。④

对传统的追寻，关注传统文化的现代传承问题，也是21世纪的热门现象之一。2001年，中国的昆曲入选联合国教科文组织的第一批“人类口头和非物质遗产代表作”名单，在这之后中国也开始整理非物质文化遗产项目，各地的“非遗”活动逐渐多起来。⑤陕北歌手苍郎在谈到回归传统的原因时也说，“当文艺兵，首选学习西方最洋的萨克斯风……但是随着对音乐理解的步步深入，直到有

① 张扬、黄浩：《走过星光大道》，《新电视》2007年第2期。

② 韦一：《阿宝：穿着皮袄唱山歌》，《视野》2006年第7期。

③ 路得、郑雄：《〈青春的轨迹〉：90年代中国内地青少年时尚热点概述》，《中国青年研究》2000年第1期。

④ 王笑楠：《论周杰伦“中国风”歌曲的怀旧情结》，《中州学刊》2008年第3期。

⑤ 余悦：《非物质文化遗产研究的十年回顾与理性思考》，《江西社会科学》2010年第9期。

一天，我猛然发现了自己的无知。回头再听家乡的歌，我被震撼了，民族的瑰宝原来就在我身边我却视而不见……这年头，陕北年青一代喜欢家乡歌的人越来越少，老一代民间艺人渐渐离我们远去，后继乏人，陕北民歌的艺术格调在变异，那震撼人心的陕北特有的苍凉感，被日趋模式化的演唱所掩盖，让人担忧呀！让我坐卧不宁”[①]。

年轻人在探索世界时丢弃了传统，以为跟随了时尚和潮流，但越走越远时才发现传统的力量，这时候已经晚了。事实上，今天的陕北，农家小院、纺车、剪纸等在生活中都很少见到了，黄河船夫、走西口、信天游等都似乎成为博物馆的老古董，或者是历史文献中的文字描述。这种对“传统文化会永远消失”的担心，促使不少歌手和艺人转向传统与现代结合的尝试。苍郎改编创作和演唱的民歌中，诸如《一对对鸳鸯水上漂》等歌曲带有爵士布鲁斯节奏，但又是地道的陕北土话，还将陕北民歌的真假嗓唱法融入其中。

将传统与现代进行结合的做法，也存在于阿宝的演唱中，“传统”被突出和强调，但又加入新的节奏和风格。阿宝还吸收了其他姊妹艺术的唱法，利用二人台的翘腔来唱民歌，就有了独特的韵味。[②]信天游原本的“野、真、辣、朴、酸”[③]与摇滚元素很好地结合在一起。阿宝的专辑与20世纪60年代初灌制唱片的艺人（马子清等）相比，使用了架子鼓、唢呐；而20世纪60年代的唱片中大多为清唱，突出其原真性。阿宝在自己的民歌中加入了摇滚、爵士、通俗等元素，他说：“这好比给陈酿千年的民歌美酒，进行现

① 施雪钧：《“西漂一族”歌手苍郎》，《音乐爱好者》2008年第11期。
② 梧桐：《阿宝：从放羊娃走上星光大道》，《文化月刊》2006年第2期。
③ 施雪钧：《“西漂一族”歌手苍郎》，《音乐爱好者》2008年第11页。

代音乐的精美包装，秀外而慧中，这样，民歌才有经久不衰的生命力。”[①] 摇滚从产生之初，就是针对年轻人生命处境的呐喊[②]，传统民歌在重新传唱中加入了摇滚元素，表达了颠覆和传承并存。

就连《星光大道》节目的打造，也是在传统和现代之间“穿梭”。以2005年《星光大道》总决赛时阿宝演唱《山丹丹开花红艳艳》为例，在时长3分49秒的现场直播，一共52个镜头中阿宝出现了31次，包括人物静止镜头推拉时演奏者和伴唱歌手一同出现的镜头；伴奏乐手出现了16次，包括指挥在内。这些镜头交替出现，每次给阿宝一个近景或特写之后就会切换到小提琴手或大提琴手的镜头。考虑到小提琴、大提琴等西洋乐器代表了西方/现代，这种交替出现的镜头连贯起来就形成一种“传统—现代—传统—现代”的感觉。

在阿宝出现的31次镜头中，有12个镜头是特写，3个近景镜头，加在一起将近占总数的1/2。阿宝的舞台造型是以白肚皮毛巾、羊毛背心、红腰带的形象出现，这样的形象如今在陕北都很少见，却被塑造成为陕北人的“标签”而不断被复制，近景和特写镜头都突出了这种“陕北”风格。不仅阿宝演唱陕北民歌时如此，此后登上《星光大道》舞台的崔苗以及其他歌手都分别使用了带有陕北文化标签的物品、造型、灯光等元素来传递“陕北”文化。

与在现场的观众所看到的场面有所不同的是，电视机前收看的观众所接收到的是剪辑镜头所组成的信息。《星光大道》上与陕北民歌有关的镜头，通过剪切后以音乐和镜头为媒介，为“表演者、

---

① 梧桐：《阿宝：从放羊娃走上星光大道》，《文化月刊》2006年第2期。
② 张铁志：《声音与愤怒：摇滚乐可能改变世界吗？》，桂林：广西师范大学出版社，2008年。

音乐文本和消费者之间建立了叙事联系”[①]。这种叙事联系一方面与“过去”有关，也即是怀旧感的体现，通过音乐演唱的形式满足个体的幻想和愉悦；另一方面通过“观看”的仪式跨越空间的距离形塑某种认同感。《星光大道》在歌手演唱时以及结束时都会给1到2个镜头对准鼓掌的观众，尤其是演唱结束后全场鼓掌的镜头，不仅表达对歌手的认可，也表达了他们对这场表演本身的认可。阿宝演唱时，身后的LED屏幕上出现了装满火红辣椒的簸箕，红辣椒的画面占满了整个屏幕；阿宝脚下的舞台是五角星放射光芒的图案。这些与“革命”“光荣岁月”红色经典等记忆有关的元素，与阿宝演唱的陕北民歌一同激发了观众的集体情感，塑造了观众的集体认同。

《星光大道》中陕北民歌的出现，不仅激发观众的怀旧情绪和认同感，还将传统文化以新的方式传播。这种怀旧中推进现代性、现代中延续传统的表达同样也是回声式结构的表现。作为国家文化的重要组成部分，传统音乐的传承问题显得尤为重要。20世纪末90年代美国宣扬“软实力”，国际性主导媒体资源流向其他国家，也引起了其他国家的警惕。“非遗”热的兴起，也是应对这种外来刺激，对本土文化的整理和保护，从而构建一个情感共同体。

四、结　　论

民歌在社会主义建设和发展过程中发挥重要的作用，它对工业

① 罗伊·舒克尔：《流行音乐的秘密》，韦玮译，北京：后浪出版社，2013年。

文明和现代商品崇拜文化进行深度批判和情感控诉，具有依稀残有的历史记忆和“文化共同体”的文化表征和情感表达，对自然质朴的、对话性的人际关系进行热烈赞美和颂扬，对利他性、对话性爱情关系和友谊关系进行感性呈现和审美表达，对人类无限潜力及其优美化表达和对象化进行想象性呈现，具有重要的审美教育意义。

（原刊于《内蒙古大学艺术学院学报》2015 年第 3 期）

人性复归、空间拓展与情感共振
——马克思主义美学视域下大学生审美素养的价值向度

李姗泽　刘月倩[①]

当前关于审美素养的研究大多从心理学视角出发，论证审美素养的核心要素及培养路径，将美、审美视为一种可分解的存在进行讨论。这一层面的讨论仅将美视为人发展的其中一个要素，进而导致了此种分析仅停留在浅层，未深入到审美与人的生命存在的本质关联的层面，同时也忽视了审美对象本身对人的生命成长所起的作用。马克思美学是一种实践的、历史的、深入探讨生命存在本体的学问，其运用历史的、实践的观点形成的关于美的认识可以为我们分析个体审美素养以及探讨美育实践提供坚实的理论根基。用马克思主义美学思想阐释和分析当前大学生审美素养的价值向度可以将

---

① 李姗泽，西南大学教育学部教授，博士生导师，主要研究方向为游戏与幼儿园课程、少年儿童组织与思想意识教育、民族文化与教育。刘月倩，西南大学教育学部博士研究生，主要研究方向为游戏与幼儿园课程。

审美素养、高校美育的研究引向深入、引向存在本体；从价值论审视大学生审美素养的价值追求可以从根本上厘清当前大学生审美素养的内涵及提升路径，为个体个性的丰富和完善以及实现全面而自由的发展提供指引。

引论：马克思主义美学思想阐释

马克思主义美学思想根植于哲学思想之中，蕴含的辩证唯物主义和历史唯物主义为审视美学研究的基本问题重新找到解释的方式，其诞生拓展了美学研究的视野，充实了美学研究的内容，为以往美学问题的认识提供了一个实践的视角，将美学研究从抽象转向具体。其美学思想涉及美学的诸多基本问题，包括美的本质、美的规律以及美与人的关系等。对其美学思想的基本论断进行厘清可以帮助我们建立马克思主义美学思想与大学生审美素养的内在关联。

（一）对象的审美属性

美是人类本质力量的对象化。马克思从异化劳动的分析出发，从主体与对象的关系角度提出二者的本质关联：对象的本质应成为人自身本质的反映和确认。“只有当对象对人来说成为人的对象或者说成为对象性的人的时候，人才不致在自己的对象中丧失自身。……因为任何一个对象对我的意义恰好都以我的感觉所及的程度为限。”[①]“人化的自然”“内在尺度”等观点都是马克思在论证人

① 马克思：《1844年经济学哲学手稿》，北京：人民出版社，2018年，第83页。

与对象的审美关系时所秉持的价值理念的体现。结合马克思的哲学思想对这一观点分析可以发现，审美对象本身应当确认和蕴含着人的本质力量，反映着人的自由、自主、自为、自觉，否则美与人之间就是一种异化、对立、冲突的状态，美也无从谈起，因此成为审美对象的事物必须与人的本质处于一种和谐共生关系之中，是人的本质的反映。用马克思关于对象的审美属性观点关照大学生审美素养，其提示我们重新审视电影艺术蕴含的本质与人性的关系，强调电影艺术应当反映和确证人的本质，助力人性复归。

（二）审美活动的实践属性

美起源于劳动实践，劳动创造美。人类的审美意识与人类的起源同步，随着生产实践的进一步发展，人的动物本能开始带有某些“美”的色彩，人类最初的美感就是从动物性的快感和体验上不断深化发展而来的，人类的审美倾向也逐渐从形象转变为抽象，从感官的愉悦到精神的追求。[①] 人是劳动的存在，并且懂得按照美的规律来进行生产。[②] 因而，劳动实践与美的产生有着根本的关联，可以说正是因为人类的实践活动，美才得以产生，也正是因为人类的实践活动，美才得以延续和发展。用马克思关于审美活动的实践属性的观点关照大学生审美素养，其提示我们关注审美知识、经验的积累，重视通过审美实践活动丰富学生的审美认知，同时注意关照实践活动得以展开的物理空间、精神空间、社会空间对人的生存空间、心理空间和实践空间的扩展，从空间视角重新审视大学生审美素养中认知层面的扩展。

---

① 冯婷：《审美教育与大学生的全面发展》，陕西师范大学博士学位论文，2015 年，第 28 页。

② 马克思：《1844 年经济学哲学手稿》，第 53 页。

（三）美感的社会属性

历史、社会是美感产生的根源。正是因为美起源于实践，同时随着实践的推进不断发展，人们对美的认识、感受也在这一过程中不断地得到丰富、拓展和深化。并且，只有当人的本质客观的展开，人的感性的丰富性才能产生和发展起来。正如马克思在《1844年经济学哲学手稿》中所言："不仅五官感觉，而且连所谓精神感觉、实践感觉，一句话，人的感觉、感觉的人性，都是由于它的对象的存在，由于人化的自然，才产生出来的。"[①] 马克思的"人化的自然"理论阐明了五官感觉的形成是以往全部历史的产物，只有把以往作为生物器官的感觉上升为社会器官的感觉，这时人才能成为具有丰富感觉的人，才能创造出同人的本质和自然界的本质全部丰富性相适应的人的审美感觉。[②] 马克思的"人化的自然"理论深刻揭示了美感的社会属性，也启示我们在阐释大学生审美素养的时候，要重视主体在自身生命历程中积累的生命经验，去寻找那些能够链接其经验和激起其情感共鸣的要素，重新审视观影中个体生命、心灵、情感的敞开与共振，从而从本源上去厘清其审美素养的内涵及价值。

综上，基于马克思对美的起源、本质、规律的重要论断来审视大学生的审美素养，我们可以发现，其中蕴含的实践、历史、社会的观点揭示出，关于大学生审美素养的价值向度可以从人性复归、空间拓展与情感共振三个层面进行分析和阐释。审美对象是审美活动发生的前提，也是审美素养提升的载体。电影艺术作为一种审美

---

① 马克思：《1844年经济学哲学手稿》，第84页。

② 王向峰：《社会器官与美感的生成——马克思〈1844年经济学哲学手稿〉的一个命题》，《社会科学辑刊》2003年第1期。

对象在当前大学生审美实践活动中占据了一定的地位，因此本文在阐释马克思主义美学视域下大学生审美素养的价值向度时，会结合电影艺术这一审美对象来展开。

一、人性复归：感悟自由本质，重塑艺术与人的和谐共生关系

人的解放是马克思哲学的主题之一。[①] 马克思主义美学思想从存在论层面探讨审美对象与人的关系，其美学体系的精神核心和审美理想是“人类的解放”[②]，这一思想背后蕴含的哲学立场为大学生审美素养中审美意识层面的提升揭示了人性复归的价值向度。对自由和解放的意识是人性本质，当前为了商业利润将生活、创作当作手段而非目的的局面导致了人本质的异化，因此在此背景下强调艺术应当反映人的本质，表达人内在的价值、情感，使人得以在其中确认自身，进而重塑艺术审美与人的和谐共生关系，实现人性的复归。

（一）人性本质：对立统一中实现自由

“自由研究的是人的自由意志与必然的关系”[③]，谭培文通过分析历史上关于自由的经典论述以后认为，无论是哲学自由、政治自由、经济自由还是伦理自由，其同一性在于“自由总是与必然相联

---

① 仰海峰：《人的存在与自由——马克思关于人的五个论题》，《武汉大学学报（哲学社会科学版）》2018 年第 1 期。

② 许明：《马克思主义美学思想的起源与成熟》，北京：中央编译出版社，1999 年，第 11 页。

③ 谭培文：《社会主义自由的张力与限制》，《中国社会科学》2014 年第 6 期。

系”，必然不是自由的屏障，而是自由实现的一个客观条件。资本主义社会与社会主义社会强调的自由内涵不同。在马克思主义语境中，自由是目的自由与工具自由、形式自由与实质自由、自发自由与自觉自由、个人自由与社会自由的对立统一。[①] 马克思认为，在存在阶级和阶级对立的社会中自由具有特殊性、个别性，只有共产主义才能使得一切人的自由成为可能。在资本主义社会，虽然经过文艺复兴颠覆了人对人的统治，获得了个人身份自由，但是却用物的统治替代了人的统治，把人物化了，工具自由成为唯一的统治者，张扬了形式自由而掩盖了实质的不自由，推崇自发自由而极力歪曲、拒斥自觉自由，无限夸大个人自由而悬置社会自由的实现条件。[②] 实际上，无论何种自由，最终都是主体的自由，主体包括个人与社会。只有每一个人的自由发展与社会一切人的自由实现相统一时，自由的张力才可以凝聚成推动社会进步的合力。这就要求，每一个人的自由发展是一切人自由发展的条件，而不是相反。同时，发展与自由有着内在关联，正如阿马蒂亚·森所言，发展是扩展人们享受自由的过程。[③] 自由是有基础的、有条件的，只有不断提升和发展自我才能实现个体和社会的自由，因此人的自由意志与必然之间是一种辩证统一的关系。

马克思对人性的重要论断包括了两个层面：人的群性与人的个性，二者相互促进、发展与成就，此外还包括了一般本性以及不同

① 谭培文：《社会主义自由的张力与限制》，《中国社会科学》2014 年第 6 期。

② 同上。

③ 阿马蒂亚·森：《以自由看待发展》，任赜、于真译，北京：中国人民大学出版社，2002 年，第 31 页。

时代历史的、变化着的人的本性。“一个种的整体特性、种的类特性就在于生命活动的性质，而自由的有意识的活动恰恰就是人的类本性。”[①] 因此，不谈论人的自由和意识，就无法谈论人的本质。而谈论自由不仅仅只是在理念层面倡导加强对自由的珍视，更提倡在实践层面中劳动、选择、交往的自由，使得个体的生活更加充实、个性更加丰富。自由及其解放关涉的是人类本性，其中蕴含着人的审美素养的价值指引，反映了对广大人民群众命运的深切关注和深厚关怀。“人的一切活动，人类社会和人类历史的一切现象都是基于人的本性、表现着人的本性。”[②] 人在劳动中满足需要与彰显自由个性。因此，马克思不只在抽象的层面谈论人性，还将人性的讨论立足于实际，在人的需要的层面讨论人性，在现实历史、社会实践发展过程中谈论人性。[③] 有学者指出马克思认为人的类特性是“劳动”，人的本性是“需要”，人的个体特性是“个性”，需要和劳动的相互作用是人性发展的终极原因。[④] 个体与类的矛盾消解、和谐共生关系的构建是建立在共产主义新社会中人的自由个性的全面彰显。马克思通过区分人与动物的本质，进而认为有意识的生命活动把人和动物的生命活动直接区别开来，也正是由于人有意识，人才是类存在物。[⑤] 而人的意识的发挥需要自由的保障，自由为能动性和创造

---

① 马克思：《1844 年经济学哲学手稿》，第 52 页。

② 高清海：《论人的“本性”——解脱“抽象人性论”走向“具体人性观”》，《社会科学战线》2002 年第 5 期。

③ 周世兴、程琳琳：《论马克思的“人性”概念》，《西北师大学报（社会科学版）》2020 年第 4 期。

④ 同上。

⑤ 王桂贤、田毅松：《〈1844 年经济学哲学手稿〉导读》，北京：中国民主法制出版社，2018 年，第 21 页。

性的意识提供基础和前提，能凸显人的主观能动性和创造性。人在自由中创造着、体现着、确认着本质。因此，在对立统一关系中实现自由是人性本质的应然状态。

（二）人性异化：将生活本身视为手段

在资本主义生产方式出现以后，谈论人的自由与解放总是绕不开对人的异化的认识，只有批判和扬弃人的异化，才能实现人的解放。异化理论在马克思哲学中拥有基础和核心地位，与劳动、共产主义、资本主义批判、辩证法都有深层关联。[①]马克思在其著作中不仅指出了异化的产生原因及其本质，即当一切感觉被拥有的感觉所代替的时候，异化就产生了，还指出了消除异化的途径及最终旨归。在资本主义工业文明的背景下，工人的本性被异化，劳动产品是工人付出生命、投入生命去创造的，但一旦形成，便与工人形成一种异己、对立的关系。“他在自己的劳动中不是肯定自己，而是否定自己，不是感到幸福，而是感到不幸，不是自由地发挥自己的体力和智力，而是使自己的肉体受折磨，精神受摧残。”[②]在这样的前提下的劳动，是与自身本质相对立的，是不自主的，不自由的，是没有意识的，同时也使得人失去了自己与动物最本质的区别，使得人只有在运用自己的动物机能的时候才觉得自己在自由活动。[③]由此可见，异化劳动把人的生活本身变成一种生存手段，抹去了人的自由本性和意识能动性，导致了人的本性的异化。

---

① 俞吾金：《再论异化理论在马克思哲学中的地位和作用》，《哲学研究》2009 年第 12 期。

② 马克思：《1844 年经济学哲学手稿》，第 50 页。

③ 同上书，第 51 页。

马克思的异化理论提示我们，在厘清大学生审美素养价值追求的时候首先要破除审美对象与人的对立、冲突关系。人对自己的全面的本质的占有才是人存在的意义，即每一个人按照自己的自由和意识而存在。生活本身就是目的，而不是将生活视为手段，这才是一种人与自身生命共生共在的关系，才是一种自由的状态。然而，随着当前生产方式的变革，社会中消费主义思潮的泛化，电影艺术中充斥着低俗、迎合，丧失了其作为艺术的本质特性而沦为消遣。不可否认，娱乐、游戏、休闲是人存在的需要[①]，但低俗的、浅层的娱乐是暂时的，甚至有时会消解人对生活意义的探索和对生命本质的探索。当人们的创作意识、消费意识出现异化，对影视艺术的创作也产生影响，使得电影界充斥着将生活、创作当作手段而非目的等问题，这种将劳动产品与劳动者本质相割裂，将观众本质与审美对象相分离的现象反映出一种对立、冲突的关系，导致了人与实践、人与人、人与物之间关系的异化。商业电影有其存在的社会土壤，但从人的成长、人的审美素养提升的层面来分析，二者必然是一种对立和冲突的关系，是一种异化关系而不是和谐共生的关系，因而，在阐释、澄清和思考大学生审美素养的内涵、价值及提升路径时应坚决加以摒弃。

（三）人性复归：反映和确认人的本质达至美与人的和谐

根据马克思的人性论观点，人应当充分地占有自己全面的本质，同时人与对象、他人的关系应当是丰富的、多样的，对象与人相互确认，对象应当成为人自身。以此观点审视影视艺术与人的关

① 约翰·胡伊青加：《人：游戏者》，贵阳：贵州人民出版社，2019 年，第 38 页。

系可以进一步推断出影视艺术作为审美对象也应当与人的本质相呼应，蕴含着人的本质。因此，个体审美素养应指向人性本质的复归，突破与人的本质相异化的物的束缚，进而形成一种和谐共生关系。

用马克思主义美学思想来审视大学生审美素养，提醒我们要重新审视电影艺术的美学特性。对生命的思考和反映是艺术的本质，回归艺术本质、回应生命课题的电影是使观影者审美素养提升的前提和保障。在电影艺术中，无论是电影的创作者或者观众都应当在电影艺术中体现和确认着自身，这就首先要求电影艺术创作者享有创作的自由和表达的自由，在电影拍摄活动中确认人的本质和彰显生命的力量，将创作电影艺术视为一种摆脱商业价值的从属性的非异化活动，一种出自心灵自由的诗意的活动。[①]“诗一旦变成诗人的手段，诗人就不是诗人了。”[②]因而对外在目的的破除是回归本质的必然要求。同时，对观影者而言则应当拥有欣赏和行动的自由。总之，只有在自由中，创作者才能最深层地接近生命本质，观众也才能毫无保留地去确认本质，汲取力量。

艺术如何反映和确证人的本质？在马克思看来，审美需要是人的尺度。所谓“人的尺度”，即满足人的本质发挥的那些需要和关系。这种需要不是满足人动物性的需要，而是指人的深层的、内在的、生命本体的需要。不同时代以及同一时代不同的人性之所以

---

① 许明：《马克思主义美学思想的起源与成熟》，第 49 页。

② 杨柄编：《马克思恩格斯论文艺和美学》（上），北京：文化艺术出版社，1982 年，第 142 页。

不同，就在于他们的需要以及满足需要的方式不同。[①]然而艺术的审美具有共同性，人类最早关于美的定义是“和谐”[②]，促进鉴赏力和美的教育目的在于“培养我们感性和精神的力量达到尽可能的和谐”[③]。同时，不同艺术的美具有不同表现形式，在电影艺术中美体现为画面、声音、叙事、人物、主题的和谐统一，是形式与内容的有机结合。经典的影视作品可以给人以心灵的洗涤，启发学生树立积极正向的价值观念，激发学生对事物产生深刻的认识和理解。所谓经典，不仅指经过时间的洗礼后依然熠熠生辉的电影，也指涉那些虽上映不久但反映着对生命本质思考的电影，反映本质才能触动心灵，给人以希望和力量。只有在此前提下，个体才可以在欣赏影片过程中去感知和体悟，随着影片叙事的推进去实践和确认自己的类本质，进而不断丰富关系和个性，实现美与人的和谐关系，为全面发展和自由解放奠基。

电影艺术与主体的和谐关系在实践中表征为电影艺术反映、丰富和重构人的价值理念和人生态度。例如，在观看马基德·马基迪执导的剧情电影《小鞋子》后，学生普遍反映在其中感受到了“积极向上”“乐观”“美好”的情感体验，会为主人公的乐观无畏精神感动，会更加包容和理解这个社会以及他人的多元，也受到激励，更加感恩和珍惜当下生活。此外，其他涉及青春、成长等主题的电影都对他们的生命产生了重要影响，如学生们在问卷中提及的电影

---

① 周世兴、程琳琳：《论马克思的“人性”概念》，《西北师大学报（社会科学版）》2020 年第 4 期。

② 朱立元：《美学大辞典》，上海：上海辞书出版社，2010 年，第 39 页。

③ 席勒：《美育书简》，徐恒醇译，北京：中国文联出版公司，1984 年，第 108 页。

《了不起的盖茨比》《隐秘而伟大》《阿甘正传》《少年的你》等影片通过叙事、画面、音乐渲染等使其产生情感共鸣，进而反思自己的人生态度和价值观念，对亲情、友情、爱情等生命中重要的与他人建立的关系，对教育等生命中重要的经历有了更深的理解，从而不断审视自我。[①]由此可见，电影背后反映的主体以及人物性格等对观影者的审美观念层面的人生观、教育观、儿童观乃至今后的职业选择都会产生重要影响，既是一个确证自身本质的过程，也是一个拓展本质和丰富个性的过程，是一个个体与多重主体共生共在的过程，也是一个人性复归的过程，一个审美素养丰富和提升的过程。因此，人性复归是马克思主义美学视域下大学生审美素养的价值向度之一。

二、空间扩展：体悟空间的多重意蕴，实现诗意地栖居

空间是人类实践展开的场域，是人类生命存在的特定场所。空间既是审美活动展开的基础，同时空间的社会生产与再生产功能可以在个体审美素养提升中起到推动作用。马克思指出，人类社会不同时期、物质实践的不同状态对生存空间带来不同的生产与形塑。[②]实践、历史与空间有着密切的关联，探讨个体审美素养、美感等总是基于一定的社会情境和物理空间而言的，个体通过在实践中不断拓展感觉所及的程度，从而积累审美经验和丰富生命。马克

① 2020 年 12 月 27 日，我们面向全校招募了 61 名大学生志愿者集中观影，并在观影后填写问卷《大学生审美素养调查问卷》。这里所提及的结果是基于这 61 名大学生在问卷中最后四道开放式问题的回答编码总结而来。

② 胡潇：《空间的社会逻辑——关于马克思恩格斯空间理论的思考》，《中国社会科学》2013 年第 1 期。

思指出，人的五官感觉是由于它的对象的存在才产生出来的[①]，其背后即蕴含着生命丰富与空间扩展的理念。空间既是美存在的基础和条件，也是美演变的缘由之一，以空间的多重意蕴审视影视艺术空间与人审美发展的关系，提示我们关注空间与审美主体实现经验的交织互构过程，关注个体如何在与艺术的交互作用中实现自身生存空间、心理空间与实践空间的丰富和拓展。因此，可以将空间拓展视为马克思主义美学思想关照下个体审美素养的价值向度之一。

（一）多重空间：空间与美的相互关系

要理解空间拓展作为大学生审美素养的价值向度之一，首先需要重构关于空间的陈旧观念。空间首先指涉一个物理的环境，但也是社会关系的产物，自马克思以后一直到20世纪70年代以来，人们对空间的认识不再只将其视为一个消极无为的地理环境，而认为其包含了丰富的要素。列斐伏尔对马克思主义进行了空间化的阐释，将空间结构区分为空间的实践、空间的再现与再现的空间三个要素，将空间分为被感知、被构想和被认知的三个层面。[②]此后哈维、索加、福柯等学者从不同的视角为空间赋予了不同含义，经过他们的共同努力，学界对空间的研究发生了本体论、认识论和方法论层面的转向，在本体论层面将空间视为一个关联的整体；在认识论层面都认同空间是变动不居的、活生生的、构成性的；在方法论层面用关系主义去检视空间的生产、运作和消

① 马克思：《1844年经济学哲学手稿》，第84页。

② 亨利·列斐伏尔：《空间的生产》，刘怀玉等译，北京：商务印书馆，2021年，第51页。

解。[1] 可见，马克思的思想对后续社会学领域的空间研究产生了深远影响，空间不仅仅具有物理层面的含义，还具有认知层面和关系层面的含义，这极大地拓展了空间研究的视域和边界，也丰富了我们对空间的认识。

结合马克思的空间思想和历史唯物主义思想审视其对美的论述，我们可以发现空间作为一种物理存在、精神存在、认知存在，与美存在辩证关系。物理空间与美的关系表现为美依赖特定的空间表现出来，空间也因为美而丰满起来；精神空间与美的关系表现为美蕴含的关系充斥、生产着空间中的关系；认知空间与美的关系表现为美反映和表现的生活、社会与特定空间具有的情境性相互作用。因此，美与空间之间存在着复杂、多重、立体的关系。

（二）影视空间：彰显电影艺术与人的关系

影视艺术空间是空间的具体化，既反映着空间的一般属性，又因影视艺术而具备独特属性。基于美与空间的多维互动关系反观影视艺术空间可以发现这种互动在影视艺术空间中比在其他社会空间、艺术空间中体现得更为集中和明显。物理层面的空间常常与“场地”“范围”等概念相关，影视艺术对场所的依赖性相较于其他艺术表现得更为强烈。电影总是在固定的场地中放映，可以是一个电影院、一个房间或者是一个空旷的场地等，总之需要一个特定的空间来承载电影艺术的表达。精神层面的空间主要表现为关系性，包括观众与电影的关系、观众与自身的关系，其中观众与电影的关系又包括观众与电影本身以及电影创作者们的关系，随着电影叙事的推进、情节的逐步展开、视听语言的逐渐呈现，这些关系交

---

① 何雪松：《社会理论的空间转向》，《社会》2006 年第 2 期。

织在特定的场所，交织在人们的心灵和脑海，交织在屏幕变换中，生产和再生产着社会关系。认知层面的影视艺术空间，又称为构想的影视艺术空间，“作为具体的抽象”①，既依赖于物理空间，又超越了物理空间，表现为在特定空间场域中的主体与电影相互作用过程中主体充分发挥自身的能动性调动已有的经验进而重新建构自己的认知，实现多重空间的交互作用，也实现了主体在互动过程中对电影主题的体味和反思，具备构想性和解释性，亦即爱德华·索亚所言的“第三空间”②。总之，影视艺术空间具备一般空间的主体性、关系性、生产性等特性，同时带有影视艺术的构想性、解释性等属性，反映出电影艺术与人在特定空间中的多重交互作用。

（三）空间拓展：空间与主体经验交织重构达至诗意地栖居

基于空间、影视艺术空间的独特属性，个体在空间中充分进行生产与再生产实现个体生存空间、心理空间、实践空间的拓展是审美素养的价值向度之一。电影艺术与其他七大艺术相比，具有独特的语言和艺术表现手法。③从人的感觉层面出发可以将电影艺术视为一种视听综合艺术，而从电影本身的特性出发，其表现为一门时空艺术，欣赏影片的过程与空间有着密切的关联。在同一场面中，

---

① “作为具体的抽象”是列斐伏尔在受到马克思论述交换价值、黑格尔论述辩证法的影响下发展出来的三元空间辩证法中的关键概念，即“每一种产品，也就是每一种客体，一方面属于自然另一方面属于人。它们既是具体的又是抽象的”。基于此，他认为空间也应当作为个别的、特殊的、普遍的统一体来理解。具体参见亨利·列斐伏尔：《空间的生产》，中译本代序言，XI 页。

② 第三空间是爱德华·索亚（E.W.Soja，也有研究者将其翻译为索加、苏贾等）基于对列斐伏尔空间的认识以及通过对洛杉矶城市进行的调查提出的概念，用来指涉那些真实与想象交织的空间。

③ 彭吉象：《影视美学》，北京：北京大学出版社，2009 年，第 201 页。

电影艺术可以改变观众与银幕之间的距离，可以改变拍摄角度、纵深和镜头的焦点，可以通过蒙太奇的拍摄手法使得电影呈现的整个场面就仿佛是真实的现实场景。它不仅仅可以在一块固定的屏幕上不漏一丝一毫地呈现人们在生活中的一举一动和其中隐藏得最深的秘密，还可以引导观众的眼睛去看各个细节。换句话说，电影艺术“不仅展示了画面，同时还解释了画面”[①]。主体在观影过程中丰富了自身的精神空间，提升了自身的敏感性。

观众欣赏电影艺术的过程同时也是一种审美再创造的过程，在这一过程中，审美主体与审美客体之间实现了情感对话和精神遇合，是一个复杂微妙而又对审美主体的认知、情感、意志等产生切实影响的过程，是观众的生存空间、心理空间、实践空间得到拓展和丰富的过程。从物理层面来看，个体占有的生存空间总是有限的，即使在物质极度丰富的当代，个体在某个特定的时刻总是只能存在于一定的场所中，总是受制于一定的物理空间去经历和体验自己选择、固定的生活。但文字的出现、信息技术的发展都是个体拓展自己生存空间的有效推动力。文字、网络等承载的信息极大地拓展了个体的生存空间，使得个体可以在书本中、影视中去体味不同的人生经历以及体悟不同的人生态度，进而同时实现心理空间的拓展。这种拓展不是被动的，因为未经主体能动吸收的体验是无法产生长久的影响，自然也无法实现真正意义上的空间拓展。此外，个体在影视艺术空间中实现拓展和深化还表现于认知空间层面，或者说第三空间、构想和表征的空间，在这一空间中，想象与现实相互

① 巴拉兹：《电影美学》，何力译，北京：中国电影出版社，1978 年，第 17—18 页。

交织，电影呈现的情节与主体自身的人生经历、体悟相互交织，进而重构了个体的认知空间。如前所述，影视艺术要实现空间的拓展和重构其前提是自身反映和彰显了主体的本质力量。基于此，主体的美感经验得以丰富，审美认知得以深化，进而生存空间、心理空间和实践空间得以拓展，使得主体作为人诗意地栖居于空间之中。

空间与个体经验交织重构达至诗意地栖居，在实践中表现为观众在观影过程中通过了解影片讲述的故事、理解影片背后的价值理念进而实现自身生存空间、心理空间的拓展。以伊朗电影《小鞋子》为例，导演马基德·马基迪讲述了一个关于一对兄妹阿里、萨拉和一双小鞋子的故事。在生存空间层面，个体或扩展或加深了对于伊朗底层人民生活的认识以及对儿童生活世界的了解。虽然个体在物理空间意义上也许并未到过伊朗，也许并未亲身经历过这样的生活和事件，但电影艺术让其仿佛亲身到过、仿佛亲身经历，进而实现生存空间的扩展。在心理空间层面，观影者在欣赏电影的过程中实现了与影片导演、影片主角的对话，获得了对世界、对人类、对艺术的多重感受。不少观影者在影片结束后向我们讲述了其在观看影片过程中深化了对贫穷与善良、天真、责任、爱和承诺的理解，进而实现了心理空间的拓展。[①]

三、情感共振：体验真实生活的多重意蕴，领悟生命的内在力量

情感是让影响切实发生的重要维度，如果缺失情感，那么任何

① 基于对 61 名大学生在观影后所填写的问卷回答总结而来。

预期目的都难以有效达成。“人不仅通过思维，而且以全部感觉在对象世界中肯定自己。”[①] 可见，人的感知觉的丰富与人的审美素养有着内在关联。在马克思主义美学理论视域下，美来源于生活实践并在实践活动中得到丰富和发展，其背后蕴含了个体的审美活动具有实践属性的意味。[②] 用这一观点审视大学生审美素养可以发现，在观影这一实践过程中，电影艺术既丰富和提升了个体的感觉能力，同时还使得个体在电影艺术中体验真实生活的多重意蕴，激起其情感共鸣进而敞开自身去领悟生命的内在力量，实现情感共振。故可将情感共振视为马克思主义美学视域下大学生审美素养的价值向度之一。

（一）丰富感觉：电影艺术与人的感官发展

要实现情感共振，观众首先得具备欣赏电影、解读电影的审美能力。基于已有学者的分析可以发现，电影艺术与观众感觉能力的发展存在辩证关系。在电影艺术的影响下，观众的感受能力得到进一步丰富和发展，因而我们不仅仅看到了一种新的艺术的发展，而且还看到了一种新的感受能力、理解能力发展起来，新的文化发展起来。[③] 主体获得一种新的感受和理解能力意味着电影艺术的诞生不仅为美育提供了一种新的载体和形式，同时丰富了人们认识世界、感受世界的方式，为个体的发展提供了一个新的维度。

在艺术与主体的感受能力之间存在相互促进的关系这一层面上，巴拉兹与马克思有相似的观点，均认为艺术由人所创造，并且

---

① 杨柄编：《马克思恩格斯论文艺和美学》（上），第 36 页。
② 许明：《马克思主义美学思想的起源与成熟》，第 220 页。
③ 巴拉兹：《电影美学》，第 20 页。

表达人对生活的洞察和对生命的思考，同时，人的感觉能力也随着艺术的发展而重塑。巴拉兹认为，正如音乐的影响促进了人类听音乐和理解音乐一样，电影艺术内容的丰富也促进了人类欣赏和理解影片的能力。[①]马克思在《1844年经济学哲学手稿》中谈论审美对象与主体的关系时提及，“只有音乐才能激起人的音乐感；对于没有音乐感的耳朵来说，最美的音乐也毫无意义”[②]。当然，马克思论述审美对象与人的关系是基于对人与审美对象关系中人的本质力量的洞察，巴拉兹则更强调电影艺术作为综合艺术对于人的感受能力的发展，突出群众鉴赏与艺术发展之间的辩证关系。然而，二者虽论述的出发点不同，但对于艺术与人的感官发展的关系的认识存在一致性。

正是基于艺术与人的感官发展的互动关系可以进一步认为在观影过程中，观众不仅通过思维，而且调动全部感觉器官——有音乐感的耳朵、有形式美的眼睛，加之心灵等在电影艺术所创造的世界中肯定自己，确认和丰富自己的类本质，进而获得丰富的审美感受，实现审美素养的提升。人的感性的丰富性是随着与外界环境的不断互动而发展起来的，五官感觉的形成是主体以往全部历史和当下互动的产物，这不仅体现了历史认识论，还反映了美学的实践论。总之，电影艺术丰富了人的感官发展的维度，为实现情感共振奠定了基础。

---

① 巴拉兹：《电影美学》，第20页。
② 马克思：《1844年经济学哲学手稿》，第83页。

（二）体验生活：敞开生命、进行对话、体验真实生活的多重意蕴

电影艺术对人的感觉的丰富是就感官体验层面而言的，实际上这种丰富的背后关涉的是个体对真实生活的体验和洞察。艺术不能脱离生活，反映真实生活的影片才能激起情感共鸣，也才能调动个体的全部感官去投入和体验。艺术与人的生活在内容和精神上高度一致，因此可以认为艺术是我们认识和反映生命的一个视角，它是形式的、秩序的，只有对形式的深刻洞察才能把握。[①]具体而言，电影艺术与生活的关系则反映在两个层面：一是电影艺术创作者，包括艺术家、导演、编剧等人，在创作电影过程中要随时调动对自身、他人、社会真实生活的洞察和对生命意义的探求和思考，人们的生活经历以及对生活的态度是电影艺术的美学精神和创作源泉；二是观影者在欣赏影片过程中了解、体味真实生活的多重意蕴，观众在观影过程中，那些与自身生命体验相关的能再次确证自身的本质力量，那些虽没有体验和经历但在精神、价值理念层面表示认同和赞赏的则是实现对个体生命本质的丰富。

这种对主体生命本质力量的确认和丰富，即是厘清电影艺术与真实生活的关系之后的重要提示，可以帮助我们认识情感共振与反映生活的艺术之间的内在关联，与审美素养价值向度的内在关联。在观影过程中，观众自动进入电影呈现的作为物质存在的视听系统，在电影艺术创造的审美空间中关照自身，全身心投入其中产生

① 恩斯特·卡西尔：《人论》，甘阳译，上海：上海译文出版社，2016年，第273页。

“代入感”，进行体验、领悟，最后获得沉浸的艺术体验。[①]电影是一门综合艺术，其综合性决定了电影审美价值的发挥需要审美主体充分运用感知觉等多种审美心理功能去感知电影中的主题、人物、音乐等要素，把握电影画面和声音本身所具有的意义以及所传达出来的画外之意和弦外之音，从而实现对真实生活多重意蕴的把握，为情感共振提供了经验准备。

（三）情感共振：自觉领悟生命的内在力量

感觉的丰富以及对真实生活的体验和洞察最终指向的是个体对生命力量的领悟，因此领悟生命是情感共振这一价值向度的本质内涵，也是丰富感觉和体验生活的进一步深化。电影艺术因其主题、人物品质及背后所反映的时代精神的丰富性可以充实和提升个体精神的完整性，促使个体从功利、理性的人生进入到艺术、审美的人生，促进个体个性的完善，进而丰富个体发展的向度。

这种对生命内在力量的领悟是个体在观影过程中自觉地发生的，是其主观意志的体现。而自觉是一种意识，既强调对自身处境的充分了解，也提倡对他文化、他人的充分把握，即既要有自身的立场又要有他人的视角。在审美活动中，主体充分调用各心理因素与审美对象之间相互作用，由我及物，由物及我，把我的性格和情感移注于物，同时也把物的姿态吸收于我，进而在充分的移情作用下形成丰富的审美经验，实际上是一个自觉的互动过程。当我们在观看电影时便进入了审美的世界，暂时摆脱了现实生活的束缚。电影讲述的虽然不是我们亲身经历的故事，但又能反映我们的故事。

① 周清平：《电影审美：理论与实践》，北京：新华出版社，2013年，第54页。

在虚实之间，电影创作者表现生活又创造生活，观影者通过观赏电影沉浸其中体味生活又跳脱其外思索人生的意义，汲取电影背后反映的生命的力量。“我们都知道并且也都承认，电影艺术对于一般观众的思想影响超过其他任何艺术。”[①]以电影为代表的高阶段的视觉文化可以表达那种即便千言万语也难以说清的内心体验和莫名的感情，这种感情潜藏在心灵最深处，绝非仅能反映思想的言语所能传达的，正如我们无法用理性的概念来表达音乐感受一样。在电影艺术中，面部表情可以迅速地传达出内心的体验，不需要语言文字的媒介。[②]在观影过程中，个体仿佛亲身参与了他人的人生，并从中汲取勇气、智慧、乐观、坚韧以及一种向上的力量。因此可以说，情感共振是大学生审美素养的价值向度之一，其指引着审美素养向人的感觉、人的真实生活以及人生命内在的力量靠近。

余论：达至审美与个体真实生活、生命本质的深层关联

马克思主义美学思想中关于美的本质、起源、规律的论述中蕴含的实践的、历史的、人本的思想，使得我们在审视大学生审美素养的价值时，必须深入本体存在的层面加以探讨。审美与人生共在，认识美即是认识人自身的本质，丰富美感是通过社会实践活动展开的。这些重要论断为大学生审美素养的知识、能力、意识等层面的丰富提供了诸多价值层面的启示，主要揭示了人性复归、空间扩展与情感共振三个重要的价值向度。人性复归所揭示的层面提示

---

① 巴拉兹：《电影美学》，第 3 页。

② 彭吉象：《影视美学》，第 9 页。

我们在开展高校美育实践活动时应注重选择那些反映人性本质的经典艺术作品，从而可以使个体在其中确认自身本质，回归自由的、有意识的类本质；空间拓展提示我们在美育实践活动的开展中要意识到空间不仅作为人、艺术存在的场域，其中还蕴含着关系属性、生产属性，因此要注意到审美对象具备的多重空间意蕴，并以此关照个体的生存空间、心理空间的拓展，使得个体与审美对象处于一种双向互构的关系中；情感共振则提示高校美育实践应注重学生的已有生活经历、审美经验，基于此充分调动个体的全部感官去体验，进而丰富个体发展的向度。电影艺术作为兴起较晚但占据人们休闲时间较多的艺术形式之一，在审美素养提升层面具有不可替代的作用。基于此，今后应在马克思主义美学思想指导下充分发挥电影的美育价值，助力大学生审美素养的提升和个性的丰富与完善。

目前，关于马克思主义美学思想的阐释已卓有建树，并发展出实践美学等理论流派，但将其美学思想及其背后蕴含的哲学观点、价值理念与具体的美育实践问题相结合进行分析的部分则较为薄弱。以上结合电影艺术对马克思主义美学视域下大学生审美素养的思考，是将马克思主义美学思想与具体实践相结合的一个尝试。今后对马克思主义美学的研究既需要继续深化对马克思主义美学思想的理论阐释深度，同时更应该走出宏大叙事的研究范式，将马克思主义美学思想与具体学科、方向相结合，进而透视不同学科、不同研究议题所应当秉持的价值理念和今后的发展路向。只有这样，才能既增强马克思主义美学理论的解释力和严密性，同时提高实践层面对大学生审美素养方向的敏感度。

（原刊于《马克思主义美学研究》2022 年第 25 卷第 1 期）

第三部分　当代美育：中国现象

中国审美现代性的一个理论特征
——马克思主义与中华优秀传统文化相结合的艺术创新

王杰[①]

在马克思主义美学发展过程中，审美意识形态的理论和实践问题十分重要但也非常复杂。对这个问题的思考和阐释，不仅关系到对马克思主义美学的本质规定和理论发展的认识和理解，事实上还关系到马克思主义美学在21世纪以及“百年未有之大变局”下的发展走向问题，关系到构建“人类命运共同体”问题，因此值得认真研究。

关于审美意识形态问题的理论论争，通常的思路和方法是从马克思和恩格斯的论述出发，结合当代美学的理论发展进行探讨。这些理论工作无疑是重要和有价值的，但显然又不充分。这种理论的

---

① 王杰，浙江大学传媒与国际文化学院“求是特聘教授”，教育部长江学者特聘教授，中国文艺评论（浙江大学）基地主任，浙江大学当代马克思主义美学研究中心主任，《马克思主义美学研究》集刊主编，主要研究方向为马克思主义美学、审美人类学、当代美学问题。

不彻底性的显著依据是，对现当代中国文艺现象的美学阐释而言，理论推导式的分析和论证，在结合具体作品和文艺现象进行分析时，在理论和实践层面阐释乏力。因此，从现实的文艺运动、文艺和审美现象的分析出发，从审美经验和审美现象的角度来研究和思考审美意识形态理论的有关问题，是值得尝试的研究路径。本文梳理了在马克思主义美学中国化的历程中，马克思主义与中华优秀传统文化的结合路径，并以此为入口，努力从中国经验和审美现象的研究角度，对审美意识形态问题及其在中国的表现形态做进一步的理论研究。①

一、审美意识形态、情感结构与中华优秀传统文化

在现代学术语境中，意识形态和审美意识形态是易生歧义的概念。受二战时期形成和发展的法兰克福学派的影响，意识形态和审美意识形态常常被理解为是以资产阶级为主导的思想体系和情感体系，是一种维护现存秩序和引导“虚假认同”的思想体系和观念体系，在意识形态话语体系和现代技术结合之后，以“文化工业”和大众意识形态的形式蒙蔽了人们对现实生活关系的认识。根据这种“批判理论”和“批判美学”，法兰克福学派的理论家实现了对德国法西斯主义的文化现象以及美国的大众文化和流行文化的批判性

---

① 笔者曾就审美意识形态问题刊发过《当代中国语境中的审美意识形态理论》(《文艺研究》2006 年第 8 期)、《审美意识形态“中国的问题与形式”——马龙潜〈主客体结构论文艺学的观念与体系构架〉序》(《南方文坛》2005 年第 5 期)、《论审美意识形态与作为大众文化的文学——纪念林焕平先生逝世两周年而作》(《文艺理论研究》2003 年第 2 期)等论文。

分析。由于法兰克福学派理论巨大的阐释力量，许多学者以为这是分析和说明一切意识形态现象包括审美意识形态现象的唯一理论模式，现在看来，这是一种误解。

事实上，在经典马克思主义阶段，马克思和恩格斯的论著便已涉及审美意识形态的复杂性问题。在《共产党宣言》和《德意志意识形态》中，马克思和恩格斯分析了社会主义运动在思想体系和情感体系中的自主性和相对独立性，分析了无产阶级和资产阶级两种思想和情感体系的矛盾性和必然出现的文化冲突。在《1844 年经济学哲学手稿》中，马克思讨论了哲学人类学意义上的艺术创作与异化的艺术生产的实质性区别，即真正的艺术与按资本主义的文化逻辑进行的、具有异化色彩的艺术的实质性区别。马克思分析了片面的、物质性的艺术生产（这是资本主义文化的基本特征）和按照“美的规律”进行的自由而全面的艺术生产，指出仅仅符合商品生产原则的艺术生产和符合人性原则的艺术生产之间存在关键性区别。在 1859 年“致斐迪南·拉萨尔”这个马克思和恩格斯重要的“文学远游”的“美学事件”中，马克思和恩格斯分析并指出了两种“脱有形似，实则迥异”的审美意识形态：“席勒式”的和“莎士比亚化”的审美意识形态。二者的区别不在于艺术作品的情感性和技巧性，而在于是否表征出“历史的必然要求”，也就是社会主义目标在具体的历史条件下的悲剧性冲突。马克思和恩格斯敏锐地观察到并且深入分析了在社会进步中可发挥巨大作用的艺术更为严苛的理论要求，提出了综合考量“美学观点和历史观点”[①] 的理论原

① 恩格斯：《恩格斯致斐迪南·拉萨尔（5 月 18 日）》，载《马克思恩格斯全集》第 29 卷，北京：人民出版社，1972 年，第 586 页。

则和艺术批评原则。马克思对社会现代化以及现代化艺术的态度始终是辩证的。一直到中年马克思的政治经济学批判时期，马克思对资本主义社会的政治经济学批判以及文艺方面的批判都是在现代社会与古代社会比较的视阈中讨论的，将人的自由而全面的发展与异化状态进行比较，因此，马克思的美学批判和分析不仅具有理论的力量，而且具有伦理的力量。

在马克思晚年，一个具有世界史意义的重大社会现象出现了：随着工业革命的发展，资本主义加快全球性侵略与扩张，在此阶段，俄国、中国、印度等国家都以自己特有的方式进入了现代化进程，马克思的研究重心也从《资本论》的政治经济学研究转向关于后发展国家现代化道路及其机制的人类学和民族学研究。遗憾的是，马克思生前未能完成这项研究。但是，马克思提出了一个重大的理论问题，这就是著名的跨越“卡夫丁峡谷”的可能性及其机制问题。关于这个复杂的理论问题，从 19 世纪到 20 世纪，许多哲学家和社会学家、历史学家发表了不同看法，提出了不同的理论主张，其实质是对欧洲模式现代化进行批判性反思。正如特里·伊格尔顿在《美学意识形态》一书中指出的，关于现代化的悖论，马克思的解答是所有可能的答案中最为大胆也最为辩证的。特里·伊格尔顿在该书第八章《马克思主义的崇高》的结尾处写道：

> 这个叙事充满希望的方面是，历史地说，“价值”的确可以从“事实”中推论出来——压迫性的社会秩序，作为一种常规运转的方式，不能不产生出在原则上能够推翻它们的力量和欲望。这个叙事较为残酷的一方面在于，就效果而言，我们不能消除历史的梦魇，同样我们也无法消除那段历史养育我们所

凭借的可悲的、血腥的生产工具。历史怎样才能转过来反对它自己？马克思对这个二律背反的回答是所有可以想象的回答中最为大胆的：通过那些承受了这些工具的残忍所造成的全部伤痕的人们，历史将被转变。在有力量的人疯狂横行的情况下，只有那些没有力量的人才能给我们展开人性的形象，而人性注定要获得力量，并且，通过这样做，使那个术语的意义得以改变。[①]

2010年，美国著名马克思主义研究专家、《马克思恩格斯全集》历史考证版的编委凯文·B.安德森在专著《马克思在边缘：论民族主义、族群和非西方社会》中对这个问题有过精辟的论述。[②]

二、中国式现代化是马克思主义与中华优秀传统文化相结合的社会基础

中国式文艺现代化是特里·伊格尔顿所说的“马克思主义的崇高”中的一种较为典型的文化形态。纵观鸦片战争以来中国社会的现代化进程，我们可以看到，作为历史悠久、善于通过审美认同实现国家认同建构的多民族文化共同体，中华民族通过其独特的审美认知和审美表达机制凝练出中华美学精神，使之成为中华优秀传统

① 特里·伊格尔顿：《美学意识形态》，王杰、付德根、麦永雄译，北京：中央编译出版社，2013年，第213页。

② 参见凯文·B.安德森：《作为“共产主义发展起点”的俄国公社形式——马克思关于俄国的晚年写作》，漆飞译，《马克思主义美学研究》第22卷第1期，上海：上海人民出版社，2019年，第3—19页。此文选自《马克思在边缘：论民族主义、族群和非西方社会》第六章，原书信息为：Kevin B. Anderson. *Marx at the Margins: On Nationalism, Ethnicity, and Non-Western Societies*, Chicago: University Of Chicago Press, 2010。

文化的重要组成部分。在中国社会的现代化进程中，强烈的悲剧人文主义传统是马克思主义与中华优秀传统文化相结合的文化基础。以新石器时代即确立的农耕文明为基础的中国社会与以工业文明为主体的欧洲现代社会相遇，中西文化的碰撞与交融是中国式文艺现代化和中国的审美现代性形成独特品质的社会基础。在此宏大历史情境中，从李叔同创作的《送别》、鲁迅创作的《故乡》到光未然、冼星海创作的《黄河大合唱》，一种中国现代化审美理念逐渐形成、凝聚并不断发展，引领着中国文艺的美学风格。

关于非西方式文艺现代化的理论研究，早在20世纪80年代，美国的马克思主义文艺理论家杰姆逊曾经将第三世界文艺的美学风格表述为“民族寓言”。他认为在全球化的进程中，地区经济受到资本的不同阶段（或有时被委婉地称为“现代化”）的渗透的民族将自己对本民族命运的思考用艺术形式表征出来，第三世界的作品均带有寓言性和特殊性，总是以民族寓言的形式来投射一种政治，第三世界的知识分子永远是政治知识分子，文学作品可以是政治行动，引起真正的后果。同时，政治上的困境也导致了美学的困境和表达的危机。①

结合五四运动以来中国文艺现代化历程的丰富材料和具有建设性的文化努力，在理论层面深入研究中国式文艺现代化所提出的美学问题，不仅是必要的，也是可行的。

为什么中国现代化进程没有造成中华文明的中断，而中华优秀传统文化经过某种形式的“转化”之后，融入现代化进程，成为中

① 参见弗雷德里克·杰姆逊：《处于跨国资本主义时代中的第三世界文学》，张京媛译，《当代电影》1989年第6期。

国现代化进程中具有积极性的文化力量？其逻辑和机制何在？

首先，中国式现代化进程是以社会主义为本质属性，以现代化为目标导向，历史逻辑、理论逻辑和实践逻辑交织，社会主义逻辑、现代化逻辑和民族复兴逻辑叠加的复杂历史过程。因此，有别于以资本逻辑为导向的西方现代化，中国式现代化既带有现代化的一般特征，更具有基于历史与国情的中国特色。在中国社会现代化进程中，乡愁上升为一种与人类美好生活愿景相联系的理想，这是马克思主义与中华优秀传统文化相结合的产物。中国式现代化进程中的美学逻辑和中华优秀文化传统的"两创"共融因此具有了重要的理论意义，这是当代美学和艺术理论应该加以认真研究的。

其次，"乡土中国"以独特的方式进入现代化。费孝通在论述中国社会现代化问题时指出，中国传统社会是乡土性的。中国社会长期处于农业文明时代，向现代社会转型经历了漫长的演进历程。其间，社会文化共同体的"母胎"和文化仪式的基础仍然具有一定影响力。关于文化习性和审美习性的变化，托尼·本尼特着力较深、颇有见地。[①] 中华优秀传统文化经过创造性转化和创新性发展可以成为现代化进程的重要资源和文化力量。这是马克思研究俄国社会现代化进程时就注意到了的现象，马克思说："农村公社是俄国社会新生的支点。"[②] 乡土的力量在中国现当代文化研究中也得到了印证。

再次，中华民族是个崇尚审美教育和"诗教"的民族，中华美学精神是中华民族的重要文化传统，在命运多舛的年代，审美符号

---

① 参见托尼·本尼特：《文化、治理与社会——托尼·本尼特自选集》，王杰、强东红等译，上海：东方出版中心，2016 年。

② 马克思：《卡尔·马克思给维·伊·查苏利奇的信》，载《马克思恩格斯全集》第 19 卷，北京：人民出版社，1963 年，第 269 页。

和情感结构维系着中华民族的文化认同。在中国式现代化进程中，“审美逻辑”及“美的规律”有着举足轻重的作用：一方面通过建构悲剧人文主义引导文艺转向审美现代主义，为中华民族提供精神支撑，为个体提供情感依托；另一方面，使文艺和审美活动成为个体介入社会、改造生活的重要方式，实现审美、艺术、人生的融合。在中国式现代化进程中，根植于中国古代美学的人生论美学逐渐成为重要的美学思潮。①

中国式文艺现代化和中国审美现代性是中国式现代化的重要组成部分。在“站起来”“富起来”“强起来”之后，中国形成了新的文艺生产方式和审美制度，推出了新的文化样式和新的经典作品。中华优秀传统文化经过创造性转化和创新性发展，发掘了新的审美形式，这也是当代学术界应重点研究的问题。

中国在现代化进程中，建立了社会主义生产方式，同时吸收了资本主义生产方式创造的成果，社会主义逻辑、资本主义逻辑、中华文明现代转化逻辑与“美的规律”逻辑交织在一起。延安时期是形成和发展新民主主义社会理论，推进“马克思主义中国化”的重要历史时期之一。1940 年 2 月，毛泽东的《新民主主义论》提出了“新民主主义的文化”的方针；1942 年 5 月，毛泽东主持召开了延安文艺座谈会，提出了无产阶级文艺路线。这一时期，马克思主义文艺理论开启了中国化进程。中国共产党领导的文艺事业蒸蒸日上，涌现出一大批践行文化使命，与中国人民患难相随、休戚与共的文艺工作者，他们以党的奋斗目标为精神目标，创作出了诸多具

① 关于中国现代美学中的人生论美学传统的形成和发展，可参阅王元骧和金雅的相关论著，亦可参阅王杰、何信玉编著：《中国现代悲剧观念研究论集》，杭州：浙江大学出版社，2021 年。

有真实而伟大的情感力量的文艺作品，这就是数量众多的红色经典的情感结构和美学逻辑。

中国现代美学与西方美学有着千丝万缕的联系。其中，康德式的美学理念、西方自现代化以来建构和发展起来的“自律性美学”和形式主义美学的影响尤为深刻，然而，在构建中国特色的当代美学的过程中，仍然存在着理论盲点。由于红色经典研究缺乏理论指导和学理支撑，这在很大程度上影响了我们对中国现代化进程以来红色经典文艺作品的美学价值和社会价值的分析和评价。我们认为，以社会主义文艺生产方式的相关理论为基础，从习近平总书记的“历史的、人民的、艺术的、美学的”的理论标准切入，对红色经典的学术深度进行创造性发掘，对马克思主义美学理论与中华优秀传统文化的结合进行理论阐发，揭示红色经典的学理依据和美学特征，探讨新时代马克思主义文艺理论中国化的理论内涵，对于中国当代美学研究而言，无疑是十分重要的。

三、文艺创作中传统文化资源与马克思主义美学思想的结合路径

五四运动推动了马克思主义在中国的传播，改变了新文化运动的方向和性质，中国共产党的成立则成为马克思主义中国化的开端和起点。马克思主义为百年中国的革命、建设和改革提供了理论武器。由于马克思主义更为契合中国式现代化进程中人民大众的文化需要和审美需要，它逐渐成为中国共产党领导的文艺事业的理论基础。

“只有社会主义才能救中国”是历史的结论、人民的选择，在文艺领域同样如此。左联时期，中国共产党与进步知识分子推动了

马克思主义美学和文艺观与中华优秀传统文化相结合的探索。在延安时期，马克思主义与中华优秀传统文化在审美形式方面的关联进一步增强，二者的融合基本定型，涌现出了相当数量的代表作品，光未然作词、冼星海作曲的《黄河大合唱》即为其中的一个案例。本文以《黄河大合唱》为例，试图透过延安时期的文艺现象，探讨中国文艺现代化的进程中，马克思主义与中华优秀传统文化的结合路径。《黄河大合唱》是一部颇具美学价值的经典作品，作为"民族危亡时刻奏响的时代最强音"，《黄河大合唱》的诞生和其中包含的"情感结构"带有鲜明的时代烙印，但在不同的历史阶段，它仍然以慷慨激昂的旋律、恢宏磅礴的气势和不屈不挠的民族气概深深地打动着中外听众。它不仅激励了一代革命者奋起抗战、救亡图存，也激起了困于日常生活的庸常与惨淡中的普通人的共鸣。

冼星海 1905 年出生于澳门，在东南亚和广州接受早期的音乐教育后，于 1926 年在北京大学音乐传习所和国立艺专音乐系求学，1928 年，就读于蔡元培和萧友梅创办的上海国立音乐院，期间，参加田汉领导的"南国社"，逐步树立了创作"普遍的音乐""国际的音乐"的志向。1929 年，冼星海赴巴黎求学，学习小提琴、作曲和指挥。留学经历对冼星海影响至深，他说："那次群众爱护他们祖国的狂热，和法国国歌的悲壮声，猛烈地打动了我……在悲痛里我起了应该怎样去挽救祖国的危亡的思念。"[①] 他加入"国际工会"，改变了艺术至上的想法，开始尝试创作"救亡的音乐"，将中国传统文化、家国情怀与音乐技巧相结合，创作了《风》《游子吟》等作

① 冼星海：《我学习音乐的经过》，北京：人民音乐出版社，1980 年，第 4—5 页。

品。他说："我把我对于祖国的那些感触用音乐写下来，像我把生活中的痛楚用音乐写下来一样……描写、诉说痛苦的人生、被压迫的祖国。"[①]

1935年，冼星海回国后，开始创作救亡歌曲，参与新音乐运动，为电影、戏剧配音、配歌，"我的作品那时已找到了一条路，吸收被压迫人们的感情。对于如何用我的力量挽救祖国的危亡的问题，是有把握了"[②]。此时期，他创作了《黄河之恋》《青年进行曲》等歌曲。

1937年，"八一三事变"爆发后，冼星海来到武汉，参与演剧和歌咏队工作，后来在郭沫若领导的"国民政府军事委员会政治部第三厅"从事抗日宣传工作。此时期，他创作了大量的抗日救亡歌曲。他主张，"我们要利用救亡音乐像一件锐利的武器一样地在斗争中完成民族解放的伟大任务"[③]，他说："救亡歌曲正是为了需要而产生的时代性艺术……它就是我们民族的唯一精神安慰者，更可以说是我们的国魂……用它来大声疾呼去唤醒一切不愿做亡国奴的人们啊！"[④]1938年7月，桂涛声作词、冼星海作曲的《在太行山上》兼有抒情性和进行曲风格，既深情又豪迈，富有革命浪漫主义色彩。1938年9月，赵启海作词、冼星海作曲的《到敌人后方去》，以短促而富有弹性的旋律、刚健而流畅的进行曲风格、鲜明而有力的节奏和通俗的长短句结合的歌词，塑造了抗战军民勇敢、机智的音乐形象，是抗日救亡歌曲的代表作。

---

① 冼星海：《我学习音乐的经过》，第5页。
② 同上书，第11—12页。
③ 同上书，第101页。
④ 同上书，第99—100页。

1938 年 11 月，冼星海应邀来到延安鲁迅艺术学院任教。1939 年春天，冼星海与光未然合作的《黄河大合唱》横空出世。《黄河大合唱》由八个乐章组成，除第三乐章是配乐朗诵歌曲外，其他乐章均以朗诵开篇。第一乐章的朗诵先声夺人，使人仿佛身临其境：

> 朋友！你到过黄河吗？你渡过黄河吗？你还记得河上的船夫，拼着性命和惊涛骇浪搏战的情景吗？如果你已经忘掉的话，那么你听吧！

第一乐章是《黄河船夫曲》，采用齐唱、合唱的形式，从黄河船夫号子的艺术展现开始，惊心动魄、跌宕起伏，表现了战斗的力量与连续性。第二乐章是《黄河颂》，通过男高音独唱，将奔腾的黄河的音乐形象与伟大而坚强的民族精神联系起来，将九曲连环的自然界的河流借助音乐形式表达为文明古国源远流长的传统。第三乐章是《黄河之水天上来》，以三弦伴奏，用朗诵歌曲的形式展现了河流决堤、东方的海盗的侵略带来的民族灾难以及全国动员的顽强抗争。第四乐章是《黄水谣》，以齐唱的民谣式歌曲对比了黄河两岸生活的“喜”和日本入侵后的“悲”，起承转合，情感大起大落。第五乐章是《河边对口曲》，以陕北和山西民歌风格的男声一问一答的对唱和合唱、三弦和二胡的配合，通过两位老百姓的乡愁对话，表现了背井离乡的悲痛和全民抗战的决心。第六乐章是《黄河怨》，以女声独唱的形式控诉了敌人的残暴，再现了敌占区母亲备受凌辱的绝望与哀怨，如泣如诉，余音袅袅。第七乐章是《保卫黄河》，开头是齐唱，重音与顿音、连音，强音与轻音交错使用，硬朗而富有变化，展现了从河西山冈到河东河北、从万山丛中到青纱帐里波澜壮阔的抗战场面和英雄儿女斗志昂扬的形象，以上行音唱出“三个保卫”，反映了奋起反抗、团结抗战的情感结构，具有排山倒海的气势。然后借鉴复调音乐技法，采用进行曲体的二部和三部轮唱，间以轻快的中国民歌特有的衬词“龙格龙格龙”，不同声部交相共鸣、层层推进，多种乐器合奏，鼓号齐鸣、势不可挡，将乐曲推向高潮，极大地唤起听众的审美联觉，具有强烈的感染力。第八乐章是《怒吼吧！黄河》，为四部混声合唱，间以齐唱、轮唱，男女声音色呼应，音乐层次丰富，主调突出，同时采用复调音乐手法。此乐章音域宽广、厚重而深情、雄浑而激扬。在军号、战鼓伴奏声中拉开序曲，然后从“苦痛受不了”的苦诉到“誓死同把国土保”的觉醒，旋律由低沉、平缓转而高亢，节奏绵长与短促交替，最终发出一声“怒吼”。进行曲节奏的号角性音调象征着抗战势如破竹。乐章结尾通过逐渐加快的重复乐句在震天动地的鼓号声中，吹响共同抗击侵略的集结号角：“向着全世界劳动的人民，发出战斗的警号！”

冼星海在《黄河大合唱》中，采用合唱、独唱、齐唱、轮唱、对唱等艺术形式，歌唱黄河，歌唱民族，歌唱抗争，将革命浪漫主义和革命现实主义结合。乐章中，黄河与中国、历史与现实、古老文明与民族精神、民族灾难与全民抗战、形象与音响等意象交织，沉郁与悲愤、优美与崇高等风格切换，八个乐章相对独立又彼此关联，组成了类似于瓦尔特·本雅明所说的“星座化”的当代艺术整体，取得了史诗般的效果，通过对时代精神的审美观照，将“怒吼”的组诗用音乐形式表征出中华优秀儿女不畏强暴、顽强抗战的英雄气概。

光未然和冼星海默契合作，将朗诵和音乐结合，用音乐“诗表演”这种非常中国化的音乐形式，“为抗战发出怒吼，为大众谱出呼声”（周恩来题词），把黄河的音乐形象寓言化，建构了抗日战争初期中国人民大众的“情感结构”，在更为广泛的意义上，使“黄河”成为资本主义全球化浪潮中中华民族命运的美学表征和文化表征。

《黄河大合唱》是中国现代史上重要的声乐套曲作品，它的创作和公演是延安时期的重要文化事件之一。1939 年 4 月 13 日，《黄河大合唱》在陕北公学大礼堂正式首演，之后，《黄河大合唱》的旋律响彻中国，远播世界反法西斯阵营，成为时代的“史诗性表达”，成为中华民族伟大复兴早期阶段的艺术表达，其中的美学逻辑和文化密码值得当代学者认真研究和阐发。

冼星海在以《黄河大合唱》为代表的音乐创作中，在进行曲的中国化、民族化方面不断探索，同时对中国民歌和民族音乐形式进行现代化改造，将马克思主义与中华优秀传统文化相结合，创作出具有时代气息和新的艺术形式的先锋性艺术作品。此类作品以审美和艺术的形式推动了社会演进，大量的社会学材料证明了这一点。

在上海国立音乐院就读时和留学归来在上海工作期间，冼星海即开始了中国特色音乐的探索，他说：“我仍然是要努力去找中国的和声、形式、作风。”[①] 他的部分早期作品直接从中国民歌中汲取养分，如《顶硬上》取材自岭南民歌，《跑关东》借鉴中国传统曲艺数来宝，《苦命人》用东北民谣写成。[②] 在鲁迅艺术学院任教期间，

---

① 冼星海：《我学习音乐的经过》，第 26 页。

② 同上书，第 24 页。

冼星海撰写了“民歌研究”教材，1938年至1940年间，结合“新音乐运动”实践，他撰写了一些论文，探讨抗战时期中国音乐发展的路径、经验及音乐大众化、音乐表现手法的民族性等问题，认为挖掘民歌和民间文化中的优秀文化资源，可在艺术上实现创新性发展，创造新的音乐形式。1939年3月，他第一次尝试将民族形式融入作品，创作了《生产大合唱》，“指示了中国新音乐的方向和作风”[①]。他在《创作札记》中写道：“就在这一年内，延安很热烈地展开了讨论关于民族形式的艺术创作问题，有很剧烈的争论。这一举动，影响了全国的文化界。我还是坚持这样的作风，这就是吸取欧美进步技巧，利用中国固有喜见乐闻的旋律，用简单和声配以中国和西洋乐器，尤其多用打击乐器，使作品本身成为大众化、民族化、艺术化的统一艺术。”[②] 在《论中国音乐的民族形式》中，他说：“在抗战期中，全世界的艺术界都注意中国，尤其在新音乐发展方面。他们称我们的民族是‘歌咏民族’，因为根据我们抗战歌咏的普遍和发生了作用的原故。成为中华民族的呼声的抗战歌曲，绝不是偶然的，它是通过大众、通过斗争和组织，从整个民族反映出来的民族音乐，民族呼声。……音乐是不能例外的，它随着一个崭新的民族而出现它的崭新姿态，代表时代、社会、斗争、生活、思想和进步的正确的政治观念。”[③]

在创作《黄河大合唱》时，冼星海有意识地融入民族音乐的因素，他说：“《黄河之水天上来》是一首朗诵歌曲。我用三弦作伴

① 冼星海：《我学习音乐的经过》，第31页。
② 同上书，第36页。
③ 冼星海：《论中国音乐的民族形式》，载《冼星海全集》编辑委员会编：《冼星海全集》第1卷，广州：广东高等教育出版社，1989年，第50页。

奏，歌词的内容全由三弦表达出来，不是大鼓的伴奏方法。欧洲有一种歌词与伴奏相互独立的歌唱，由于沃尔夫（Wolf）的提倡而完成。但中国歌曲用三弦来伴奏能表达歌词的内容，而又可独立自成一曲的，恐怕是第一次的尝试。三弦的调子里，除了黄河的波浪澎湃声外，还有两个曲调的蕴藏：一个是《满江红》，另一个是《义勇军进行曲》。但只有一点，而无全曲，这由于曲调组织的关系。”①对于《黄河大合唱》的配器，他尽量使用中国乐器，包括二胡、三弦、笛子、六弦琴和打击乐器。《黄河大合唱》的延安版编曲配器比较简单，后来冼星海又进行交响化的改编，形成莫斯科版。

在中华民族伟大复兴正在逐渐成为现实的今天，当我们再来回顾20世纪三四十年代冼星海的音乐观，其见地令人佩服。他的思想不仅在毛泽东《在延安文艺座谈会上的讲话》中得到了理论概括，也在中国文艺事业发展中不断得到证实。“黄河”的形象在现当代文艺作品中反复呈现，在广泛意义上，冼星海的《黄河大合唱》已成为中华民族伟大复兴的象征性文化符号；在延安十分艰苦的条件下，冼星海用艺术形式将中华优秀传统文化与“最先进的思想”（马克思语）相结合，在中国式现代化进程中，情感结构的先锋性促成了艺术创作的先锋性，而艺术创作的先锋性又成为社会发展和进步的先导。冼星海创作的一系列优秀作品具有创新形态的旋律与和声，把中国“新音乐运动”推向了高潮，用艺术形式开启了一种新形态的先锋运动。从历史角度看，虽然冼星海不一定能意识到其积极推动的中国新音乐运动与世界范围内的先锋运动谱系的关系，

---

① 冼星海：《我怎样写〈黄河大合唱〉》，载《黄河大合唱》，北京：人民音乐出版社，1978年，第62页。

但从艺术史和世界美学的角度看，这种现象是值得深入研究的。在此前的论文中，笔者将这种美学运动和美学风格称为“第四种形态的先锋派”①。事实上，从以艺术形式推动社会进步角度看，中国式现代化进程中，大量的文艺方面的现象和案例值得当代美学研究者和社会学研究者给予足够关注。

四、简短的结论

马克思很早就注意到了艺术生产和物质生产发展的不平衡关系，事实上，造成这种不平衡关系的原因是多方面的。

延安时期，光未然和冼星海创作《黄河大合唱》，尔后《黄河大合唱》在历史长河中被经典化，这一“艺术事件”在思想上、情感上的先锋性是毋庸置疑的。按照当代美学的学术规范，似乎只有艺术形式创新并导致某种新的艺术形式和艺术形态产生，这样一种艺术运动才能称之为“先锋派”。这是一个问题。

2015 年，美国杜克大学出版社出版了国际美学学会原会长阿列西·艾尔雅维奇主编的专著《审美革命与 20 世纪先锋运动》。该书在梳理第一、第二种先锋派基础上，着重分析了他称之为“第三种形态的先锋派”现象，并将这种形态的先锋派称为“审美的先锋派”。在现代化进程中，文艺和社会生活的关系十分复杂，在讨论先锋运动现象时，阿列西引用了法国当代艺术批评家和美学家雅

① 参见王杰、王真：《中国悲剧人文主义的核心观念及其当代意义——为纪念冼星海〈黄河大合唱〉创作 80 周年而作》，《湖北大学学报（哲学社会科学版）》2019 年第 3 期。

克·朗西埃关于“审美革命”和“审美制度”的思想和理论。[①]我们认为，基于当代美学和朗西埃的理论，以冼星海《黄河大合唱》为案例的中国革命史上的“延安时期”创作的文艺作品可以定义为“第四种形态的先锋派”，具体理由如下：

首先，从情感结构和审美制度这两个角度研究和分析“延安时期”的文艺作品，这种先锋派的形态确实异于主要在欧洲现代化进程中产生和发展的第一、第二和第三种形态的先锋派的形态。从艺术史角度看，在欧洲现代化进程中产生的先锋运动，是审美现代性机制的一种体现，通过先锋派的艺术作品，表达对资本主义生产方式和浪漫主义文化的“审美崇拜”现象的批判性反思，因此，其先锋性包含着十分鲜明的批判性和否定性的色彩。我们从冼星海的《黄河大合唱》的情感结构和文艺创作的生产方式来看，中国审美现代性的确与以欧洲现代化为基础的审美现代性不同，其中最突出的一点是马克思所说的“最现代化的思想”，这也是特里·伊格尔顿在近20年里分析审美现代性问题时谈到的“关键点”——社会主义目标在延安时期文艺作品中以十分清晰、明确的方式呈现，而且是以与仍然活态的中华优秀传统文化相结合来呈现。如果我们的观察是正确的，那么，在先锋派艺术所创新的情感结构和艺术形式中，第四种形态的先锋派的社会学特质是无可争议的。

其次，在延安时期，新文艺运动和新的审美追求是通过对大众日常生活中仍有生命力的中华优秀传统文化进行“改造”“改编”或“革新”而再创造，从而将“最先进的思想”与民族文化、民间

① 参见阿列西·艾尔雅维奇编：《审美革命与20世纪先锋运动》，胡漫译，上海：东方出版中心，2021年。

文化实现新的结合，形成新的艺术形式和审美形式，冼星海的音乐创作仅仅是其中一个典型案例，这样的文艺现象在延安时期大量存在。通过这种新的艺术形式和审美形式，新的情感结构以及“改变世界”的愿望和意志得以以艺术的方式呈现出来，胸中块垒和创造美好生活的强烈愿望在新的艺术形式中得以“对象化”，而且持续产生深刻的影响。在冼星海创作《黄河大合唱》这个艺术事件中，我们看到中国式文艺现代化的一个典型案例，通过对这类案例的深入分析，我们就能对中国审美现代性的理论规定和基本特征作出理论分析和描述。

（原刊于《中国文艺评论》2022 年第 5 期）

继承传统，发展具有当代意义的美育

高建平[①]

我们一般将美育视为美学的一个分支，是运用美学的知识进行教育，美学是研究性的，美育是运用性的。然而，在历史上，不同的时期美学的学科性质不一样，它与美育的关系也不一样。在中国古代，没有成系统的美学体系，而美育却很重要。古人谈到美与艺术时，绝大多数都在谈美育。到了近代，美学体系引入中国，美学研究的重心放在了美的本质与人的审美心理，以及艺术美学的研究。这种三大块的组织，成为美学的核心内容。例如李泽厚的《美学四讲》，所讲的就是“美学”“美”“美感”和“艺术”这四讲，每一讲再各分四节，共十六节，其中没有专门的章节讲美育。王朝闻主编的《美学概论》由“绪论”和六章组成。“绪论”讲美学的对象与方法，第一章讲“审美对象”，第二章讲“审美意识”，其余四章集中讲艺术，分别是“艺术家”“艺术创作活动”“艺术作品”和“艺术的欣赏和批评”，没有章节专门讲美育。[②]但此后的美学

① 高建平，深圳大学人文学院院长，中华美学学会会长。

② 王朝闻主编：《美学概论》，北京：人民出版社，1981 年。

教材，则开始设立“美育”章节，并将之视为必不可少的一章。杨辛、甘霖编的《美学原理》中，就专辟“美育”一章，讲述“美学史上对美育的探讨”“美育的本质特征”“美育的任务和意义”“美育的实施”[①]。这在此后的美学教材中，成为惯例，为绝大多数的教材所采用。当然，这并不是说，在美学出现前没有“美育”，但传统的美育与现代美育有着巨大的区别。

一、中华传统美育精神的内容

中国古代的诗、乐、画，都具有强烈的教育和教化功能。对美和艺术的论述，正是从教育开始的。在《尚书》这部“上古之书”中，就有这样的记载：“（舜）帝曰：‘夔！命汝典乐，教胄子。直而温，宽而栗，刚而无虐，简而无傲。诗言志，歌永言，声依永，律和声；八音克谐，无相夺伦，神人以和。’夔曰：‘於！予击石拊石，百兽率舞。’”[②]这段话极其古老。朱自清说，这里所说的“诗言志”，是中国诗论的开山纲领。[③]当然，对于乐和舞来说，这也是“开山的纲领”。这里还有一层意思不容忽视，即“教育”。这里明确在说是为了“教胄子”，常被解释成公卿士大夫的子弟。其实，在舜之时，哪来什么“公卿士大夫”？社会中阶级差别也不会明显。在这段话中，我们看到的是原始初民们在诗歌乐舞活动中既释放激情，也在被教化。他们打磨掉原始的野性，转化为文明人。

---

① 杨辛、甘霖：《美学原理》，北京：北京大学出版社，1983 年。

② 《尚书·尧典》，引自屈万里注释：《尚书今注今译》，北京：新世界出版社，2011 年，第 14—15 页。

③ 朱自清：《诗言志辨》，长沙：岳麓书社，2011 年，第 3 页。

在中国古代，儒家有著名的“诗教”说。在孔子的心目中，《诗》要起文明的教化作用，是他那个时代的人的基本教科书。通过读诗，诵诗，形成了基本的文化教养。他对儿子孔鲤说：“不学《诗》，无以言。”[①]当然这不是说，通过诗学会说话，而是指通过《诗》的学习，学会“雅言”，能像一个有修养的人那样说话。孔子又教导学生说：“诵《诗》三百，授之以政，不达；使于四方，不能专对；虽多，亦奚以为？”[②]这就是说，要学以致用。孔子是一位教育家，他教学生的目的，是要让他们能够在行政和外交方面有所作为，成为有用的人。因此，通过学诗，可能够从政，能够在外交场合应对得体。这是学《诗》的目的，如果不能达到这些目的，能诵的诗再多也没有用。在春秋战国时代，士大夫们中流行在说话时引经据典，《诗经》是重要的引用对象。用得恰当，可委婉地表达自己的意思，也使对话具有一种高雅的文化气息。不用或用得不好，就显得直白而粗鲁，给人以缺乏教养，品味档次较低之感。

这些都是孔子关于“诗教”的思想。关于“诗教”，在《礼记·经解》中有专门的论述：“孔子曰：‘入其国，其教可知也。其为人也，温柔敦厚，《诗》教也。’”[③]这是说，到了一个诸侯国，这国人的教养一看就可以知道，受过《诗》的教育的人，就能“温柔敦厚”。一个人有教养，就能待人温和而宽厚。《经解》中又说：“温

---

① 《论语·季氏第十六》，引自金良年：《大学译注 中庸译注 论语译注》，上海：上海古籍出版社，2010年，第264页。

② 《论语·子路第十三》，引自金良年：《大学译注 中庸译注 论语译注》，第208页。

③ 《礼记·经解第二十六》，引自杨天宇：《礼记译注》(下)，上海：上海古籍出版社，2010年，第650页。

柔敦厚而不愚，则深于《诗》者也。”[①]“温柔敦厚”却不至流于愚笨，这是“诗教”起作用的表现。《诗》的学习给人带来知识，带来外观沉静，若愚而有大智，内心丰富而才华内蓄的修养。当然，学《诗》的作用远不止于此。孔子说：“小子何莫学夫《诗》，《诗》可以兴，可以观，可以群，可以怨。”[②]《诗》在社会生活中具有重要的功能，起着兴发内在志意的作用，可以看到听到《诗》中反映出的现实和人的情感，可以与人共处，在与人交往时应对得体，也可以恰当地表达自己的不平之意。总之，在孔子心目中，《诗》之教是那个时代的受教育者的基本教育内容。

诗与乐又是联系在一起的。诗教同时也是乐教。正如前面所引的《尚书》中的那段话所说，乐是诗的延长，从诗到乐，再到舞，形成了一种跨越多种门类艺术的情感表现说。

《左传》中记载来自南方的吴国公子“季札观乐”的评论，将各邦国的乐与此国的状态联系在一起。这里既讲了诗，也讲了乐，反映出了乐与社会风气，国家治理状况的关系，说明观乐可知风俗之盛衰。[③]有趣的是，这位来自南方新开化地区的吴国公子，却能从半旁观的角度，提出乐能反映政治状态的独特理解。

对于当时的人来说，音乐与社会生活是紧密联系在一起。《吕氏春秋·古乐》讲：“乐所由来者尚也，必不可废。有节，有侈，有

---

① 《礼记·经解第二十六》，引自杨天宇：《礼记译注》（下），第650页。

② 《论语·阳货第十七》，引自金良年：《大学译注　中庸译注　论语译注》，第272页。

③ 《左传·襄公二十九年》，引自郭丹、程小青、李彬源译注：《中华经典名著全本全译丛书·左传》，北京：中华书局，2012年，第1470页。

正，有淫矣。贤者以昌，不肖者以亡。”①

在前面所引述的一些记载中，乐是“诗”的延长，而在另一些记载中，则有着独立的起源。例如，《吕氏春秋·大乐》试图描绘一种独立的音乐起源论：“音乐之所由来者远矣，生于度量，本于太一。太一出两仪，两仪出阴阳。阴阳变化，一上一下，合而成章。”②

这种思想与“天人感应”和“阴阳五行”结合起来，就出现了“以类相动”的观念，即认为“物—心—音”三者之间具有感应关系。

“物”是指外在的社会环境，“心”指人的思想情感，“音”指音乐。这三者的关系是双向的。这既可以是“物→心→音”，即《礼记·乐记》所说：“音之起，由人心生也。人心之动，物使之然也。”③从“物”到“心”再到“音”。与此相应，像“感物而动”“声音通政”“功成作乐”等命题即由此而生。

这种关系，还可以是反向的“音→心→物”。例如，“志微、噍杀之音作，而民思忧；啴谐、慢易、繁文、简节之音作，而民康乐；粗厉、猛起、奋末、广贲之音作，而民刚毅；廉直、劲正、庄诚之音作，而民肃敬；宽裕、肉好、顺成、和动之音作，而民慈爱；流辟、邪散、狄成、涤滥之音作，而民淫乱”④。有什么样的音乐，就产生什么样的心理状态，从而产生什么样的社会状态。由此

---

① 《吕氏春秋·古乐》，引自许维遹：《吕氏春秋集释》，北京：中华书局，2009年，第118页。

② 《吕氏春秋·大乐》，引自许维遹：《吕氏春秋集释》，第108页。

③ 《礼记·乐记》，引自杨天宇：《礼记译注》（下），2010年，第467页。

④ 同上书，第468页。

产生“乐以节人”的观点，并进一步产生“乐教”的主张。“乐也者，圣人之所乐也，而可以善民心，其感人深，其移风易俗，故先王著其教焉。”[1]音乐感动人心，就可移风易俗，达到“乐教”的作用。

“以类相动”的感应被认为具有重要的力量，给艺术与生活的相互影响关系赋予神秘的色彩。[2]

造型艺术可以从“铸鼎象物”谈起。这是一段来自《左传》的著名的对话。楚王派人问九鼎的轻重，内含觊觎天下之意。周定王的大臣王孙满义正词严地回答道：“在德不在鼎。”并说出下列一番话，以示鼎的轻重是不可问的问题：

> 昔夏之方有德也，远方图物，贡金九牧，铸鼎象物，百物而为之备，使民知神奸。故民入川泽山林，不逢不若。螭魅罔两，莫能逢之，用能协于上下，以承天休。[3]

这段话的意思是说，从前夏朝开始的施行德政之时，远方各地把各种奇异物画成图像，各州贡纳金属，铸造成九鼎。将画成的各种奇异物铸在鼎上，教导人们区分神物与怪物。这样，当人们进入山川河泽和森林之时，就不会碰上不利之物。像螭魅罔两这样的妖怪就不会遇到。因而能谐和上下，受到上天的保佑。

---

① 《礼记·乐记》，引自杨天宇：《礼记译注》（下），第481页。

② 见高建平：《“以类相动”——〈乐记〉体系初探》一文，原载《天津师范大学学报》1985年第3期，收入高建平：《中国艺术：从古代走向现代》，北京：中国文联出版社，2019年，第309—317页。

③ 《左传·宣公三年》，引自郭丹、程小青、李彬源译注：《中华经典名著全本全译丛书·左传》，第744页。

图像也起着教育意义。在作为镇国之宝的鼎上，所提供的是四方之物的图像，起的是教育意义。这里所讲的道理是，权力的合法性在于“有德”，而这种“有德”是通过“教化”的手段取得的。“文明”就是“教化”。

这种观点连绵不断。张彦远在《历代名画记》开篇就指出：“夫画者：成教化，助人伦，穷神变，测幽微，与六籍同功，四时并运，发于天然，非繇述作。”[①] 他还引用了陆机的话：“丹青之兴，比《雅》《颂》之述作，美大业之馨香。宣物莫大于言，存形莫善于画。”[②] 说明绘画的意义和作用。

这种诗教、乐教直到以图像施教的传统，以德育为主，而总是通过美育的手段来进行的。这构成了中国艺术的以美育为中心的传统。此后，随着中国市民社会的兴起，戏剧戏曲、说书评弹、小说与书画等成为艺术消费的新手段。在这些新的艺术门类中，也到处渗透着以美和艺术施教的精神。

二、美育与人生修养

美育作为广义的人性教育的一部分，不仅在中国，而且在世界各地各国都是存在的。中国汉族不依靠史诗，而是依靠像诗教、乐教等方式，对民众进行教化。《诗经》中的《国风》原本就是从民间采风，再将之经典化，反过来对民众进行教育。这种教育不是抽象的道德训诫，而是通过艺术的手段进行教化。这在当时具有重大意

① 张彦远：《历代名画记》，引自俞剑华编著：《中国画论类编》，北京：人民美术出版社，2016 年，第 27 页。

② 同上书，第 13 页。

义，人类的文明就是这样开始的。通过教化，使一个民族走出原始的状态，实现着知识和道德的启蒙。

与中国的汉族不同，在许多民族都有着发达的史诗。在一个依靠口传来对民众实施知识和情感教育的时代，史诗起着重要的作用。希腊人、印度人、波斯人，以及许多欧洲的民族都各自有着自己的史诗。中国的一些少数民族也都有史诗。史诗的内容各不相同，但从总体上讲，都是从原始社会向早期文明社会过渡时期的产物。同时，史诗也总是有力地促进和推动了这一文明化的过程。史诗既是历史知识的教育，语言能力的教育，也起着情感教育的作用。在这些民族的生活中，史诗仿佛与生俱来，是他们的文化教养的底色，此后的教育都是建立在对史诗感受的基础之上的。

希腊史诗和神话构成了希腊人的基本教养。生活在希腊北部的山区，伯罗奔尼撒半岛、克里特岛、小亚细亚以爱琴海上诸岛，甚至今天的意大利南部的星罗棋布的众多希腊城邦里的人们，通过对史诗的传颂和对神话的信仰而结合起来，成为一个被称为希腊人的文化结合体。这些希腊人通过信同样的一组神，听行吟诗人讲史诗故事，看悲剧和喜剧，以及共同参加奥林匹克运动会，从而形成一种文化上的存在。希腊的各城邦间固然相互争斗，战争不断，但这种文化上的力量，却是超越城邦的，由希腊人共享的财富。

这种公众的教育，到了罗马时期，有继承，也有发展。罗马人继续信仰希腊的神，只是改换了名字。罗马人改编了大量希腊戏剧，也有着自己的创造。然而，在罗马人统治的几百年间，文化上的趣味迅速世俗化。希腊人在他们的许多城邦里，都建起了圆形的剧场，演出悲剧家和喜剧家们的戏剧。与此相反，罗马人到了这些地方，常常就把剧场改造成角斗场。对于他们来说，角斗士与猛兽的搏斗，以及角斗士之间的厮杀，更具有刺激性。在地中海沿岸的广大地区，有着大量的罗马建筑遗迹。这些遗迹，都是以凯旋门、角斗场、浴池这三大件为主，这成了罗马城市的标准配置。凯旋门庆祝战争的胜利，是尚武精神的纪念碑，角斗场提供刺激而血腥的娱乐，而浴池则提供休闲和社交的场所。生活的世俗化，精神力量的削弱，使得罗马帝国腐败盛行，这最终导致了基督教的兴起和罗马帝国的崩溃。

从罗马帝国后期开始，基督教开始流行，最终取得了统治地位。宗教以充满激情的演讲，分享会，奏圣乐和唱圣歌，观看宗教的绘画和雕塑等来实现宗教宣传的目的，也填补了民众美育需求的空间。在一个漫长的中世纪，基督教式的美育取代了希腊人的美育。直到文艺复兴以后，宗教的美育仍占据着统治地位，尽管这时，变化已经开始，人性的精神开始复苏。与此相应，其他各种的宗教也大量采用艺术的手段来宣传教义。例如佛教，发展出从佛教建筑、造像、画像，高僧的书法、诗词，佛教音乐、各种法器，构成了佛教美的世界。这些都在宗教活动中起着重要作用。通过种种艺术性的宗教实践，积累了强有力的宗教文化力量。

综上所述，无论在中国还是在欧洲，美育都是与文明的兴起联系在一起的。然而，当我们今天谈论美育时，现代意义上的美育，又与古代社会的这些文明的教化有巨大差别。

现代意义上的美学作为一个学科是从康德开始的。在康德之前，英国人夏夫茨伯里提出了“审美无功利”和“内在感官”的观点，意大利人维柯提出了“诗性思维”的观点，法国人巴托提出了“美的艺术”的体系，德国人鲍姆加登建议建立“美学”（aesthetica）

这个学科。此外，还有休谟对“趣味”的论述，伯克对“崇高”的论述，都对美学的形成具有重要的意义。到了康德晚年写出的《判断力批判》（1790 年）一书，才将众多的概念结合在一起，形成一个完整的体系，这标志着美学作为一个现代学科的正式形成。我曾经在一篇长文中，详细描述了这个过程。[①]

我们今天谈“美育”，具有在现代美学的基础上建立美育的含义。用史诗来化育，用“诗教”和“乐教”来感染，用宗教活动及其各种宗教仪式，以及相应的各种宗教艺术来宣传，都具有“美育”的性质，但是，这与现代“美育”仍是有着根本区别的。这种传统社会的美育，本质上是利用文艺来教化。

教化中有美育的因素，但仍不是现代意义上的美育。只有建立在现代美学的基础上，美育作为一个学科的形成才有可能。康德的哲学美学著作发表之后，出现了众多的阅读和阐释者。最早在康德理论的基础之上建立“美育”理论的，是生活时代略晚于康德的席勒。席勒是著名的德国剧作家，也是一位重要的哲学家和美学家。1795 年，仅仅在康德的《判断力批评》发表 5 年之后，席勒发表了美学论著《审美教育书简》。这本书如果依照原名直译，应为《关于人的审美教育的书信集》。席勒所说的“美育”，具有与此前的“教化”完全不同的含义。席勒的理论是建立在康德哲学的基础上的，但又包含着对康德的批判。康德从审美判断的角度来讨论美和美感问题，认为由于“知解力”和“想象力”的和谐运动的“游戏”，才产生美感，而这种美感的对象才是美。席勒则认为，人天

① 参见高建平：《“美学”的起源》，载《外国美学》第 19 辑，南京：江苏凤凰教育出版社，2009 年，第 1—23 页。

生具有两种冲动，即“感性冲动”和“形式冲动”，扬弃了这两种冲动，就可产生第三种冲动，即“游戏冲动”。席勒与康德的不同之处，在于他不是仅仅局限于从主体的角度解释，而且强调，他的“游戏冲动”有其对象，这个对象就是“活的形象”。席勒主张，建立一个审美而自由的王国，通过教育，产生健全的人格，从而实现社会的改造。他的美育的目的，是要克服当时的道德危机，克服普遍存在的肆无忌惮的快感追求，通过人性的和谐达到社会的和谐。这是一种实际上不可能实现的理想的乌托邦，它不可能成为社会实施方案，但作为教育理想，有一定的意义。[①] 这是美育作为一个学科在初建时普遍具有的现象，即树立一个庞大的理想，不追求立竿见影的效果，但寄希望于潜移默化的功用。

美国学者约翰·杜威一方面继承了席勒的“美育”思想，另一方面也克服了席勒思想中的二元论倾向，强调艺术与生活的连续性。他认为，艺术并不是离开生活而独立的领域，而是生活的一部分。他用大地与山峰的比喻，说明山峰不过是大地的突出处，而不是一块飞来之石放在大地上。同样，艺术与生活也具有连续性，在生活之中，对生活起作用。这不是过去的那种生活与艺术相分离而相互感应的关系，而是通过艺术加强生活的经验，从而产生意义。杜威注重教育学研究，强调克服被动的“旁观式”书本教育，而是由受教育者在知行合一的原则下主动学习，强调教育为经验的改造服务，将爱好与学习结合起来。这是一种将美的追求与对知识追求结合之路。

---

① 参见高建平：《席勒的审美乌托邦及其现代批判》，载高建平：《西方美学的现代历程》，合肥：安徽教育出版社，2014 年，第 120—137 页。

在中国，现代的美育是从蔡元培的倡导开始的。蔡元培作为教育界的重要领导人，对美育推动既是实践性的，也是理论性的。在实践上，他推动美学和美育课程的设立，主张通过美学和各种艺术实践类的课程，以培养全面发展的人为理想，在理论上，他提出了“美育代宗教”的命题。这是一个在美学界被人们反复阐释和论述，并形成了热烈讨论的命题。

“美育代宗教”意味着什么？原本，代宗教的应该是科学。讲科学和民主，破宗教和迷信，是五四运动前后的普遍要求。“美育”在这里能做什么？很重要的一条，是用“美”来启发民智，提升人生境界，在科学之外，进行情感教育。结合中国当时的语境，则具有用现代的美育，让儿童在艺术的熏陶中接受情感教育，得到自由的发展和心智健康地成长，而不是接受现成的教义，通过灌输的方式被教化。

三、美育的当代性

美育既是美学的一部分，是美学知识的运用，同时，也是教育的一部分。教育要德、智、体、美全面发展，具体到教学课程的安排上，就会有把教育的目的落实到课时上的做法。这种做法是教育中常常犯的错误。“德”应占多少课时，“智”应占多少课时，“体”应占多少课时，进行精确计算。当谈到美育时，就有一种再新增课程分割课时的含义。实际上，在学校教育中需要立美育，这种美育应是渗透到知识的学习与修养的提高之中，而不是学习之外另搞一套。

记得有一次在回家的电梯上，看到一位母亲牵着一个小女孩的手。小女孩朗声背诵道："白日依山尽，黄河入海流……"声音清脆，令人喜爱。但这位母亲接下来的提问，却让人哭笑不得。母亲问："'白日依山尽'和'黄河入海流'之间是什么标点符号啊？"标点符号是现代才有的。在作者王之涣所生活的唐朝，还没有标点符号。如果这位母亲能引导孩子感受这首诗的开阔的意象，其中所蕴含的哲理，就会让孩子在学习的过程中既长了知识，又培养了通过文字想象图像的能力，并且进一步感悟到下面两句"欲穷千里目，更上一层楼"所包含的人生哲理。

将这首诗的学习当作考核的要求，会背诵，会默写，会正确地使用标点符号，当然很重要。但是，这种学习还是纯知识性的，对于孩子来说，还是任务性的。如果引导孩子感受诗之美学，调动孩子的想象力和情感，就既实现了知识教育，又实现了想象力和情感教育，并且这两者不可分开，相互促进。对于孩子来说，这种学习，也可从被动的、任务性的，变为主动的、爱好性的学习。

这一例子具有代表性。其实，无论是语言和文学教育，还是历史、地理、政治课的教育，都可与审美教育结合在一起。

中华美育精神植根于深厚的中华美学传统。诗画和礼乐的精神凝聚了中华传统的美好而高雅的一面。但是，这一切毕竟只是过去。在今天传承和弘扬中华美育精神，一定要有当代的视野，当代的目的。

记得很多年前，我在读大学本科时，曾听著名文学翻译家戈宝权先生讲演。颇具诗人气质的戈先生挥动大手，激情地说：天才总是成群而来，又集队而去。他说的是俄国文学家普希金、莱蒙托夫、果戈理、屠格涅夫、托尔斯泰、陀斯妥耶夫斯基等一大批作家先后出现，形成了19世纪俄罗斯文学的黄金时代。我们那一批年轻的学生们都这一神奇的现象无比神往，也对文学艺术史上的这种时起时伏的现象感到好奇和困惑。

后来，我们读马克思的著作，提到了物质生产的发展与艺术生产发展不平衡关系的论述。马克思谈到，“关于艺术，大家知道，它的一定的繁盛时期绝不是同社会的一般发展成比例的，因而也绝不是同仿佛是社会组织的骨骼的物质基础的一般发展成比例的”①。马克思谈到了希腊神话产生于一个经济社会不发达的时代，却具有永恒的魅力的现象。

文学艺术在什么时候，什么情况下就会突然佳作不断，人才辈出？这是一个人们所盼望、憧憬的时期，也成为美学和文艺理论的重大的问题。的确，不仅在古希腊，在19世纪的俄罗斯，在许多地方都是如此。例如，在意大利文艺复兴时期，在法国、英国和德国的近代，都有文艺上的繁盛时期。在中国，《诗经》《楚辞》，唐诗和宋词，元曲和明清小说，都极一时之盛。对其追根溯源，有的可解释，有的则难以解释。

马克思在他的手稿里，对此提出了一些猜想，但他并没有详加阐释，对我们来说还有着进一步研究的巨大空间。一个时代的文艺繁荣，不能寄希望于从天上掉下成群的天才，也不能直接从物质生产的发展状况寻找答案。前者是历史唯心主义的，而后者是机械唯物主义的解释。

从物质生产的发展，经济社会的发达，到文艺的繁荣，这其间还有着一个巨大的中间层，这就是通过美育而造就的文艺创作和欣

---

① 马克思：《〈经济学手稿〉导言》（1857—1853年），载《马克思恩格斯论艺术》（第一卷），北京：中国社会科学出版社，1982年，第148页。

赏的人群，这是文艺之花得以生根、发芽、开花、结果的土壤。美育造就了文艺的创作者，也培养出文艺的接受者，从而形成一个艺术的群体和阶层，这个阶层引领着艺术趣味，成为艺术的中心。美育所起的作用，是奠基的作用，而文艺的繁荣，要立在这个基础之上。

古代的美育，具有两面性。一方面是推广文艺，提高民众的审美水平，但另一方面其教化作用又使社会趋于同质化，并不鼓励艺术的创新。现代的美育将重心放在受教育者一边，关注受教育者的个性特征，关注受教育者的成长过程，关注教育内容与生活实践的结合，关注艺术创造力和接受过程中的创新。

结语：继承优秀美育传统，发展当代美育

有古代的美育，有现代的美育，古代的美育是以教化为主，而现代的美育则建立在现代美学和现代教育学的基础之上，造就全面而自由发展的人。

美育的水平与文艺繁荣有着密切的关系。这是一个从物质生产生活水平到艺术创造力的重要的中间层。这个中间层的存在，是艺术生产与物质生产之间不平衡的重要原因之一。美育形成文艺的土壤，文艺要在这个土壤之上生长。

我们要将古代美育与现代美育区分开来，立足当下，从古代美育中吸取营养，建立现代美育体系，为当代社会服务，为文艺的繁荣服务。

（原刊于《中国文艺评论》2020年第8期）

中华美育精神在文明碰撞中的“再创造”

王杰　高晓芳①

2020年开年以来，人类社会遇到了自第二次世界大战以来最重大的社会事件，这就是从2019年底开始暴发，至今仍在世界各地广泛传播的新冠肺炎疫情。这场突如其来的灾难性事件，正在成为世界现代史上一个重要“拐点”。此次重大疫情引发的全球性的人道主义危机，包括认同危机、信任危机等共同凸显了当代社会的一个严重悖论：在全球化已经高度发展的社会条件下，一方面，全人类经济、文化、医疗等方面都呈现出高度的合作和一体化；另一方面，人与人之间、族群与族群之间越来越难以进行有效的沟通与深入的交流。当代人之间的信任缺失以及如何重建这种信任的基础，成为当代人文学科以及美学关注的问题。也正是在这个现实意义

① 王杰，浙江大学传媒与国际文化学院“求是特聘教授”，教育部长江学者特聘教授，中国文艺评论（浙江大学）基地主任，浙江大学当代马克思主义美学研究中心主任，《马克思主义美学研究》集刊主编，主要研究方向为马克思主义美学、审美人类学、当代美学问题。

上，习近平总书记近年来提出的建设人类命运共同体的理论，努力从社会和文化的不同方面打破现代性的悖论，就格外引人注目。在党的十八届三中全会的报告上，习近平总书记强调应该切实有效地“改进美育教学，提高学生审美和人文素养”[①]。在新修订的《中华人民共和国教育法》中也增加了对美育的要求，把美育提升到与德智体相同的地位，这是新中国成立以来第一次从国家战略的层面对美育工作进行部署和论述。[②]

在理论的意义上，自启蒙主义以来，欧洲的美学就研究且论证了人类审美认同的共同基础，在英国经验主义美学和德国古典美学那里，审美教育是资产阶级获得领导权的重要内容。[③] 20世纪随着文化研究的兴起，共同文化的建设及其基础也在雷蒙·威廉斯、理查·霍加特等人文学者的研究中得到论述。在近现代美学的理论框架中，审美教育的基础是审美交流，而审美交流的基础是审美认同。在马克思主义美学的视域里，美育问题是一个文化认同的问题，也是一个主体再生产的问题。一方面，审美教育是一个通过个体的提升来达到与社会相认同的过程；另一方面，审美教育又是唤起个体的文化解放和促进人格升华的一个过程。对审美意识形态的建设，一方面要建立文化共同体以促进人类的进步；另一方面，审美活动指涉着自由和人性的全面发展，审美教育的辩证特征决定着审美教育的复杂性是其中举足轻重的一环。本文以习近平总书记的

---

① 《中共中央关于全面深化改革若干重大问题的决定》，《人民日报》2013年11月16日第1版。

② 《十八大以来新发展新成就》，北京：人民出版社，2017年，第38页。

③ 参见特里·伊格尔顿：《美学意识形态》，王杰、傅德根、麦永雄译，北京：中央编译出版社，2013年。

论述为基础，从中华美育精神传统及其在现代化过程中的再创造的角度出发，阐述中华美育精神的基本内涵、在当代艺术中的呈现，论证当代社会生活中审美革命出现的可能性，从而论证当代中国艺术具有十分重要的教育功能及其在中华民族伟大复兴中的重要作用。

一、中华文明的美育精神

人类社会的早期阶段，在货币和资本出现之前，人类不存在自我中的自恋现象。在西方，随着私有制、一神教和货币的出现，在中国，则是随着井田制的废除、西周战乱纷争之后，利他主义倾向和以血缘、自然为本的生活方式土崩瓦解了。然而，中西文明发展出了两种不同的文化类型。“天人合一”“礼化成人”这个思想观念在中华文明中源远流长，具有重要的意义。人类学家张光直在《美术、神话与祭祀》中将中华文明表述为建立在“整体性的宇宙形成论”基础上的一种连续性的文明，与西方文明建立在“破裂的宇宙形成论”基础上，作为一种人类与自然资源分割的“由生产技术革命与以贸易形式输入新的资源这种方式积蓄起来的财富为基础而建造起来的”[1]文明不同：

> 中国的形态是个例外，很可能是全世界向文明转进的主要形态，而西方的形态实在是中国古代文明的一个可以说是最为令人注目的特征，是从意识形态上说来它是在一个整体性的宇

[1] 张光直：《美术、神话与祭祀》，郭静译，沈阳：辽宁教育出版社，2002年，第108—118页。

宙形成论的框架里面创造出来的。这种宇宙观在中国古代存在的特殊重要性是一个不折不扣的文明在它的基础之上与在它的界限之内建立起来这件事实。中国古代文明是一个连续性的文明。①

李泽厚在《实用理性与乐感文化》中从实用理性的角度出发，认为中国艺术和审美的重要特征即一种审美的抒情性的乐感文化情结，与西方追求的“圣爱”和“酒神精神”不同，中国文化把人的情感、观念和仪式，中和在以亲子血缘为基础的世俗和现实生活中，从而避免主体与社会的断裂，即马克思所说的异化。中华文明在它的早期阶段，就有对审美认同及审美教育的认识和阐发。从《尚书·舜典篇》《道德经》《乐论》《乐记》《论语》，到孔子编撰的《诗经》，都呈现了一种很重要的文化特性，用现代美学术语表述，即把具有完整性的审美经验作为个人和社会的最高追求和最高境界，从主体层面，追求一种“天人合一”式的境界；在社会层面则有儒家的“大同社会”、陶渊明的桃花源式社会理想以及当代社会的乡愁乌托邦。“从先秦到两汉，中国美育思想的核心问题，可以说，就是礼乐教化。因此，中国美育思想产生的根本标志是礼乐教化观念的自觉。”② 中国文学艺术的表现方式与西方追求接近宗教的“净化”效果不同，在中华文明中，一方面诉诸感官愉悦及个体情感的抒发，同时重视审美效果上性、情、理的统一，强调文学艺术的道德教化功能。

---

① 张光直：《美术、神话与祭祀》，第108—118页。

② 曾繁仁：《中国美育思想通史·总序》，济南：山东人民出版社，2017年，第1页。

正如拉康和罗蒂等当代哲学家所指出的，西方文化自柏拉图以降，美本身被推向无限遥远的幻象性存在之后，欲望表达的目标与具体形象的关系因此断裂，分裂为两种相互矛盾的表现形式，是一种现实与理想、感性与理性相矛盾的“喀索斯式”[①]的文化。这是一种以主客体二元对立为基础的文化。相比较而言，中国文化的核心结构在“轴心时代”以来并没有走向二元对立，而是以“天人合一”为基础的哲学和文化。我们认为，如果说以“两希”文明为基础的欧洲文化是一种“喀索斯式”的文化的话，那么中国古代文化的特征也许可以概括为“艾科式的”。艾科（Echo）是古希腊神话中的“回声女神”。以回旋性和缠绕为基础的文化更接近中国古典文化中怀柔守拙的传统以及对“韵”的审美表达机制的强调。在中国文化中，“韵”是古典美学的范畴之一。对“韵”的论述见于中国古代的乐论、诗论、画论以及书论之中，甚至在人物品藻之中。《文心雕龙·声律》中刘勰将其阐述为：“异音相从谓之和，同声相应谓之韵。”在宋代以后，“韵”逐渐成为一个美学范畴，苏轼、黄庭坚、司空图、严羽等人均有论述。

作为审美范畴的“韵”，其内涵是多层次、多结构的。我们可以将其划分为三个层次，第一个最基本的层次即“有余之韵”，审美对象有余意，余意既藏于内又发于外，既曲尽法度又妙在法度之外；处于中间的层次即“诸妙之韵”，审美对象具备某一方面的特长的余意，且能淡而有味，大巧若拙；最高层次的“妙”则是“众妙之韵”，是指审美对象“包括众妙，经纬万善”，令人测之而益

---

① 对“喀索斯式”文化的阐释参见王杰：《中国审美经验的理论阐释与文艺美学的发展》，《江西社会科学》2008 年第 2 期。

深，究之而益来，蕴含着深远无穷的意味，与“道”接近[①]。近代学者宗白华将“韵”解释为艺术形式中“潜伏的”音乐感[②]，强调这种音乐感存在于诸多艺术体裁之中；钱锺书在《管锥编》中将“韵”解释为“取之象外，得于言表（to overhear the understood）……曰取之象外，曰略于形色，曰隐，曰含蓄，曰景外之景，曰余音异味，说横说竖，百虑一致”[③]，着重于“韵”的“象”外之意。直至当代，周来祥、孙玄常等人也对“韵”做过进一步的阐发。在《审美幻象研究——现代美学导论》一书中，笔者曾将“韵”的学理根据梳理为“和谐”和“远出”，通过声音的远出而达到和谐，“这种远出是一种回旋的声音，即所谓余音绕梁，它以交感式的欲望表达方式为基础，把感性的存在转变为具有灵性的对象”；这种“回旋、远出”通过交感、想象力、声像的优势超越时间，用“一唱三叹”的程式，“缠绕意识形态镜像的核心隐喻，对现实生活中的矛盾和苦难给予想象性的解决”[④]。综合来说，“余韵”作为一个审美范畴，指代的是一种超越时间性和空间性的、循环往复式的审美表达机制，在中国的文学艺术作品中，尤其是在“中国式”悲剧的作品中呈现出一种“哀而不伤”“意在象外”的美学风格，其精神实质从社会的层面上来看，是一种对“过去”和“传统”的怀旧与融合，在个体层面则是以自身的审美习性对苦难或绝望在感知的同时不断净化，

① 对“韵”历史流变和内涵分析，参见彭会资：《古典美学范畴“韵”的破译》，《文艺理论研究》1991 年第 4 期。

② 参见宗白华：《美学散步》，上海：上海人民出版社，1981 年。

③ 钱锺书：《管锥编》（第四册），北京：生活 · 读书 · 新知三联书店，2001 年，第 633 页。

④ 对“余韵”的阐释参见王杰：《审美幻想研究——现代美学导论》，北京：北京大学出版社，2012 年。

从而达到一种指向无限的审美思维方式。

由此，我们认为，如果说欧洲文化是一种以一神教文化为基础的自恋式，以视觉性隐喻为基础、以内卷型为特征的文化，那么，也许我们可以说，中华文化是以礼乐文化为基础的他恋式，以音乐式表达机制为基础、以外播型为特征的文化。中华文明将审美经验和艺术体验置于文化的核心位置，使得这种文化呈现出丰富性、流动性以及在不同语境中“随物赋形”的文化机制。借用人类学家格尔兹的“内卷型文化”和“外播型文化”的术语，我们认为可以将宗教作为最重要的认同和表述手段的文化称为“内卷文化”，而将以艺术和审美作为最重要的认同和表述手段的文化称为“外播文化”。与前者相比，“外播文化”因为较少受到宗教中关于此岸世界与彼岸世界的划分的影响，没有将神圣性与世俗性对立起来，从而具有更大的可交流性和包容性，同时仍然保留了对现实生活的超越和批判。我们认为，中华文明一直是以审美经验的完整性为基础的文明，强调人生和审美的完整性，而这一点，正是审美教育最重要的组成部分。

在欧洲文化传统中，审美教育是与启蒙主义哲学相联系的。在17世纪的英国经验论美学和18世纪的德国古典美学中，审美教育作为一个重要的理论问题被提出来。德国文学家和美学家席勒从18世纪末德国的社会现状出发，把审美教育与培育完整人性和理想公民的目标联系起来，将人性分为“感性的人”“理性的人”和“审美的人”，即自然的人、道德的人和自由的人。席勒认为美是拯救现实人性异化的唯一手段。[①] 我们认为，在席勒思想的基础上，马

① 参见席勒：《席勒经典美学文论》，范大灿等译，北京：生活·读书·新知三联书店，2015年。

克思虽然在他的著作中没有直接使用“美育”这个概念，但关于艺术及审美与人类解放的内在联系，以及一种人类的共同文化或者说关于共产主义理念的论证，正是马克思一生中研究和阐释的基本主题。早在1844年春夏之际于巴黎撰写的《1844年经济学哲学手稿》，马克思就从哲学人类学的高度提到了对人性、友谊、信任、爱情的理解：

> 我们现在假定人就是人，而人对世界的关系是一种人的关系，那么你就只能用爱来交换爱，只能用信任来交换信任，等等。如果你想得到艺术的享受，那你就必须是一个有艺术修养的人。如果你想感化别人，那你就必须是一个实际上能鼓舞和推动别人前进的人。你对人和对自然界的一切关系，都必须是你的现实的个人生活的、与你的意志的对象相符合的特定表现。①

马克思在工业化文明的条件下，在一种不同于席勒美学的意义上，重新提出并且思考了人类解放的可能性问题。在马克思看来，资本主义生产方式最大的悲剧性就是造成了人的严重异化，造成了人与自然的断裂，造成了人类对爱、同情和信任能力的丧失。资产阶级革命胜利之后，随着科技的进步和大工业的发展，随着工人阶级的发展和壮大，一种新的以整个人类共同的文化、以共产主义的理念为基础的人类的社会模式和共同文化呼之欲出。在《共产

① 马克思：《1844年经济学哲学手稿》，北京：人民出版社，2000年，第146页。

党宣言》中，马克思和恩格斯就指出，这种人类的共同文化，是以对资本主义生产方式为基础的现代文化的某种断裂式的否定为前提的，是一种能够表征出人类的共同性，表征出人类相互理解、相互信任，在生活和审美的经验层面上能够达到一种共识或者说共享的人生经验的基础上的共同文化。历史唯物主义的提出和剩余价值的发现表明，在现代资本主义条件下，随着现代社会的发展，一种比资本主义生产方式更优越的社会形态是有历史必然性的。马克思比空想社会主义者们深刻和冷静的地方就在于，他明确地意识到，在历史条件尚不足以实现这种更美好的人类社会之前，用悲剧性艺术的形式，可以通过感性的和朴素的形式，表达出“最现代的思想”。在1859年4月致拉萨尔的信中马克思写道：

> 这样，你就能够在更高得多的程度上用最朴素的形式恰恰把最现代的思想表现出来，而现在除宗教自由以外，实际上，市民的统一就是你的主要思想。这样，你就得更加莎士比亚化，而我认为，你的最大缺点就是席勒式地把个人变成时代精神的单纯的传声筒。[①]

二、中华美育精神的现代化再创造

作为一个历史悠久的文明古国，中国文化传统在前工业化时期曾经十分辉煌，但是都没有主动迈进现代化的门槛。我们认为，在

---

① 《马克思致斐迪南·拉萨尔（1859年4月19日）》，《马克思恩格斯文集》第10卷，北京：人民出版社，2009年，第171页。

1894年的中日甲午海战之后，中华文明这一博大精深的文化体系发生了严重的断裂。“甲午战争是高度西洋化、近代化之日本，战胜了低度西洋化、近代化之中国。”[①] 在资本主义工业文明快速发展的背景下，日本在明治维新之后迅速“脱亚入欧”，实现了近代化。洋务运动之后的中国虽然在形而下的层面有所进步，但整个文化和意识形态仍然停留在中古时期。甲午战争宣告了洋务运动的破产，也使得中华文化原有的自身发展逻辑和轨道受到颠覆性的解构。因此，重塑中国文化的脊梁，重新形成中华文化富有凝聚力、可以支撑现代化的强大冲击的文化内核成为“甲午战争”后先贤和人民思考的重点。正如聂振斌所言：“人们的认识，总是由浅到深，人们的眼光总是先见到形、质的力量（如机器、技术、制度），然后才认识到无形的精神力量（如人心、国民性、观念、理想）。随着前一种认识，‘西学东渐’主要是应用科学和政治、法律；随着后一种认识，‘西学东渐’主要是哲学、美学、文艺和理论科学。中国近代美学美育思想正是在后一个认识过程中诞生的。”[②]

在中国社会的现代化进程中，蔡元培是第一个把审美教育作为改造社会的力量来思考和认识的思想家。蔡元培在继承中国“礼乐教化”及“诗教”“乐教”的传统思想的基础上，兼容并蓄地吸收了德国古典美学，特别是康德与席勒的美学理论，明确提出了美育理论，提出“以美育代宗教”的主张，设计了一种以美学和人道主义为基础的中国特色的现代化方案。蔡元培写道：“夫人类共同之鹄的，为今日所堪公认者，不外乎人道主义”，“而人道主义之最大

① 参见蒋廷黻：《中国近代史》，上海：上海古籍出版社，2006年。

② 聂振斌：《中国美学思想述要》，广州：暨南大学出版社，1993年，第319—320页。

阻力为专己性，美感之超脱而普遍，则专己性之良药也。”[1] 故“感激刺感情之弊，而专尚陶养感情之术，则莫如舍宗教而易以纯粹之美育。纯粹之美育，所以陶养吾人之感情，使有高尚纯洁之习惯，而使人我之见，利己损人之思念，以渐消沮者也”[2]。在五四运动前后，除蔡元培之外，王国维、梁启超、鲁迅等人皆有关于审美教育的相关阐述，而值得指出的是，“近代美育思想家一般都把美育作为情感陶养的工具，认为美育之宗旨在于立人，使人成为完全之人物，并且均接受了康德的知、情、意三分之说和审美无利害关系说，并在此基础上阐述自己对美与美育的看法。……王国维的美育观比较侧重于个体人格完善的角度，而梁启超、蔡元培、鲁迅等人则更倾向于审美效应的社会指向，着眼于群治和国民性的改造”[3]。也就是说，在中国社会的现代化过程中，借助艺术和审美经验中的批判锋芒来改造社会的设想，蔡元培所设想的“以美育代宗教”来匡正时弊的方法并没有得到强有力的回应，这是十分遗憾的。

应该明确的是，审美不等同于艺术。正如雷蒙·威廉斯在《关键词》中辨析的：Aesthetic（美的，审美的、美学）的源义为感官的察觉，其含义强调人的主观认知是艺术与美的基石；而 Art（艺术、技艺）源义为技艺，“艺术作品实际上被视为商品，且大部分艺术家被视为是属于独立自主的工匠或技术人员的范畴，可以生产出某种非主流的商品”[4]。审美教育也不等同于艺术教育，审美教育

---

① 蔡元培：《蔡元培美学文选》，北京：北京大学出版社，1983 年，第 66 页。
② 同上书，第 70 页。
③ 谭好哲：《语境意识与美学问题》，北京：人民出版社，2012 年，第 50 页。
④ 雷蒙·威廉斯：《关键词：文化与社会的词汇》，刘建基译，北京：生活·读书·新知三联书店，2016 年，第 66 页。

是一种情感教育，以培育自由人性为旨归。而艺术教育则偏向于形式和某种功利性价值的传播，而丧失了审美教育的重要灵魂——人的解放即审美经验的完整性。在马克思的哲学中“自由”是现实的、充盈的，在人和社会的充分发展之后个人或人类才能获得的自由，而形式上的自由则是空洞而乏力的。我们认为，五四以来中国审美教育的偏差跟康德美学的影响是有关系的，它把艺术的世界和现实的世界割裂开来而并不能真正解决人的需求。中国传统式的美育思想中艺术与现实虽不是对立的，但礼乐文化只针对士大夫与上流阶层，缺少现代文明式、属于人民大众的审美愉悦。而从康德到席勒，及至受其影响的近代中国的王国维、蔡元培等人的美育理论，在历史哲学上是悲观的，在他们的心目中，艺术的世界与现实的世界之间是一种类似于“此岸”与“彼岸”之间的关系，因而不能从审美效果上达到真正的主体与历史、现实、社会的和谐，即一种日常经验与审美经验上的全面而自由的融合。因此，在中国的现代化进程中，如何通过审美获得自由和解放一直是一个悬而未决的问题。

2014 年 10 月，习近平总书记主持召开了文艺工作座谈会。他提出：“文艺是时代前进的号角，最能代表一个时代的风貌，最能引领一个时代的风气。”[①]“实现‘两个一百年’奋斗目标、实现中华民族伟大复兴的中国梦是长期而艰巨的伟大事业。伟大事业需要伟大精神。实现这个伟大事业，文艺的作用不可替代，文艺工作者大有可为。”[②] 在现代社会治理的框架内，文艺与美育必然是与时代、

① 中共中央宣传部编：《习近平总书记在文艺工作座谈会上的重要讲话学习读本》，北京：学习出版社，2015 年，第 6 页。

② 同上书，第 7 页。

社会的发展相共通的。德国社会学家卡尔·曼海姆曾指出："社会主义和自由主义都拒绝千禧年主义的躁动，都认为潜在的狂热精力必须通过文化理想进行升华。"[①] 在马克思看来，人的自由与真正解放是与社会的全面发展紧密联系的。共产主义社会的基础，一方面是社会化的合作性的大生产和生产力的高度发达；另一个方面，更为重要的是，在工业化文明中，包括后工业文明和文化经济时代，审美活动和审美经验都是人类扬弃异化、实现解放的一个途径：

> 共产主义是私有财产即人的自我异化的积极的扬弃，因而是通过人并且为人对人的本质的真正占有；因此，它是人向自身、向社会的（即人的）人的复归，这种复归是完全的、自觉的而且保存了以往发展的全部财富的。这种共产主义，作为完成了的自然主义，等于人道主义，而作为完成了的人道主义，等于自然主义，它是人和自然界之间、人和人之间的矛盾的真正解决，是存在和本质、对象化和自我确证、自由和必然、个体和类之间的斗争的真正解决。它是历史之谜的解答，而且知道自己就是这种解答。[②]

马克思关于哲学最重要的论断是："哲学家们只是用不同的方式解释世界，问题在于改变世界。"对于中国社会的现代化进程而

① 卡尔·曼海姆：《意识形态与乌托邦》，北京：商务印书馆，2017年，第284—285页。

② 《马克思恩格斯文集》第1卷，北京：人民出版社，2009年，第185—186页。

言，中华文化的信仰和信念在现代化进程中的重塑，或者说中华文明面向现代社会的再创造，是中国的人文社科类学科的核心任务，也是美学学科的核心任务。按照法国马克思主义哲学家路易·阿尔都塞的观点，意识形态是结构性的，在不同的生产方式的基础上，不同的社会结构和生产方式有与其相联系的意识形态，在一种生产方式的自我发展和不断调整的过程中，"意识形态没有历史"，也就是说，只有量变而没有质变。[①] 从人类历史发展的长河来看，随着生产方式的更迭，社会和意识形态，包括受意识形态影响的审美制度都会发生断裂式地飞跃。这种飞跃在现代观念中也被称为"革命"。在当代美学和马克思主义理论的研究中，审美的革命已经成为一个重要的基础性命题。

三、审美的革命与当代艺术创作

审美革命的理论在当代马克思主义理论中具有重要的地位，事实证明，通过审美的方式改变世界不再是一个幻想。我们认为，实质上中国社会的现代化过程是十分典型的后发展模式和非欧洲模式。这种模式的特殊机制的出现不是隐藏在社会的经济—政治结构中，而是深藏在文化特别是艺术和审美的情感结构中，这是中国现代性的重要特征之一，也是审美现代性形成的基础。从学理上说，美学革命植根于德国美学的一种理论传统，从康德到席勒，再到马克思。在这一传统中，马克思与康德、席勒的一个重要区别是，马

① 参见路易·阿尔都塞：《保卫马克思》，顾良译，北京：商务印书馆，2006 年。

克思把人性的本质与理想的社会理论结合起来，特别是与无产阶级和人民群众的审美启蒙和审美解放紧密联系在一起，把它表述为人类按照“美的规律”进行的创造性活动；而康德和席勒则是把“美”与哲学意义上的“自由”相联系。

1795年，席勒在《审美教育书简》中把“自由冲动”作为游戏的理论内涵，在游戏活动中，人类把艺术形式的完美与现实生活中人类自由的真正实现联合起来，人类在游戏以及类似于游戏的活动中才可以实现真正的自由。在《审美教育书简》的第15封信中，席勒提出了以下影响深远的观点：

> 1. 美不仅是生命，也不只是形式，而是生活形式，即美。
>
> 2. 人只有在游戏中才感受到美，只有感受到美，才能自由游戏。
>
> 3. 人只有处在人类这个词的充分意义上的时候才能自由游戏，而只有当他游戏时，他才是一个完整的人。[①]

在马克思的社会政治思想里，美学是人的发展和社会进步的一个重要的维度。与席勒不同的地方在于，席勒努力通过审美教育来改变人，进而实现对社会的改造，马克思则从哲学人类学和历史哲学的高度思考和论证美学问题。在马克思的视域里，审美活动是人类获得自由和解放的重要基础，对于社会进步而言，美是一种重要的力量。在《1844年经济学哲学手稿》中，马克思写道：

---

① 席勒：《席勒经典美学文论》，第283—290页。

> 诚然，动物也生产。它为自己营造巢穴或住所，如蜜蜂、海狸、蚂蚁等。但是动物只生产它自己或它的幼仔所直接需要的东西；动物的生产是片面的，而人的生产是全面的；动物只是在直接的肉体需要的支配下进行生产，而人甚至不受肉体需要的影响也进行生产，并且只有不受这种需要的影响才进行真正的生产；动物只生产自身，而人生产整个自然界；动物的产品直接属于它的肉体，而人则自由地对待自己的产品。动物只是按照它所属的那个种的尺度和需要来构造，而人却懂得按照任何一个种的尺度来进行生产，并且懂得处处都把内在的尺度运用于对象；因此，人也按照美的规律来构造。[①]

我们认为，在当代社会和文化条件下，马克思的思想是更为重要、也更为本体性的。在《审美革命与20世纪先锋运动》一书中，阿列西·艾尔雅维奇提出并论证了一个重要的观点：20世纪存在着一种从特定的艺术经验拓展到广泛的、整体的生存领域和想象经验，蕴含在社会、政治、身体、技术等诸多维度内的先锋艺术，存在于全球现代性的后现代艺术之间的中间地带，在地缘上，主要出现在东欧、拉丁美洲、中国。[②]在中国社会的现代化进程中，审美经验和“美的规律”一直是一种十分强大的文化力量。这种力量的根源一方面来自中国社会现代化进程中十分悲壮的现实，另一方面

---

① 马克思：《1844年经济学哲学手稿》，第57页。

② 对第三种形态的先锋派的分析，参见 Ales Erjavec：*Aesthetic Revolutions and Twentieth-Century Avant-Garde Movements*，Duke University Press，Durham and London，2015。

来自中华美学精神十分强有力的文化基因。在多种力量的共同作用下，中国在社会的现代化过程中产生出自己的艺术风格和自己的先锋派。我们认为，延安时期以冼星海的《黄河大合唱》为代表的系列文艺作品不同于西方现代艺术中的先锋派，不仅充满了民族激情和革命英雄主义，而且在艺术上有着大胆的形式创新，以富有民族风格的艺术形式直接呈现出一种全新的现代情感，是另一种形式的“先锋派”，可以说是中国社会现代化初期“审美革命”的经典。①

2014年，习近平总书记在联合国教科文组织总部演讲时强调：“每一种文明都延续着一个国家和民族的精神血脉，既需要薪火相传、代代守护，更需要与时俱进、勇于创新。中国人民在实现中国梦的进程中，将按照时代的新进步，推动中华文明创造性转化和创新性发展，激活其生命力，把跨越时空、超越国度、富有永恒魅力、具有当代价值的文化精神弘扬起来。”② 在当代进入“文化经济时代”的背景下，新媒介与文化产业的迅速发展，文艺创作和美学在滑向“市场化”“平面化”的同时，愈加“大众化”“时尚化”，精英文化与大众文化相互共生，文艺由曾经少数人的闭门游戏变成了大众共同创作、共同传播的精神产品。由此，中华文明及民族精神如何介入到当代中国艺术的“再创造”和美学批评的思想中去，成为一个值得重视的问题。这次新冠肺炎疫情的持续发展，对世界

① 对延安时期文学艺术的阐述，参见王杰、王真：《中国悲剧人文主义的核心观念及其当代意义——为纪念冼星海〈黄河大合唱〉创作80周年而作》，《湖北大学学报（哲学社会科学版）》2019年第3期。

② 习近平：《习近平在联合国教科文组织总部的演讲（全文）》，2014年3月28日，http://www.xinhuanet.com/politics/2014-03/28/c_119982831_2.htm。

的政治格局、经济格局和文化格局都产生了深刻而广泛的影响。我们注意到，在疫情这一悲剧性事件发生的同时，艺术创作无论在形式和内容上都激发出人们巨大的创造力。我们高兴地看到，2020 年 5 月 5 日，中国音乐家谭盾创作的《武汉十二锣》由美国、中国等十几个国家的上千名艺术家同时演奏，音乐所产生的强大情感力量成为鼓舞人民、团结人民战胜疫情和由此引发的各种次生危害的强大力量。另外一个值得注意的现象是，字节跳动旗下的"抖音"平台发布的"DOU 艺计划"，在疫情期间号召艺术家和艺术爱好者用短视频进行艺术创作、艺术记录和艺术传播，以释放正能量、抚慰大众情绪、振奋抗疫精神。与此同时，自 1 月 27 日起，上海、四川、河南、内蒙古、重庆、广东、安徽、湖南等地方文艺界联合抖音发起了"艺起战疫"系列话题，带动网友以短视频形式展示学习成果，截至 3 月 27 日该系列短视频累计播放量超 22 亿。此外，疫情发生以来，抖音艺术直播课堂已举办超 5000 场次，近 1000 位艺术家在抖音直播艺术教学，直播时长超过 6000 小时，直播观看达 2037.9 万人次[①]；并特别推出"方舱直播时间"，将艺术家们的抖音、头条直播课堂搬进湖北各方舱医院，在不影响医护工作的前提下，通过直播、短视频、图文展示等形式，用艺术帮助医护人员和患者保持乐观心态，提振与病魔作斗争的信心和勇气。在这里，审美活动、艺术创作和审美交流无疑已经成为"改变世界"的强大力量，这绝不是席勒的"审美教育"概念和"游戏冲动"概念所能够解释的。高尔基曾经说过，"美学是未来的伦理学"。在中国特色社会主义新时代，中华民族的伟大复兴已经成为人们情感结构中的强烈情

① 相关数据参见抖音 APP# 艺起战疫 # 等系列话题实时数据。

感驱动力，这是一种具有本土色彩和丰富内涵的理想冲动，我们相信，其中的强大情感力量会通过不同的形式转化成为改造世界的强大力量。

（原刊于《中国文艺评论》2020 年第 8 期）

第四部分　红色经典的审美教育功能

社会主义目标与百年红色经典的文化价值

王杰①

1848年2月，由马克思和恩格斯起草的《共产党宣言》在英国伦敦出版，标志着马克思主义的诞生。在《共产党宣言》中，社会主义的理想和目标第一次以简洁有力的方式作出了全面的表述：“代替那存在着阶级和阶级对立的资产阶级旧社会的，将是这样一个联合体，在那里，每个人的自由发展是一切人的自由发展的条件。”

1848年至1849年，法国、德国、奥地利等欧洲国家先后爆发资产阶级民族民主革命。虽然1848年欧洲革命以资产阶级为领导者，但工人阶级已作为一支独立的阶级力量登上政治舞台，不少共产主义者直接参与革命。马克思、恩格斯不仅亲身参加了德国的革命实践，还为德国无产阶级制定政治纲领，规定了德国无产阶级当

---

① 王杰，浙江大学传媒与国际文化学院“求是特聘教授”，教育部长江学者特聘教授，中国文艺评论（浙江大学）基地主任，浙江大学当代马克思主义美学研究中心主任，《马克思主义美学研究》集刊主编，主要研究方向为马克思主义美学、审美人类学、当代美学问题。

前的任务和从民主革命过渡到社会主义革命的措施。这一切标志着一种新的思想和社会力量正式出现在人类历史的漫漫进程中。

马克思和恩格斯指出，社会主义的真正理想是人的全面而自由的发展。在这种新的社会形态中，一切人的全面自由的发展是整个社会全面而自由发展的条件和前提。在马克思和恩格斯的理论视野中，一种全新的文学观念和美学观念跃出了历史的地平线，开始悄然地生长，而马克思主义美学观念的产生和发展是以工人阶级和被压迫阶级的成长和成熟为条件和基础的。

在美学和文学艺术的维度上，《共产党宣言》第一次从人类历史发展的大趋势的高度，从人类命运共同体建设和发展的角度，提出了“世界文学”和“世界美学”的理论观念。

一、中国的审美现代性问题

19 世纪末 20 世纪初，马克思主义思想开始在中国传播。1917 年，俄国十月革命爆发，正如毛泽东所说，“十月革命一声炮响，给我们送来了马克思列宁主义”。之后，以李大钊为代表的有识之士开始系统地传播马克思主义。1919 年，五四运动后，马克思主义在中国得到了广泛的传播。1920 年 4 月，浙江义乌籍的青年学人陈望道完成了《共产党宣言》的翻译，成为翻译《共产党宣言》中文版的第一人。1920 年 8 月，《共产党宣言》的首个中译本在上海出版。作为科学社会主义的第一部纲领性文件，《共产党宣言》深刻影响了中国历史的进程。

在马克思主义思想的积极影响之下，中国第一代共产党人开始了对社会主义的追求与探索，经过几代人的奋斗，把马克思主义基本原理与中国实际相结合，开辟出了一条有中国特色的社会主义道路，不断推进中国现代化发展进程。科学社会主义在古老的中国生机焕发，彰显了社会主义强劲的生命力。

孔子在《论语》中说："兴于诗，立于礼，成于乐。"唐代文学家韩愈提出"文以贯道"，宋代理学家周敦颐将之引申为"文以载道"。文学艺术以其文化价值与审美价值对社会发展做出了独特贡献，具有其他类型的意识形态不可替代的地位。在中国社会的现代化进程中，文学艺术不可或缺。在中国特色社会主义的新时代，文学艺术更应担当起文化使命，以更多的具有中国特色、中国风格、中国气派的作品铸造中华民族的"根"和"魂"。在中国共产党的领导下，文学艺术在中国现代化进程的价值与作用，是研究中国的审美现代性时特别需要重视的问题。在中国社会艰难而崇高的现代化进程中，文学艺术的作用时而被贬低，时而又被过分夸大，在某种程度上，这是与学术界对中国共产党对文艺工作的领导作用缺乏充分的认识相联系的。

《共产党宣言》中文版于1920年8月出版，中国共产党于1921年7月成立，由中国共产党领导的"左翼作家联盟"于1930年3月在上海创建。在20世纪二三十年代特殊的政治文化语境中，在中国共产党的持续推动下，一时间，受社会主义文学观念影响的中国左翼文学运动在中国古老大地上呈星星火燎原之势，革命文学成为文学主潮，一些没有参加左联的进步作家也在作品中流露出了强烈的左翼色彩。这时期涌现了一系列优秀文学作品，如茅盾的《子夜》和《林家铺子》、巴金的"激流三部曲"、郭沫若的"漂流三部曲"、老舍的《骆驼祥子》、曹禺的《雷雨》和《日出》等，激起了强烈的社会反响，对中国新文学发展产生了深远的影响。这时期，文艺与政治的关系影响和制约着文学的基本走向。

中国社会的现代化进程不是在人文主义对宗教权威的质疑和挑战中开启和发展的，中国现代化进程是在承受西方文明的强烈冲击并主动或被动应对的过程中开启和发展的，因此，从家国情怀中衍生的民族精神和在中国传统文化中积淀千年的“乡愁”观念，在中国社会的现代化进程中被重新阐释。1894 年，中日甲午战争爆发，成为中国现代化进程的转折点和社会思潮的分水岭，对中国文化诸多方面影响至深。李叔同创作的《送别》中“悲欢离合”的文化理念与中国古典美学意蕴的结合在某种程度上契合了当时的文化思潮。以乡土文学形式所表达的家国情怀的文化基因持续地影响着中国社会的现代化进程，与社会主义理想相结合之后，在中国现代化进程中回旋上升，最终成为中国社会现代化进程的理性目标。

关于中国审美现代性的这个维度，学术界有较为深入的讨论和普遍共识，相对而言，从美学和文学艺术的角度，针对社会主义理想和社会主义目标在中国社会现代化进程中的作用以及具体的美学机制的研究相对薄弱。其中的原因之一是这个问题在中国的学术语境中相对复杂。如果脱离具体语境，对中国特色的社会主义道路容易误判。对于社会主义目标的理解，对当代社会主义运动的形态和社会动力的理论分析，是 20 世纪中叶以来，马克思主义和社会主义运动面临的最重大挑战，也是对人类思想最严峻的考验，关键的理论是非问题不容回避。

在社会主义运动的形象化表达方面，自 20 世纪中叶以来，在欧洲出现了被称为“敌托邦”的现象。“敌托邦”关于人类的未来的想象一改启蒙主义以来的光明、自由和理想，而充斥着黑暗、奴役和彻底异化，这种新的文化动因不仅在文学艺术中得到不断的表征，对此进行的研究亦见诸人文学科领域的著述。从世界美学的角度看问题，或者说从全球现代化进程的角度讲，在中国的社会和文化发展中，关于未来的想象和文学表达是一种什么样的形态？因此，中国的社会主义运动以及社会主义目标在文学艺术形象中的表征就特别值得关注了。

自从马克思主义和社会主义的思想传入中国后，在全球性的“红色三十年代”里，中国的革命文学、左翼文学艺术都得到极大发展，成为中国现代文学发展中值得关注的现象。经过二十余年的探索和发展，中国的左翼文学和革命文学在20世纪30年代中期到40年代后期的延安时期，达到了文化和美学的高峰，形成我们今天所说的红色经典的美学规范。在世界美学史的意义上，我倾向于将延安时期开始出现的美学风格概括为“第四种形态的先锋派”。这是一种不同于在欧洲和美国具有重要影响的第一种形态和第二种形态的先锋派，也不同于在苏联和东欧转向市场经济时出现的第三种形态的先锋派，它也被称为审美的先锋派。第四种形态的先锋派以广大人民群众喜闻乐见的形式，用艺术的形式表达出特定时代人民大众的情感结构，以审美革命的形式影响和推动了中国社会的现代化进程，其文化基因的基本结构是家国情怀和社会主义理想所组成的理论结构，这是中国审美现代性的基本理论规定。

二、红色经典的美学意义

关于红色经典，目前学术界尚无统一的定义，关于红色经典的美学意义，无疑是重要的理论问题。从理论上说，红色经典是继古典文学艺术经典和中国现当代文学艺术经典之后，在中国社会的现代化进程中，与中国特色的社会主义事业有紧密联系的文学艺术经典作品。

时间性是构成“经典”的第一要素。被称为“经典”的作品通常经历了较长时间的历史积淀与检验。其次是典范性。在内容上，“经典”与时代精神相联系，探索具有普遍意义的社会问题，体现一定的社会发展趋势。马克思主张作品表达“最现代的思想”，认为古希腊文化的永恒魅力恰恰在于它的“现代性”，即它在现代社会生活中的意义。毛泽东认为文艺创作要实现“社会生活的转向”。在形式上，“经典”具有很高的艺术价值，达到了美学规范的水准。马克思认为文学创作要“莎士比亚化”，符合现实主义美学原则与创作规律。在《〈政治经济学批判〉导言》中，马克思提出：“……它们何以仍然能够给我们以艺术享受，而且就某方面说还是一种规范和高不可及的范本。”红色经典与“经典”有着一致的理论内核，同时还有实质性的理论规定：对社会主义目标的表征和表达。在这方面的缺失和模糊，无以构成真正意义上的红色经典。

中国的红色经典是从马克思主义传入中国之后开始形成和发展的，在五四运动期间和左联时期，受社会主义运动和马克思主义思想影响的文学艺术作品风行全国。但从美学角度讲，在中国现代化进程中，红色经典成为一种具有独特风格，被尊为“典范”的文学现象和美学现象，应该是在延安时期。

1935 年 10 月，毛泽东率领的中国工农红军陕甘支队抵达陕北吴起镇。1948 年 5 月，党中央机关从延安迁至河北平山县西柏坡。党中央在延安的 13 年，领导中国革命成功地实现了战略转移，以延安为落脚点和出发点，最终领导中国革命走向全面胜利。延安时期，中国共产党创办了一系列学校，包括各类大学，其中就有著名的鲁迅艺术文学院，开启了党领导文艺运动、在情感和意志层面不断推动中国社会的现代化进程。在文学艺术和审美活动的维度上，“延安 13 年”是文学艺术百花齐放的 13 年，是中国广大人民大众的现代化诉求在情感的维度上得到广泛而深刻表达的 13 年，是世界文学艺术潮流与中国民族民间传统文化多方面结合和融合的 13 年，是中国社会在最深刻的基础层面开始发生革命性变化的 13 年。在这 13 年里，以延安为中心的文艺运动在文学、美术、音乐、戏剧、舞蹈等众多领域成果颇丰，诸多堪称“经典”的作品成为马克思在谈到古希腊文学艺术时所说的具有“永恒魅力”的艺术典范，达到一种虽然“天真”却难以企及的美学高度。在毛泽东的《沁园春·雪》、光未然和冼星海的《黄河大合唱》、贺敬之和丁毅的《白毛女》、埃德加·斯诺的《西行漫记》等作品中，我们清晰地看到这种美学规范的存在及其对中国社会和文化发展变迁的深刻而长远的影响力。

延安时期，中国古典文化中的“颂”的诗歌传统以一种全新的形式重新出现。《东方红》《二月里来》《南泥湾》等歌曲的广泛流传，被冼星海命名为“诗表演”的《黄河大合唱》横空出世，都是这种现象的代表。通过诗歌这种把生命力强健的中华民族文化传统与社会主义目标结合起来的文学艺术形式，使得苦难深重的中国老百姓长期被压抑的情感得以表述，并被引领向探索社会主义目标。这类在中国现代化过程中发展和成长起来的具有强烈的“乡愁”色彩、民族特色浓郁、直接或间接指向社会主义目标的作品，符合中国审美现代性的理论规定，是具有中国风格的红色经典。

与歌曲中的红色经典类似，延安时期，以中国农民形象为主角的新文学形式和新文学传统也得以发展起来。

瓦尔特·本雅明认为，在神话时代的传统和仪式被破坏之后，文学用神话的美学机制顽强地表达出对人性的坚守和对强大异化机制的抗争，在现代小说中，神话成为一种寓言。列宁敏锐地观察到俄国的批判现实主义小说与即将到来的社会主义革命之间的内在联系。他指出列夫·托尔斯泰的作品是“俄国革命的一面镜子”。詹姆逊在研究了鲁迅等中国现代文学作家后指出，第三世界的文学艺术是他们与帝国主义压迫者进行斗争的“民族寓言”。

从延安时期开始，中国逐渐形成一种新的叙事文学，农民的形象成为文学叙述的主角。通过塑造农民在社会革命中的形象，艺术地再现了中国现代化进程的特殊性。从延安时期的赵树理取材于太行山农村的《小二黑结婚》、丁玲取材于华北农村的《太阳照在桑干河上》，到新中国成立后立足于陕北黄土高坡的柳青、陈忠实、路遥的文学创作，中国文学的现代传统得以延续，并成为具有世界美学意义的文学现象。

作家柳青是陕北黄土高原上农民的儿子，在陕甘宁边区走上革命文学道路。新中国成立后，柳青选择从北京回到黄土地，从事农村题材的文学创作。柳青立志像他尊为“人类的良心”——列夫·托尔斯泰那样深入生活、扎根人民，“生活在自己要表现的人物环境中”，创作出史诗般的批判现实主义作品，十分遗憾的是他的愿望没能完全实现，但他所开创的道路无疑深刻地影响了陈忠实、路遥等文学创作者。在世界美学和马克思主义美学层面上，柳青的文学道路都具有突出的启示意义。首先，在新中国成立后，柳青选择到农村去，到陕北去，到农业生产合作化的现实过程中去，努力用文学的方式表征和再现中国现代化过程的深刻的社会基础和文化肌理；其次，柳青通过他的《创业史》和其他文学作品，探索和表征了中国社会主义革命和“中国道路”的深层原因，在这里，文学再次走到了社会科学的前面；第三，柳青始终保持农民的生活方式，坚持扎根农村，他所开创的文学创作方式彻底改变了中国历史上文学家作为“精神贵族”的文化机制，改变了文学写作的意义，创造出了一种新的审美关系或者审美制度。在这种审美关系中，“农民”的形象在中国历史上第一次成为文学的主角，关于农民在现代化过程中的形象化表达则成为文学的新的经典。

从世界文学或者马克思主义美学的角度来看，对于柳青现象和中国现代化进程中的红色经典现象，我们应该深入研究并努力作出理论阐释。毛泽东《在延安文艺座谈会上的讲话》充分肯定了文学艺术在改造人和改造世界中的巨大作用，延安时期开创的文学新传统实践了毛泽东的理论设想。

三、红色经典的文化价值

在人类历史的神话时代，文学艺术的价值是一种综合性的价值。文学艺术审美价值的独立曾经是文学艺术发展过程中的重大进步。审美价值的独立使文学艺术超越了简单的社会功利和部分特权者的利益，成为人类共同的价值和情感愉悦的对象。工业化社会，劳动产品的价值包括价值、使用价值、交换价值。文学艺术作品作为文化产品，它的价值也是复杂而多面的，包括审美价值、政治价值和信仰价值。社会的现代化进程把审美价值独立化，这体现了历史的辩证过程。在漫长的岁月里，作为文化表征的文学艺术经历了浮沉起落的辩证发展过程。对于红色经典而言，信仰的价值和文学艺术与“未来”联系的能力至关重要。

在启蒙主义时代和康德的美学理论中，文学艺术作品之所以能成为“经典”，主要源于其审美价值。审美形式的纯粹性具有决定性的意义，规定了文学艺术作品是否能成为“经典”。

在20世纪30年代，西方马克思主义美学界开展了一场有关表现主义的论争，卢卡奇、齐格勒与布洛赫等人各执己见，这场论争逐渐上升为关于现代主义文学艺术的美学评价的论争。现代美学理论较为系统地论证了文学艺术的政治价值和在改造社会中的重要作用，现代主义的文学艺术作品逐渐成为文学艺术史和审美教育活动中的经典。文学艺术的审美价值和政治价值有着复杂的关系，而只有在具体的审美关系和审美语境中，文学艺术的价值才是具体的和有意义的。在20世纪美学的发展过程中，关于现代文学艺术的经典性的美学原则逐渐形成共识。辩证的、复杂的、与具体语境相联系的审美价值和政治价值成为说明现代主义文学艺术作品的理论原则。

从美学角度看，对红色经典的理论阐发，显然不能局限在康德美学或者各种后康德美学的理论框架中，如果考虑到中国现代化过程的复杂性和特殊性，简单的现代美学的理论原则也是不充分和不全面的。

考虑到中国特色社会主义文艺实践的特殊性，以及从延安时期开启的新的文学艺术传统的巨大影响力，我们应该深入而全面地研究百年红色经典在中国现代化过程中所发挥的作用，研究红色经典的美学依据及其在现代化过程中的重要作用。

从马克思主义美学或者说从世界美学的角度看，红色经典是一个美学的类型和审美对象。从理论上看，文学艺术领域的红色经典最重要的美学规定是对社会主义目标的表征，这是红色经典与其他类型的现代派和当代文学艺术相区别的关键。

文学艺术领域的红色经典以其艺术性和情感影响力达到了堪称典范的水平。从美学角度讲，用感性形象的文学艺术表征出具有很高的精神性和理想性的信仰和信念的确是件困难的工作。红色经典质的规定性之一是用现实的人物形象和平凡的生活材料表征出崇高的精神和不平凡的世界，这意味着对作家和艺术家的情感世界和精神世界的深度、广度和崇高的程度都有较高要求。鲁迅先生说："从血管里出来的都是血。"只有作家本身的精神灌注了"人的本质力量"，那种闪耀着人性光辉、具有神圣性的情感才会在其作品中再现，从而塑造出具有强大精神力量与深远影响的文学艺术形象。

延安时期是中国历史的特殊时期，它于中国革命事业的意义，仿若古希腊对于欧洲文艺复兴和启蒙主义的意义。延安时期仅有短短 13 年的时长，这一时期，物质环境艰苦，政治环境相当复杂，但是，文学艺术家们在强烈的情感和精神力量的推动下，用质朴的艺术材料和艺术手段在文艺创作中笃定前行。正如军事方面，八路军用小米加步枪创造了诸多军事奇迹一样，在延安时期那个特殊的条件下和氛围中，文学艺术创作却如火山喷发。延安时期的文学艺术家们创造了诸多红色经典，并规范了红色经典这一新的美学类型的精神指向和美学方位。在喜迎中国共产党百年华诞的历史时刻，从世界美学的高度和美学规范的角度思考和阐释蕴含在红色经典中的文化意义和审美意义，无疑是马克思主义美学的一项重要的理论工作。

党的十八大以来，以习近平同志为核心的党中央高度重视文学艺术创作和意识形态领域的工作。我们应该高度重视红色经典为实现中华民族伟大复兴的中国梦提供的价值引领和情感依托。在中国特色的社会主义新时代，创作审美价值和信仰价值高度统一的文艺作品，是时代的呼唤，也是现实和社会发展的历史要求。站在“两个一百年”的历史交汇点上，我们能感受到“历史的风”的强劲，也感受到在构建人类命运共同体的诉求与谋求个体利益及局部利益之间仍然存在着巨大的断层落差。马克思所期待的“人也按照美的规律来构造”的美好愿望，仍然只能是部分实现。“路漫漫其修远兮，吾将上下而求索”，红色经典所承载的理想具有一份沉甸甸的力量。

风云变幻，时势更迭，有信念和信仰的文学艺术作品才是我们给予这个时代、给予广大人民群众精神鼓舞和情感支撑的精神食粮。中国的现代化过程和世界马克思主义美学理论的研究表明，坚定不移地坚持党对文艺工作的领导，引导广大文学艺术工作者在文学艺术作品中，用艺术的形象和艺术的语言表征出社会主义的理想和信念，这是红色经典成其为“经典”，并在改造世界的过程中发挥重要作用的根本理论规定。

（原刊于《中国艺术报》2021 年 7 月 1 日
“庆祝中国共产党成立 100 周年特刊”）

红色经典的审美教育功能及机制

周锋　丁功谊[①]

长期以来，学界对红色经典的研究在重要观点、观念和概念等方面存在审美认知的偏差，部分学者简单地将其看作无产阶级意识形态的体现。但是,《黄河大合唱》《白毛女》《红灯记》等产生于中国现代化过程特殊历史时期的红色经典作品，传遍大江南北，可谓家喻户晓，其根本正在于作品独特的审美和艺术魅力。同时，通过影视剧的改编和新技术媒介的传播，红色经典已经成为当下人民日常生活中不可或缺的审美需求，并以其独特的艺术魅力发挥着不可替代的审美教育功能。

一、审美形式与意识形态：美育的性质与功能

美育的功能是与美育的性质联系在一起的。古希腊的毕达哥拉

① 周锋，浙江树人学院人文与外国语学院教授，文学博士，《马克思主义美学研究》集刊编辑部主任，主要研究方向为马克思主义美学、审美人类学、现代诗歌。丁功谊，井冈山大学庐陵文化研究中心研究员，人文学院教授，文学博士，主要从事中国文学思想史研究。

斯学派、柏拉图、亚里士多德，中国的孔子都十分重视美育。到了18世纪末，席勒《审美教育书简》第一次明确提出美育的概念。在他看来，美育的目标和功能是发展完满的人性。他认为，在每个人身上都有两种自然的要求，或者是冲动，一种是感性冲动，一种叫形式冲动。形式冲动又叫理性冲动，感性冲动要求使理性的形式获得感性的内容，使人成为一个物质的存在。理性冲动要求使感性的内容获得理性的形式，要求千变万化的现象，建立规律和法则。

人身上这两种冲动，在实际生活中，常常是对立的。席勒认为，在古希腊，人的这两个方面是统一的，他们青春的想象和理性的成年性结合在一个完美的人性里。[①] 到了近代社会，严密的分工制和等级的差别，使人身上这两个方面分裂开来，人性的内在的联系被隔离开来了，形成一种冲突。人身上的和谐被破坏了，整个社会的和谐也就被破坏了。席勒提出第三种冲动就是游戏冲动。按照他的界定，游戏冲动就是审美冲动，即审美的创造形象的冲动，从而建立起一个欢乐的游戏的形象显现的王国。在这个王国里，人可以摆脱各种关系网的束缚，把自己从一些物质的和精神的强迫中解放出来，对纯粹的形象显现进行自由的欣赏，这时人可以得到一种自由，实现人格的完整、人性的完美。席勒说，只有当人充分是人的时候，他才游戏；只有当人游戏的时候，他才完全是人。可以说，没有审美活动，人就不能实现精神的自由和人性的完美，人就不是真正意义上的人。审美教育就是引导人们去追求人性的完满，这个是美育的最根本的性质。

游戏冲动是感性冲动与形式冲动的集合体，是实在与形式、偶

---

① 五四时期，周作人的“人的文学”中完全的“人”的理想——从动物进化来的人和从动物进化来的人——亦是以古希腊为范本的。

然与必然、受动与自由的统一，这样的统一使人性得以圆满完成，使人的感性与理性的双重天性得到同时发挥，而人性的圆满就是美。席勒美育思想的源头来自康德的“审美中介论”。他们都试图通过审美的想象，即通过“想象力在它的追求自由的形式的尝试中”，进入一种主客不分、感性与理性交融的审美极境，从而恢复被现代生活所割裂的人的整体性存在。审美形式的纯粹性具有决定性的意义，即纯形式具有弥合人的碎片化存在的重要功能，同时具有促进人与人、人与社会和谐的意识形态功能。

红色经典所讲述的中国故事无疑是悲剧性的，但同时充满了悲欣交集的情感和视死如归的人性圆满。无论是《红岩》中面对敌人的屠刀大无畏的江姐，还是《红灯记》中辞别母亲决意赴死的李玉和都是这样。中国英雄们不是如西方俄狄浦斯悲剧那样，出于无法与命运抗争的被迫接受，而是出自自己主动的选择。他们之所以能作出这种选择，本身就是因为他们是作为完整意义上的“人性圆满”而存在，这就是中国人常说的“视死如归”。人们在欣赏红色经典所表征的“人性的圆满”和“美”的时候，也在感受着它传承的红色基因的正能量及相应的意识形态功能。在红色经典作品中，这种大团圆模式是与中国人最重要的仪式感结合在一起的。歌剧《白毛女》中“扎头绳”“包饺子”都体现出浓浓的仪式感。结尾中，喜儿更是在热血沸腾的欢腾、欢欣和欢呼声中，完成了新生的仪式，而观者也可以切实地感觉到革命的力量以及革命中的愉悦和快乐，从而实现对于革命、民族和国家的认同。同时，这种大团圆的仪式感的表达是与民族化、大众化的形式创新密切结合在一起的。

关于审美形式的意识形态功能，我们可以结合西方现代主义经典作某种历史的回顾。波德莱尔的十四行诗《契合》（*Correspondances*），作为象征派的宪章于1920年代译介入中国。波德莱尔认为一切形式、运动、色彩，芳香等在精神上如同在自然上都是有意味的，相互契合的，其内在机制是“想象力”，即一种“不用思辨的方法”而觉察出事物之间内在隐秘的契合关系的“一种近乎神的能力”。在20世纪现代主义诗人艺术家那里，纯粹的形式不仅仅是一种追求人性完满的“游戏”，在审美和艺术中，“纯诗”、纯形式承担起重建新的社会秩序和政治秩序的功能，审美形式的政治价值和社会价值被重新强调。马拉美的《牧神的午后》(1876)，瓦雷里的《年轻的命运女神》(1917)，里尔克的《杜伊诺哀歌》(1923)、《致奥尔弗斯的十四行诗》(1923)等是其中的经典。透过诗的纯美，我们可以想见诗人追求艺术和理想的热烈。以法国诗人保罗·瓦雷里为例。瓦雷里继承了马拉美的纯诗传统，1917年，也就是一战结束前一年，他创作了五百余行的长诗《年轻的命运女神》，有评论家称此诗的诞生是“一桩比欧战更重要的事”，这首诗重内心的真实，追求形式的完美，描写不同意识之间的矛盾冲突，诗人自称它是“一种意志的体现”。[①] 这里所说的“意志”是一种宇宙意

---

① 在西方现代主义诗学建构中，对中国产生重要影响的代表人物有：波德莱尔、马拉美、魏尔伦、兰波、瓦雷里、里尔克、艾略特、奥登、瑞恰慈等，基于他们共同的西方文化的背景，这些诗人、诗论家的诗作和诗论都不免带上了意志化色彩。我们从中仍可以发现一条潜隐的线索：波德莱尔的“契合”诗论有着明显的东方感悟式的天人合一的色彩，魏尔伦和兰波在富于感受性上继承波德莱尔，马拉美则在诗的完美即纯正性方面发扬波德莱尔，瓦雷里的纯诗理论则进一步淘洗尽这种自波德莱尔以来的富于现实生命体验的感觉性和感受性，认为“在诗歌中，有些问题，是与被传统用个人经验及隐秘含义的瞬间感知所固定、所确立的原则相对立的”，瓦雷里更强调用一种非个人化的、更为客观的“独立的诗情”，为此他甚至否认诗人的直觉和灵感，而以形式和逻辑加以取代，柏格森的“瞬间感知”亦被瓦雷里看作是“与诗歌的本质相对立的”，可以说，对柏格森直觉哲学的不同理解和把握成为马拉美和瓦雷里纯诗理论的分野。

识[①]，一种“纯粹和无私的知识”[②]。在瓦雷里看来，诗歌首先是一种形式——“幻化了的形式”，它可以使精神化为优美线条，作为似有还无的梦境，在与精神相接的瞬间，形成其完美的存在，并完成与这存在相对应的形式，从而使生命臻于完整——一种绝对的客观性。

艾略特在《诗的社会功能》一文中提出，尽管“诗总能传达出某种新的经验或某种对熟识的事物的新颖的理解，或者表达某种我们经历过但无法言传的东西，它们可以开拓我们的意识面，改善我们的感受性”，但他所关心的并不是“个别快感的质量”，而是“诗事实上能对整个社会发生作用；也就是说，能对不喜欢诗的人发生作用”[③]。艾略特强调“古今错综”“感受力的统一”，提出要“有一种对思想直接的质感体悟，或是一种将思想变为情感的再创造”，“像闻到玫瑰花香一样感受思想”[④]，即要把思想重新创造为情感，目的是为了通过艺术涵盖一切、统摄一切的整体性的艺术秩序——如意象叠加、时空交错的现代主义长诗《荒原》(1922)——来达到一个最高存在，从而实现现代人精神的救赎。这一思想在今天看来仍具有重要意义。

伟大的现象学家胡塞尔经历过第一次世界大战和丧子之痛，看到了现实世界的深重苦难，在这个被物质化、工业化了的世界，精神的价值何在。胡塞尔、海德格尔、里尔克、瓦雷里、艾略特等都

① 如瓦雷里的名句：“全宇宙在我的枝头，颤动，飘摇！”(梁宗岱译文)

② 1892年9月，21岁的瓦雷里同家人前往热那亚度假，在一个暴风雨交加夜晚，瓦雷里决定放弃诗歌和爱情，献身于“纯粹的和无私的知识”。

③ 艾略特：《艾略特诗学文集》，北京：国际文化出版公司，1989年，第241页。

④ 同上书，第30—31页。

在寻找某种纯粹的、确定性终极价值。一个大诗人、大艺术家，代表着人类的一种精神现象。比如艾略特，作为重要的现代主义诗人，试图通过“非个人化”的心灵的“化合”作用，通过一种超感性的神话学在艺术中实现传统与未来的精神联结。尽管他们一再强调艺术 / 现实二元“非个人化”倾向，他们经由纯粹形式而来的精神追寻，事实上与其现实感受性之间存在着隐秘的、难以言明的关系。

应该说，经过浪漫主义文学运动和现代主义文学阶段，文学形象（审美形式）与现实生活体验之间的联系断裂了。如果说伽达默尔、列维－斯特劳斯、海德格尔等美学家已经明确意识到了艺术形象与现实生活体验建立起联系的重要性和必要性。那么，以红色经典为代表的社会主义文艺生产方式不仅提出了这种要求，而且实践了这个要求。自席勒和康德以来的审美理想是以审美与现实之间的断裂为前提的。然而，在中国的红色经典作品中，这种审美极境往往体现为人对现实的反抗和搏斗，以及在这种不屈的斗争和自我牺牲中获得人的完整性存在。“红色”这个词包含着苦难、爱与温暖，也包含着反抗、决绝与死亡，它的内部交织着乡愁和革命两股力量。这两股力量旋转升腾，交互转化，交替上升，一直抵达生命体验的最高峰。在冼星海 1939 年创作的《黄河大合唱》中，这种情感以音乐的形式得到呈现，冲突和反抗在瞬间产生，仿佛呼啸奔腾的黄河浪涛，随着音乐旋律的不断回旋而展开，并逐渐增强，最后达到一个趋向无限崇高的悲壮境界。从黄土高原到黄海之滨，从陕甘宁到云贵川，抗日勇士们唱着它奔赴前线，驰骋沙场，歌声如星火燎原，就像黄河挽起无数溪流和山川，百转千回，横贯西东。一曲《黄河大合唱》，深深地扎根在一代又一代中华儿女的血脉中。除了

《黄河大合唱》，安娥作词、任光谱曲的《渔光曲》（1934）、《打回老家去》（1936），张寒晖填词、谱曲的《松花江上》（1935）等作品都在全民抗战的艰苦岁月中发挥着巨大的作用。

这在康德的哲学人类学和先验哲学看起来是不可能的，因为，为了强调审美活动的哲学人类学的神圣性，那种与信仰相结合的先天的东西就要淘洗尽时间和现实经验。把研究人的本质的哲学人类学和研究现实审美经验的文化人类学结合起来的这样一种审美人类学在今天具有重要的意义。列维－斯特劳斯、马克思、本雅明都提出一个很重要的问题：现代人能不能走向未来的关键在于如何重新让人的审美经验获得统一性，让它联结起来，不再是碎片。当下，“形式意识形态”研究是西方马克思主义美学理论中的重要内容：詹姆逊的“辩证批评”路径、马尔库塞的“否定性美学”路径和阿尔都塞的“审美意识形态”路径，代表了当代西方马克思主义文化批判理论面对现实文化经验的理论沉思和价值转换。[①]

从审美的内在机制上说，与西方的“纯诗”和“气氛”相对应，中国传统美学中“气”“气韵”“意境”“感兴”在最深的意义上是与之相通的。感兴不是单一的情感的发动，孔子所说的“诗可以兴”这一功能，实际指的人的精神在整体上的感化，“诗可以兴”就是文学艺术所具有的滋养人的精神的审美教育功能。出于中西方不同的文化传统，中国人民喜爱现实世界，并“本能地找到事物旋律的秘密”，区别于西方的“象征”“兴”这种功能的发生不是以“逃避情感”的方式发生，而是就在具体的现实生活情境中。毛

① 段吉方：《当代西方“形式意识形态”美学研究的阐释路径与价值》，《文学评论》2022年第1期。

泽东的《在延安文艺座谈会上的讲话》提出了“艺人改造”这个十分重要的问题，这种“变化”（“感情上起了变化”）的发生机制，事实上与“感兴”有关。毛泽东强调，有出息的文学艺术家只有长期无条件地到工农兵群众中去，“到唯一最广大最丰富的源泉中去，观察、体验、研究、分析一切人，一切阶级，一切群众，一切生动的生活形式和斗争形式，一切文学的原始材料，然后才有可能进入创作过程”[①]，在他看来，只有回到客观社会现实本身，体验人民群众的情感和思想，才能在“感情上起了变化”[②]，才能从内心深处把握“历史的必然要求”，从而建立一种科学的思想，引导艺术家把文学艺术刻写在真实社会实践的复杂而确定的系统之中，并在此基础之上把握真正科学的社会主义文学艺术的理论规定。康德的形式自律无法解决主观自由意识的客观必然性问题。马克思则在世界历史进程中发现了“美的规律”即人的自由意识的发展是“历史的必然要求”，因此可以说，马克思的“美的规律”有巨大的历史感做基础。

具体来说，感兴的、“互渗”的思维方式，鲜活的经验时间是可以突破这种形式化和逻辑化的审美经验的潜在图型，由此，古典的“韵”可以在这种融合中上升为一种气韵生动的更具当代性的“余韵”。瓦雷里一生追求纯诗，晚年对此才有所醒悟。他的巅峰之作《海滨墓园》中的诗句：“放眼眺望这神圣的宁静，该是对你沉思后多美的报偿”，其所谓“报偿”就是美育的实质与价值功能之所在，它已经同瓦雷里之前的作品，如《棕榈树》中所说的、经过“忍耐”和“苦功”，即经由艺术的纯粹的经营而达到的精神的“报

① 毛泽东：《毛泽东选集》第三卷，北京：人民出版社，1991 年，第 861 页。
② 同上书，第 851 页。

偿”意义并不一样，它不是来自一个高于现实生活的超验世界，而就在现实生活中，如瓦雷里自己所说的“而是相反，要穷尽你从现实里所能完成的一切”。葛雷和梁栋称之为：“行万里路，全在这一瞬间的彻悟——这就是最高的报偿！”对此，他们这样分析：“报偿本身首先是他自身的一种感受和感受中的一种享受，是一种真正的精神和思想的丰盈。……而这个精神境界恰恰是他多年来进行追求、进行苦斗而没有得到，却在一种蓦然的远眺与反思中顿悟了，顿悟了不朽、永恒、生生死死、爱爱恨恨以及精神与物质、灵魂与肉体、长天与大地、万物与自我、外部世界与内心世界如何得到一种前如其分的联系和平衡的道理。”①

瓦雷里的《海滨墓园》让我们看到西方的纯诗与中国的感兴之间的融合对话的可能。芭蕾舞剧《红色娘子军》《白毛女》，舞剧《永不消逝的电波》的现代改编获得成功，也证明了这一点。中国的民族化形式（内容）蕴含着最现代的思想因子，往往能通过与西方现代艺术中最先锋形式结合，产生一种新的形态的先锋艺术作品。芭蕾舞剧《红色娘子军》这样一部采用了西方芭蕾艺术且融合了多种民间舞形式以及部队军训操练动作（《练兵舞》）等演绎红色经典的戏，如此深入人心，正在于通过新形式的审美变革而带来的强烈的仪式感，即通过感性的内容与先锋的形式之间完美的融合，呈现给我们一个完整意义上的革命“新”人，从而产生出全新的激荡人心的艺术魅力，并由此实现“仪式”所特有的主体“询唤”功能。

我们不需要把西方的纯形式与具体的语境及现实体验对立起

① 葛雷、梁栋：《现代法国诗歌美学描述》，北京：北京大学出版社，1997年，第181页。

来，恰恰是在具体的感兴语境中，完成了某种统一。彭锋认为西方的气氛（纯诗）与中国的气韵、中国的意象和西方的图像（如里尔克的“图像诗”“物诗”）之间，可以形成广泛而深入的对话，这有助于解决艺术作品本体论的问题。[①]里尔克“诗是经验”的主张在中国被广泛接受[②]，也说明了融合的可能性和必然性。

二、红色经典：人与自然和谐的当代表征

在中国，孔子是最早提倡美育的思想家。“人生境界”也是他最早提出来讨论的。孔子认为，人生境界之中最高的一个境界，是审美的境界。《论语·先进》篇记录了孔子和子路、曾皙、冉有、公西华这四个弟子“言志”的一段话，再现了孔子和学生一起畅谈理想的情形。其中，曾点的回答让老师最为感叹：“莫春者，春服既成，冠者五六人，童子六七人，浴乎沂，风乎舞雩，咏而归。”孔子十分赞同曾点的志向，这是一种人和人、人和自然和谐的境界，是一种审美的境界。孔子把审美境界作为一种最高的人生境界，把人和人的和谐、人和自然的和谐作为一个最高的追求，尽管这是两千多年前孔子的思想，但今天看来，仍然很有现代的意味。

在红色经典作品中，人与自然的关系有极丰富的表征。在《上

① 参见《气氛美学引领美学研究新风尚》，《中国社会科学报》2022 年 9 月 23 日。

② 奥地利诗人里尔克（1875—1926）在小说《马尔特·劳利得·布里格随笔》（1904—1910）中提出“诗不是情感，而是经验”这一对中国和世界产生重大影响的诗学主张，梁宗岱、冯至、唐湜、吴兴华、徐迟、郑敏、穆旦、陈敬容、般乃、柳木下等先后接触里尔克的作品，他们通过评论、翻译、编辑、创作等途径促成了里尔克在中国的经典化。诗人冯至的二十七首《十四行集》（1942）受到了里尔克的《致奥尔甫斯的十四行诗》（1923）的影响。

甘岭》及其主题曲《我的祖国》中，人与人、人与自然的关系得到了一种优美化的表达："一条大河波浪宽，风吹稻花香两岸，我家就在岸上住，听惯了艄公的号子，看惯了船上的白帆……"影片中，当战士们齐声合唱："这是英雄的祖国，是我生长的地方，在这片古老的土地上，到处都有青春的力量……"这是危难时刻整个民族的共同的情感表达，令人动容。用黑格尔的话来说，这是一个民族的实体性力量的再度青春化。

在电影《长津湖水门桥之战》中，有这样一个片段：战争结束，部队即将开拔回国。长津湖静卧于朝阳之中，军长宋时轮登上高处，面朝亘古冰雪的湖面，深深地鞠躬，将军此时已泪流满面！无可否认，这里有一种更为深刻复杂的人与人、人与自然的和谐，因为，按照马克思的说法：自然界（长津湖）是在人的身上达到了它的自我意识，而人（志愿军战士）则通过自然界获得了自身自由意志的"必然性"确证，这是"历史之谜的解答"。马克思试图构建一个以历史唯物主义为立足点的，把自然界、人类社会、逻辑、认识论和世界观全部统一为一个整体的哲学体系，而这个思想体系，从其思想来源上来说，最多得益于黑格尔。在我们看来，红色经典不限于描写中国共产党领导的文学，我们是从马克思和恩格斯所说的"历史的要求和这个要求实际上不可能实现的悲剧性冲突"的角度来谈这个问题的。在中国现代诗史上，穆旦的《森林之魅——祭胡康河上的白骨》[①]可以

---

① 1942年2月，24岁的穆旦应征到远征军中做杜聿明司令部随军翻译，前往缅甸。远征军出师不利，后取道缅北密支那野人山突围。根据战后公布的资料，中国远征军入缅参战兵力为10万人，伤亡6万多人，其中有5万人死在野人山。穆旦到达印度后又辗转回到昆明，直到三年后抗战胜利，才有了写下这段经历的勇气。

视为自《楚辞·国殇》以降，中国战争题材中最重要的代表作。我们认为这是一首以极现代面目呈现的红色经典作品，是中华民族共同的情感表达。现代的表达和平静的叙述中，含着戏剧性“突变”，“森林”与“人”的对话以戏剧形态呈现：“没有人知道我，我站在世界的一方……”（森林），“离开文明，是离开了众多的敌人，在青苔藤蔓间，在百年的枯叶上，死去了世间的声音……”（人），“欢迎你来，把血肉脱尽”（森林），诗的最后四句：

静静的，在那被遗忘的山坡上，
还下着密雨，还吹着细风，
没有人知道历史曾在此走过，
留下英灵化入树干而滋生。

尽管“白热的纷争还没有停止”，“遗忘”已经开始，但中国士兵的生命融入了亘古自然而获得了历史必然性的确证。可以说，这首诗赋予西方象征派宪章波德莱尔的《契合》诗论新的内涵。

人和自然如何能够达到和谐统一，这并不简单。在马克思看来，人和自然要在一个世界历史的过程中才能走向统一。人与自然的关系，一开始是统一的，在原始社会是统一的，但是进入到有文字记载的历史就分裂了，一切有文字记载的历史都是阶级斗争的历史。孔子生活的时代，这种和谐已经被破坏了，由此，他才会在听到曾点的志向后喟然叹息！所谓阶级斗争，就是人和自然相分离的一种表现形式。私有财产把人和自然分离开来，简言之：自然界你不能碰，这是别人的财产（地主家的田地）！

马克思认为，只有当社会的生产结构方式发生根本变化时，人与人、人与自然的关系才会发生根本变化。我们才能理解，为什么千千万万的普通的人，比如经历了社会变革的千千万万的中国农民——喜儿、大春、李宝堂……他们没有读过黑格尔，也没有读过马克思，他们是怎样在短时间内在党的教育和文艺的情感力量的感召下，在精神上和情感上转变为社会主义新人，比如李宝堂，他是丁玲的小说《太阳照在桑干河上》中的人物，书中这样写他：

> 在园子里看着别人下果子，替别人下果子已经二十年了，他总是不爱说话，沉默的，像无动于衷似的不断工作。不知道果子是又香又甜似的，拿着的是土块，是砖石，那么一点也没有喜悦的感觉。可是今天呢，他的嗅觉像和大地一同苏醒了过来，像第一次才发现这葱郁的，茂盛的，富厚的环境，如同一个乞丐忽然发现许多金元一样，果子都发亮了，都在对他眨着眼呢。[①]

丁玲的《太阳照在桑干河上》是作家响应《讲话》号召，深入农村斗争生活后写出的反映土改运动的长篇小说，写的是 1946 年中共中央关于土地改革的《五四》指示发布后，到 1947 年制定的《中国土地法大纲》这一历史时期，华北解放区农村的土地改革斗争。小说通过近四十个具体的人物形象的塑造，再现了错综复杂的阶级关系以及由此而产生的土改斗争复杂性，波澜壮阔的历史行程最为广泛地囊括着并生存于人的意志活动。小说告诉人们：土地改革这场伟大的群众运动，不但以极大的威力改变着中国农村社会几千年的旧秩序，也改变着各阶层人们的思想、性格、伦理观念和精

① 丁玲：《太阳照在桑干河上》，北京：北京新华书店，1949 年，第 267 页。

神面貌。其中，“果树园里闹腾起来了”一节，普遍受读者喜爱：

> 当大地刚从薄明的晨曦中苏醒过来的时候，在肃穆的，清凉的果树园子里，便飘起了清朗的笑声。这些人们的欢乐压过了鸟雀的喧噪。一些爱在晨风中飞来飞去的有甲的小虫，不安的四方乱闯。浓密的树叶在伸展开去的枝条上微微的摆动，怎么也藏不住那一累累的沉重的果子。在那树丛里还留得有偶尔闪光的露珠，就像在雾夜中耀眼的星星一样。那些红色果皮上有一层茸毛，或者是一层薄霜，显得柔软而润湿。云霞升起来了，从那密密的绿叶的缝里透过点点的金色的彩霞，林子中反映出一缕一缕的透明的淡紫色的，浅黄色的薄光。梯子架在树旁了。人们爬上了梯子，果子落在粗大的手中，落在篾篮子里，一种新鲜的香味，便在那些透明的光中流荡。[①]

如何解读这段文字？在社会主义条件下，艺术与意识形态的关系，艺术与审美辩证关系发生了改变。作家在不断深入现实的过程中，获得了对农民和农村新的认知，其原有的感知方式也和农民一样发生了变化：审美式的风景变为村庄上的人所感知的农村日常风物。随着土地改革引发的生产方式结构的变动，重新获得土地的人们对自然和土地的感觉结构也发生了变化，当艺术家的艺术力和现实的审美关系建立起内在联系的时候，我们就能在艺术作品中把握到一种社会主义文学艺术独有的未来性。

这里有一种马克思所说的意识形态的“颠倒”或者说“复

---

① 丁玲：《太阳照在桑干河上》，第 267 页。

归”——“人向自身向社会合乎人性的复归”①，也就是毛泽东所说的矛盾的“转化”，在一种强大的外力的冲击下，主体的情感结构发生了一种“既与的”的转化，主体结构内部深层或断裂或潜隐且有着强大的连续性的东西——精神传统，发生了某种现代转化，正是在这个“断裂－接续”点上，审美形式与现实生活建立起真正的联系，一种新的属于未来的东西向我们显现出来。

在红色经典作品中，关于人与人、人与自然的和谐关系有非常丰富且多样化的表达。辛劳的《土地》表达了诗人对家乡和土地的深挚情感：

这块土地是谁的？——/ 黑的土上长着绿的庄稼；/ 地头通到天涯！/ 老榆树高耸，/ 枝柯托着云彩，/ 星和阳光落在叶上，/ 问问土粒，它们都会回答！// 这块土地，谁使它青翠？/ 芟除的荆棘；/ 成熟得像一匹母马？/ 是谁？教会了这处女，/ 怀孕，吐芽，放叶，开花，/ 结果子，让收获者欢喜地载运回家？/……// 这块土地是谁的？/ 成熟在谁的手里？/ 历史都记载着杀戮，/ 没有写下农夫的艰辛；……// 但是，这块土地现在是谁的？/ 在这时候，没有人播种，/ 也没有人犁田？……// 那通到天涯的大路，/ 冷静，没有人走；/ 多久没有听过，载粮或载旅客的车声；/ 和那马儿项下，羊儿颈边，/ 叮叮当当的铜铃！……// 那些 / 扛起枪来的，和那些 / 跟着扛起枪来的，/（像老的母亲刚下了葬，/ 年轻的女儿又做了母亲！）/ 为了土地含着泪 / 去复仇的人们，/ 有一天还会枪尖挑着胜利 / 微笑地回

① 马克思：《1844年经济学哲学手稿》，北京：人民出版社，2000年，第81页。

来；/ 当新的锹被握在 / 放下枪杆的手里的时候，/ 那时候，土地呵！/ 因为敌人血的补偿，/ 麦子都要结成双穗！①

从辛劳的这首诗我们可以看到：在中国社会的历史发展中，农民与土地之间存在着怎样深厚情感。“因为敌人血的补偿，/ 麦子都要结成双穗！”这可以说是马克思的思想的一种文学化表达：真正的自然界（土地）是发展出了人的自由意识的自然界，而人的自由意识也从自然界的发展中得到一种必然性确证：麦子都要结成双穗！马克思认为，只有取消私有制才可能达到人与自然的和谐。黑格尔在他的《历史哲学导论》中提出：“世界历史无非是自由意识的进展，这一种进展是我们在它的必然性中加以认识的。”② 我们是在世界历史中认识到人类自由的必然进展。马克思所说的“历史的必然要求”与黑格尔的“必然性”一脉相承。黑格尔所说的世界历史是包括自然史和人类历史在内的宏阔的宇宙观，他认为历史发展中包括一种必然性的目的，而暗中推动这一目的实现的力量是人的自由意识，衡量一个社会发展水平的是人的自由意识的发展水平，真正的自然界就是发展出了人的自由意识的自然界。马克思说自然界在人身上达到了它的自我意识；同时，人的自由意识也从自然界发展中得到一种必然性确证（“麦子都要结成双穗”），这就是我们从世界历史意义上探索中国红色经典中人与自然的关系及其审美价

---

① 辛劳：《捧血者——诗人辛劳》，道尔吉、张志坚编，呼伦贝尔：内蒙古文化出版社，第 141—145 页。原载 1941 年 1 月 15 日上海出版的《奔流文艺丛刊》第一辑《决》。

② 黑格尔：《历史哲学》，王造时译，上海：上海书店出版社，1999 年，第 19 页。

值功能和伦理意义的基础。由此，我们可以更好地理解《英雄赞歌》中所唱："为什么战旗美如画，/英雄的鲜血染红了它/为什么大地春常在，/英雄的生命开鲜花……"

"英雄猛跳出战壕，一道电光裂长空……"无论此刻瞬间发生的事件，多么迅疾，但整个世界历史的发展或许就是为了这一刻的到来，看似偶然，只要它发生了，就有必然性。而只要有历史的必然性，它就必定会实现出来，并获得自己的形式。事件发生之后，世界从此不同。

三、感兴与典型化：红色经典的美学机制及功能

《共产党宣言》第一次提到"世界文学"和"世界美学"的理论观念，而一种新的美学原则，自然会形成一种新的关于经典的理论，这也就促成了有关红色经典的理论的诞生。王杰认为，红色经典在理论上的规定性就是马克思在1859年致拉萨尔的信中提出的问题：社会主义目标及其在文学上的表征。马克思从"美的规律"发现了人的真正的生产即人的自由意识的充分实现，主张用朴素的形式表达最现代的思想。马克思提出这个问题的时代，由于相关条件还不具备，没有成功的作品支撑。但是在世界文学史上，中国的红色经典提供了重要的佐证。马克思的文学理想无论是在真实发生过的历史中，还是在经典的文学艺术作品中，都得到了传达和确证，问题的关键在于如何对之进行有效的阐释。[①]

---

① 参见王杰在2021年11月在北京师范大学珠海校区的讲座《电影〈长津湖〉与红色经典的理论问题》。

现代化的过程也是价值分裂的过程。红色经典是世界历史发展到一个特定的阶段才产生的文艺现象。之前，我们分析了康德、席勒以来，审美形式的意识形态价值和功能，同时看到，现代主义文学艺术 / 现实的二元格局决定了其审美价值独立化机制的自我强化特质。在《批评的功能》一文中，艾略特再次重申其在《传统与个人才能》中提出的观点，在他看来，“这是一个不仅是历史的批评原则，也是美学的批评原则”：

> 现存的艺术经典本身就构成一个理想的秩序，这个秩序由于新的（真正新的）作品被介绍进来而发生变化。这个已成的秩序在新作品出现以前本是完整的，加入新花样以后要继续保持完整，整个秩序就必须改变一下，即使改变得很小；因此每件艺术作品对于整体的关系、比例和价值就重新调整了；这就是新与旧的适应。谁要同意这个关于秩序的看法，同意欧洲文学和英国文学自有其格局的，谁听到说过去因现在而改变正如现在为过去所指引，就不至于认为荒谬。[①]

整个秩序为“继续保持完整”而调整。事实上，西方现代艺术的发展史呈现出一个不断抽离富于现实生命体验的感觉性和感受性的纯形式化倾向。人的具体的瞬间感知被认为是“与诗的本质相对立的”，个体鲜活的生命体验服膺于形式化、逻辑化的潜在图型。今天，我们重新思考审美形式的独立化机制：当它否定了现实世界中具体的人的内在世界的完整性的时候，如何获得主体自由必然性

① 艾略特：《艾略特诗学文集》，第61页。

的确证。毛泽东在《讲话》中称之为文学上的教条主义。而要从这种自我强化的独立化机制中走出来，就要回到具体的审美关系和审美语境中。毛泽东开出的药方是长期无条件地回到群众中去。问题的复杂性在于：伟大的艺术家不乏具体丰富的现实生活体验。里尔克的《杜伊诺哀歌》、瓦雷里的《海边的命运女神》是诗人一生的经验和思辨的结晶。那么，跃出审美形式独立化机制，并获得审美经验的完整性的美学依据是什么？这是“内功”，是艺术力、想象力。当我们面对一个碎片化的世界，能不能利用这个内功，建立起情感结构的完整性，这对艺术家提出了很高的要求。毛泽东的《讲话》把这种“内功”表述为一种“集中”和“典型化”：“文艺就把日常现象集中起来，把其中的矛盾斗争典型化，造成文学作品或艺术作品，就能使人民群众惊醒起来，感奋起来，推动人民群众走向团结和斗争，实行改造自己的环境。”[①] 其中“集中”“典型化”的内在学理和美学机制值得探究。

在我们看来，毛泽东的“典型化”就是他的矛盾论中所谈到的多元矛盾叠合集中后，瞬间产生的新的东西——主要矛盾或者矛盾的主要方面，也就是历史与时代精神。现代主义诗人艾略特在其著名的论文《传统与个人才能》(1917)中讨论了这一问题：

> 诗是许多经验的集中，集中后所发生的新的东西，……这种集中的发生，既非出于自觉，亦非由于思考。这些经验不是“回忆出来的”，他们最终不过是结合在某种境界(atmosphere)中。[②]

① 毛泽东：《毛泽东选集》第三卷，第861页。

② 艾略特：《艾略特诗学文集》，第8页。

艾略特和毛泽东都赋予诗人至高的地位，强调“集中”和集中后“新的东西”的产生，强调取径“经验的集中”和“气氛”，来实现过去、现实和未来的联结，但是一个来自诗人的“圣洁”的心灵，一个来自普通人民大众；一个是非个性化的象征，一个是“互渗”的“感兴”。艾略特通过“非个性化”——并不是表达情感，而是消灭情感，即淘洗尽那种富于现实生命的鲜活感觉性和感受性，提出“像闻到玫瑰花香一样感受到思想”——把思想重新创造为情感，用心灵这根“白金丝”化合储藏在心灵中的艺术的原料（“经验”），艾略特改造了“气氛”的内涵，目的是想通过一种涵盖、统摄一切的整体性艺术秩序到达到一个至高的存在，从而实现现代人精神的救赎。

毛泽东的《讲话》则强调回到唯一最广大最丰富的源泉中去，他的“集中”“典型化”思想——多种矛盾集中、叠合、转化于具体语境和时代氛围，毛泽东通过“主体介入”的一分为二，抓住主要矛盾即“把其中的矛盾斗争典型化”，从而在诸多矛盾和复杂无解的环境中开辟出新路，并由此探索了普通大众思想启蒙的哲学基础。在红色经典作品《白毛女》《英雄儿女》等作品中我们能感受到这种基于具体的现实语境瞬间产生的一个个流动的幻象和“事件”。在《白毛女》中，喜儿从一个普通人家小儿女，逐渐变成复仇者的过程鲜活地展现在我们面前，音乐表现形式也随物赋形地发生着变化。影片《英雄儿女》再现了历史上真实的一幕：战士们闪电般、不约而同一个个趴在铁丝网上，身体的动作转变为具有精神力量的东西。事件和意义，如同奇点，一个个不能还原为实体意义上的既定结构上的点，它如星星之火，将人类的信仰转化为生命能掌握的意义，将事物的存在变成人类生命的循环。

艾略特竭力否认“灵魂有真实统一性”，诗人“没有什么个性可以表现”，只是“一个特殊的工具”。诗人的心灵是“一根白金丝”，“使种种印象和经验在这个工具里用种种特别的意想不到的方式来相互结合”。[①] 里尔克在小说《马尔特·劳利得·布里格随笔》中也提出“诗不是情感，而是经验”这一重要诗学主张：

> 一个人早年的诗是这般乏意义，我们应该毕生期待和采集，如果可能，还要悠长的一生；然后，到晚年，或者可以写出十行好诗。因为诗并不像大众所想象，徒是情感（这是我们很早就有了的），而是经验。单要写一句诗，我们得要观察过许多城许多人许多物，得要认识走兽，得要感到鸟儿怎样飞翔和知道小花清晨舒展底姿势。得要能够回忆许多远路和僻静，意外的邂逅，……可是单有记忆犹未足，还要能够忘记它们，当它们太拥挤的时候；还要有很大的忍耐去期待它们回来。因为回忆本身还不是这个，必要等到它们变成我们底血液，眼色和姿势了，等到它们没有了名字，并且不能别于我们自己了，那么，然后可以希望在极难得的顷刻，在它们当中伸出一句诗底头一个字来。[②]

这段文字是现象学思想的一种文学性的陈述。这是一个包含着一切感性丰富性的王国，“没有选择和拒绝”地将感觉、表象、想象、信念、情感、意志等一切向我们呈现出来的东西囊括进来，但

① 艾略特：《艾略特诗学文集》，第 6 页。

② 参见梁宗岱：《宗岱的世界·诗文》，广州：广东人民出版社，2003 年，第 109—110 页。

它们并不是无规律的杂多，而是具有意向性的结构，因而具有自己的“意向对象”的意识现象。“意向对象”不一定是客观存在物，但确是可以内在地直观到的、非对象性的、具有直观明证性的东西，因而具有普遍的意义，对里尔克来说，就是要从一切存在者中看出存在，并最终导致他对一个大到包容一切真知的绝对真理的追求。艾略特认为，为了获得新的经验和新的秩序，必须排斥“诗人具有重要意义的印象和经验”；里尔克的经验世界中，“感觉、表象、想象、信念、情感、意志等一切向我们呈现出来的东西”都有一个“意向性结构”。毛泽东的《讲话》中所讲的“集中”“典型化”则与之不同。这种区别于西方的“互渗”“感兴”机制是我们要着重分析的。

对此，我们可以用原始神话做一个类比。列维－布留尔在其名著《原始思维》[①] 中提出，人类原始思维是一种以“互渗律”为特色的“前逻辑思维”，它不受逻辑思维的矛盾律制约，但也不与之绝对冲突，这种“互渗律”思维在原始神话中表现为一种神秘的气氛。人类的历史发展来看，整体上是一个从原始互渗律占优势，到逻辑思维逐渐占优势的过程，双方既有互相妨碍的方面，也有相互促进和提升的方面。但这一过程本身是“互渗的思维方式在进化中自否定的结果，原始思维是逻辑思维的根”[②]。列维－布留尔认为，互渗的思维方式表现为一种神秘的气氛，在原始神话中表现得非常明显。现代人往往只关注神话中的故事情节，却丢掉了其中最重要的神秘气氛。他认为，原始人类“在神话中听到的东西在他们身上

① 列维－布留尔：《原始思维》，丁由译，北京：商务印书馆，1985 年。

② 参见邓晓芒：《从隐喻看逻辑推理的起源——列维－布留尔〈原始思维〉的启示》，《四川大学学报（哲学社会科学版）》2022 年第 3 期。

唤起了一种和声的全音域，但在我们这里却不存在这种现象”。毛泽东深刻地看到了这一点，即互渗思维是逻辑思维的根。在中国民间社会的文学艺术、伦理道德、宗教信仰中，最大化地保存了这种可兼容的东西：前逻辑和逻辑的东西相互渗透，形成了一种气韵生动难以分辨的混合物，就像中国哲学中无处不在的“气”一样，“其实显示的是自我意识的‘我就是我们，我们就是我’的基本结构，黑格尔把它称作‘类意识’”[①]。这种“类意识”就是集体表象。在毛泽东看来，这是革命文艺“唯一源泉”，“此外没有第二个源泉”。若拿拉康的“三界理论”打比方，在某种意义上，这是一个“象征界”“想象界”“实在界”相融通的世界：同一个人既是他自己，又是其他什么人，既是个体的又是集体的，既有个体的完整性，又有神秘的共生性。[②]当这种混合物与具体的语境结合的瞬间，或在一个特定的时刻——感兴就发生了。王杰认为，感兴氛围作为一种审美交流的机制和媒介，是一种整体性的氛围和情调，产生于特定的审美关系和审美制度中，在古典文化语境下表现为“韵”，在现代文化语境下表现为“余韵”，在红色经典作品中表现为一种“优美化的崇高”，其中普通人或人民大众的崇高是人类学意义上的价值在个体生命中的回旋和展开。人们在特殊的氛围中敢于正视现实中的危机，并与未来进行某种内在而深刻交流与对话，从而实现主体情感结构的改变。[③]真实的历史转瞬即逝，艺术家给我们呈现

① 参见邓晓芒：《从隐喻看逻辑推理的起源——列维－布留尔〈原始思维〉的启示》，《四川大学学报（哲学社会科学版）》2022 年第 3 期。

② 人作为个体冲破了对世界单子式、唯我式自恋式的体验，人性实则是无数独立无二的真理的历史集合体。

③ 参见《气氛美学引领美学研究新风尚》，《中国社会科学报》2022 年 9 月 23 日。

了他们已经创作出来的文本，但他们在现实生活中，是如何感受到美的汪洋大海般的冲击，即如何在具体的现实生活中感受到那种已经达到美的神圣性的现实经验、并由此创作出艺术作品的整个过程，就不再展现给我们。诗人光未然创作朗诵诗《黄河吟》，冼星海创作《黄河大合唱》都与现实生活中的有感而发相关。比如《上甘岭》的主题曲《我的祖国》的词作者乔羽写这首歌的时候29岁。他说自己在写作时，最先“蹦出”来的句子是“一条大河波浪宽”，灵感来自他一次坐火车从上海到长春、经过长江时的一次体验。乔羽创作最大的特点，就是有了第一句，就等于有了全篇。感兴不是单一的情感的发动，孔子讲诗的功能第一个就是诗可以“兴”，“兴”不仅仅指情感活动①，而是指人精神在整体上的感化，是人在现实生活中获得人的完整性存在的美学基础。

个体与集体共生的集体表象——“类意识”在西方象征主义那里已经受到逻辑和矛盾律的强烈影响，客观关系（“客观对应物”）出头露面，个体性的经验被视为与诗的本质相敌对，审美形式充当了一种表征信仰的中介。诗人，正如艾略特所强调的成为神秘属性的传达、转移的工具。由此，智力因素在这些表象中开始占据着越来越大的地位，人与实在界的关系，不再是如原始思维所显示的那样是直接的体验，而变成间接的“经验”。如前文所述，这个智力因素力图摆脱那些最初包围着它们的情感和运动的具体的时间因素，从而使自己“分化出来”（瓦雷里），“从前可以感

① 有学者认为美育是情感教育。这种说法来源于康德的知情意三分法，康德把人的知识分为知识、情感、意志三方面，审美活动是情感教育。审美活动当然与情感密切相关，但是审美活动不能仅仅归结为情感活动。

觉到的互渗以确定的论断的形式‘凝结起来’”[①]，这就好比是利科所说的“活的隐喻”被“词化”为合乎逻辑合乎经验的谓词判断。

邓晓芒在《从隐喻看逻辑推理的起源——列维－布留尔〈原始思维〉的启示》结合列维－布留尔的观点提出了自己的设想：

> 列维－布留尔说，当互渗感强烈时，“语言”就掩盖了逻辑上的谬误（即：我既是我又不是我，而是金刚鹦鹉）；而在互渗感丧失了某种强度时，“语言”就暴露了这种矛盾。但反过来我们是否也可以说，在互渗感强烈时，语言恰好显露了它自身的自否定的本质；而在被“祛魅”之后，却反而掩盖了它的这一本质，成为排除自否定而合乎逻辑也合乎经验的谓词判断了？显然，列维－布留尔完全没有注意到互渗律的这种积极意义，更谈不上从互渗律的隐喻本质中通过其“词化”而引出逻辑思维的推理形式。他所能做到的只是为互渗的前逻辑思维方式作一点辩护，说它并非毫无道理，但承认这只是一种低级阶段的前逻辑的思维方式，不可避免地要被更高级、更强有力的现代逻辑思维方式所取代。[②]

邓晓芒提出，要从“从互渗律的隐喻本质中通过其‘词化’而引出逻辑思维的推理形式”[③]，这就是毛泽东所说的“把矛盾集中起

---

① 参见邓晓芒：《从隐喻看逻辑推理的起源——列维－布留尔〈原始思维〉的启示》，《四川大学学报（哲学社会科学版）》2022 年第 3 期。

② 同上。

③ 同上。

来”，使之“典型化”的真实内核。它带给我们的启示是：红色经典的未来表征——乌托邦，事实上与这种互渗律的隐喻本质而来的自否定逻辑推理形式密切相关。王杰提出的红色经典的理论规定和美学机制事实上是一个乡愁与革命多元叠合、矛盾互渗的自否定结构：互渗感越强，面向未来的逻辑功能越强。列维－布留尔的《原始思维》最后一章描述了从原始思维进化到今天的逻辑思维的五个阶段：“1. 前表象非人格化的阶段，2. 人格化的万物有灵阶段，3. 神话阶段，4. 概念和经验认识形成的智力阶段，5. 逻辑思维形成和不断发展的阶段。”[①] 邓晓芒认为，“它们大致相当于马克思主义历史观所描述的蒙昧时代（第一阶段）、野蛮时代（第二阶段）、文明时代（第三、四、五阶段，即从荷马史诗到希腊哲学以至于近现代科学和逻辑的全部‘有文字记载的历史’）。前两个阶段属于前逻辑思维阶段或原始思维阶段，后三个阶段属于发展出逻辑思维并日益精密化的阶段”[②]。

列维－布留尔认为，在第五阶段，“互渗的因素将无限期地保持在逻辑因素之外，并与之并存；双方固然显得你进我退，水火不容，并随着逻辑思维的‘愈进步’，‘斗争就愈严重’”[③]。然而，“逻辑思维永远也不能继承前逻辑思维的全部遗产。那些表现着被强烈感觉和体验的互渗、永远阻碍着揭露逻辑矛盾和实际的不可能的集体表象，将永远保存下来，……生动的内部的互渗感足可以抵消甚至超过智力要求的力量”，“尤其是其中包含了我们的信仰和我们的

① 参见邓晓芒：《从隐喻看逻辑推理的起源——列维－布留尔〈原始思维〉的启示》，《四川大学学报（哲学社会科学版）》2022 年第 3 期。

② 同上。

③ 同上。

道德与宗教习惯的那许多集体表象，就是这样的集体表象”①。这就能够解释毛泽东为什么反复强调，有出息的文学艺术家要长期无条件地到工农兵群众中去，和群众打成一片。在毛泽东看来，在人民的生活中存在着文学艺术原料的矿藏，“这是自然形态的东西，是粗糙的东西，但也是最生动、最丰富、最基本的东西”②。事实上，在中国民间社会的制度、风俗、信仰、文化、艺术中，保留着很多与逻辑思维可兼容的前逻辑的神秘的思维，个人的精神生活和在我们的社会里一样，还要更强地达到深刻的社会化。民间艺术中所蕴含着的生动的生活形式和斗争形式，与现实生活经验有一种天然的血脉联系。革命的文艺家只有回到客观社会现实本身，充分感受人民群众的情感和思想，才能引导他们把文学艺术刻写在真实社会实践的复杂而确定的系统之中，并在此基础之上建立起真正科学的中国审美现代性的理论范式和红色经典的理论规定。也正是在这个意义上，毛泽东把代表人类历史未来性的东西赋予了人民。他的“为群众的问题和如何为群众的问题”才有了学理的基础。毛泽东在《讲话》中对普通人民大众的认同和信任，是与他们的形象自身所展现出的社会结构的复杂性、丰富性以及深度有关的，在他看来，与现实生活密切联系着的普通劳苦大众，随着社会生产方式结构的变动而来的精神既与性变革，可以冲破形式化审美幻象，其中蕴含着代表着人类未来的东西。因此，他把人民生活中本来存在着的文学艺术原料的矿藏当作文学艺术取之不尽的源泉。毛泽东要求知识分子要和群众打成一片，下决心，经过长期甚至是痛苦的磨炼，才

① 参见邓晓芒：《从隐喻看逻辑推理的起源——列维－布留尔〈原始思维〉的启示》，《四川大学学报（哲学社会科学版）》2022年第3期。

② 毛泽东：《毛泽东选集》第三卷，第860页。

能在灵魂深处从一个阶级转变为另一个阶级。

邓晓芒引列维－布留尔的观点并分析道，列维－布留尔认为“原始互渗律在现代社会依靠宗教和道德的集体表象而保有自己在逻辑因素‘之外’的地盘”，“‘即使在我们这样一些民族中，对互渗的需要仍然无疑比对认识的渴望和对符合理性要求的希望更迫切更强烈。在我们这里，对互渗的需要扎根更深，它的来源更为久远’，而‘与理性要求相符合的实际的知识永远是不完全的知识’”。实际上，我们的智力活动既是理性的又是非理性的。在它里面，“前逻辑的和神秘的因素与逻辑的因素共存”。列维－布留尔把这种两难心态称为“像敌对义务之间的冲突那样剧烈的有时是悲剧性的心理冲突”[①]。邓晓芒认为，列维－布留尔“还没有像胡塞尔那样强烈地意识到欧洲科学和人性的危机，甚至没有构想拯救这一危机的方法”，“而满足于折中主义的调和矛盾”，“这种折中主义并未从根本上理解非逻辑思维在人类语言和思维中的积极作用，尤其是从中产生逻辑思维的作用，更不用谈对逻辑思维的激发和促进了”。不过，他对原始人的前逻辑思维的极其丰富的研究和细致入微的分析，尤其是有关语言的自否定本质和诗性起源的论断便获得了最直观最有力的证明。邓晓芒认为：

> 原始人类对于既“是”又“不是”的互渗的思维方式正体现了语言本身的自否定本性，基于这一本性之上的隐喻式的言说和表达则是语言最初唯一可能的形式。而当这种隐喻式的言

① 参见邓晓芒：《从隐喻看逻辑推理的起源——列维－布留尔〈原始思维〉的启示》，《四川大学学报（哲学社会科学版）》2022 年第 3 期。

> 说由于习惯性地重复而成为套话、走向死亡和“词化”时，从这种看似可悲的命运中却生长出了一种全新的思维方式——逻辑思维。[①]

邓晓芒这样分析：逻辑思维虽抽象、冷血，不容妥协和遐想，但迅捷、精密，一语中的。缺少这种思维方式，整个现代文明都将不可能存在。“但如果以为这就是语言中值得珍视的一切，我们可以‘过河拆桥’，将除此之外的非逻辑语言功能全部排除于文明之外，就走入了歧途，甚至相当于语言的逻辑功能的自杀。语言的逻辑功能对非逻辑功能的背叛就是这一歧途的体现。”[②] 在多元文化叠合的全球化历史语境下，“现代人事实上越能够与原始人类的前逻辑思维产生共鸣，并打破原始集体表象的局限而将这种思维扩展到跨文化、跨种族、跨时代的广阔领域”[③]，这是我们理解红色经典美育功能的重要现实基础。

红色经典本身作为中国革命战争和新中国建设的历史产物，它的价值并不是一成不变的，而恰恰在流传过程中，被人民群众不断地再生产出来。正如中国古代文人所记述的“毛女”母题、河北西北部山区盛传的“白毛仙姑”故事，最后到现代歌剧“白毛女”的创作一样，红色经典的传播过程也是一个不断被再生产的过程。这个建基于具体“场域”下的“美”的再生产过程，是人民群众的创造力得到自由发挥的过程，也是人民大众日常生活审美化自我改造

---

① 参见邓晓芒：《从隐喻看逻辑推理的起源——列维 - 布留尔〈原始思维〉的启示》，《四川大学学报（哲学社会科学版）》2022 年第 3 期。

② 同上。

③ 同上。

即审美教育过程。从社会层面上说，审美教育体现为一种“文化治理”，正如托尼·本尼特所说的，“自我塑形的审美形式最后就作为所发展起来的自我构成技术的有机成分而发挥作用，在治理过程中被授予了非常重要的作用”。简言之，红色经典作品在促进人民大众自我审美化改造和创造性普遍实现的同时，也促进了社会的改造和人类的解放。

一个世纪的实践证明，蔡元培提出“以美育代宗教”的目标在今天并没有实现，这是当代审美教育的困境。我们不乏好的当代艺术作品，但是，我们能否通过艺术审美经验的分析和把握，找到一种既对中国社会发展具有积极校准作用，又能“消化”以资本和现代形而上学为原则的现代性精神—文化建制，从而在复杂的社会和文化关系中把握住我们这个时代的精神，这是我们今天所有研究审美教育的人必须思考的。

论中央苏区音乐的审美教育价值

石然[①]

音乐作为艺术的重要形式，在审美教育中有着十分重要的地位。红色政权建立后，在凝聚文化战线确保革命战争胜利的同时，中国共产党也十分重视新社会审美文化的建构，中央苏区音乐在其中作用重大。中央苏区音乐转换了以往审美教育的主体，劳动群众在中国审美教育史上第一次成为主人翁。以此为基础，中央苏区音乐培育了先进的审美意识形态，塑造了新型审美社会关系，全面提升了劳动群众审美文化素养，使得革命根据地呈现出崭新的精神面貌。

一、中央苏区音乐对以往审美教育主体的转换

列宁指出："艺术是属于人民的。它必须在人民群众的底层有其深厚的根基。它必须为这些群众所了解和爱好。它必须结合这些

① 石然，杭州师范大学马克思主义学院副教授，浙江省中国特色社会主义理论体系研究中心研究员。

群众的感情、思想和意志，并提高他们。”但是，在以往劳动人民处于被统治地位的历史长河中，审美教育往往专属于剥削阶级或少数社会精英，劳动人民很难有充分的社会经济条件接受美育。毛泽东认为：“中国历来只是地主有文化，农民没有文化。可是地主的文化是由农民造成的，因为造成地主文化的东西，不是别的，正是从农民身上掠取的血汗。”[①] 事实上，一旦社会关系发生了变革，劳动人民翻身做了主人，他们的文化教育需求就会被激发，其中包括审美教育。正如毛泽东所说：“中国有百分之九十未受文化教育的人民，这个里面，最大多数是农民。农村里地主势力一倒，农民的文化运动便开始了。试看农民一向痛恶学校，如今却在努力办夜学。”[②]

中国共产党在中央苏区实现了局部执政，进行了包括土地改革在内的根本性社会变革，建立了工农民主专政政权，使那里的劳动人民破天荒地成为主人。从此，一切文化教育不再专属于少数群体，劳动群众获得了审美教育的主人翁地位。音乐是中央苏区审美教育的重要呈现方式。无论在内容上还是形式上，中央苏区音乐都以劳动群众为立场，来源于劳动群众，服务于劳动群众，实现了审美教育主体的根本性转换。

苏区音乐反映的主体不再是过去的帝王将相、才子佳人，而是工农群众。归结起来，主要有以下五种。

一是反映工农群众武装起义。如歌曲《秋收暴动》《工人纠察队歌》《妇女暴动歌》《打破旧世界》等，歌谣《工农团结歌》《革

① 《毛泽东选集》第一卷，北京：人民出版社，1991 年，第 39 页。
② 同上。

命民众歌》《革命发展歌》等。武装斗争是中国革命的主要形式。以上作品展现了包括妇女在内的工农群众积极投身革命运动的场景，展现了他们打破旧社会、建立新社会的强烈革命意志和革命激情。

二是表现工农群众土地革命活动。如歌曲《土地革命歌》《打土豪分田地》《查田运动》等，歌谣《打倒土豪日子好》《团结一心闹暴动》《打土豪》等。土地革命是苏区生产关系的根本变革，是实现耕者自有其田之举措，是民主革命的主要内容。以上作品充分彰显了工农群众在废除封建土地所有制中的主力军作用，展现了他们在新的生产关系中的主人翁地位。

三是讴歌工农群众当家做主的苏维埃制度。如歌曲《歌唱苏维埃》《红色苏区万万年》等，歌谣《苏区政权开红花》《工农群众掌政权》《拥护人民政权歌》等。苏维埃制度是工农民主专政的制度安排，是工农群众当家做主的根本保障。以上作品反映了苏维埃制度使得工农群众破天荒地掌握国家政权、实现当家做主，彰显了工农民主专政政权的优越性。

四是体现工农群众的生产生活。如歌曲《春耕好》《今年春耕》《勤学歌》《卫生歌》《扫除文盲》《体操》等，歌谣《苏维埃农民耕田歌》《苏维埃工人快乐歌》《自由恋爱歌》《自由结婚更开心》《学习歌》《苏区讲卫生歌》等。这些歌曲充分展现了苏区工农群众物质生产、社会生活、文化生活的场景，呈现出中央苏区昂扬向上、欣欣向荣的新社会图景。

五是对工农群众主人翁地位的直接表达。《世间神圣是工农》："日头一出红彤彤，世间神圣是工农。创造人类衣食住，顶天立地主人翁。"又如《我们工农兵》："谁是世界主力军？我们工农兵，工人和农民原来都是一家人，团结向前进，向敌人去拼命，帝国主义一定要杀尽。”这些作品表达了历史唯物主义的基本观点，使得工农群众主人翁意识前所未有地提高。正如毛泽东指出的那样：“我们的文学艺术都是为人民大众的，首先是为工农兵的，为工农兵而创作为工农兵所利用的。”[①]

二、中央苏区音乐对审美意识形态的培育

音乐教育作为审美教育的重要组成部分，承载着培育审美意识形态的重要使命，这是文艺的意识形态本性决定的。“文艺意识形态”学说是马克思主义文艺理论的核心问题。这一问题的解释，一般都会以马克思《〈政治经济学批判〉序言》的一段文字加以引证。在那里，马克思把艺术作为意识形态的形式之一。马克思指出：

> 物质生活的生产方式制约着整个社会生活、政治生活和精神生活的过程。不是人们的意识决定人们的存在，相反，是人们的社会存在决定人们的意识。社会的物质生产力发展到一定阶段，便同它们一直在其中运动的现存生产关系或财产关系（这只是生产关系的法律用语）发生矛盾。于是这些关系便由生产力的发展形式变成生产力的桎梏。那时社会革命的时代就到来了。随着经济基础的变更，全部庞大的上层建筑也或慢或快地发生变革。在考察这些变革时，必须时刻把下面两者区别开来：一种是生产的经济条件方面所发生的物质的、可以用自

① 《毛泽东选集》第三卷，第 863 页。

> 然科学的精确性指明的变革，一种是人们借以意识到这个冲突并力求把它克服的那些法律的、政治的、宗教的、艺术的或哲学的，简言之，意识形态的形式。[①]

当然，区别于其他形式的社会意识形态，审美性是文艺的特殊规定。文艺是审美意识形态，在这里，审美意识形态与社会意识形态是个别与一般的关系；社会意识形态以审美的方式呈现，具有明显的倾向性："对于文学艺术而言，审美意识形态的本质界定，可以说是社会意识形态的一般抽象上升到具体的抽象。"[②] 音乐，作为艺术的形态之一，同样是一种审美意识形态。正如有学者指出："音乐，和其他艺术一样，都是由人所创造的，是一种意识形态的产物。"[③]

苏区音乐对审美意识形态的培育，具体表现为它承载着劳动群众的审美理想。人类的社会理想往往不是从知性的理论，而是从感性的审美起始的。列宁指出，没有人的感情，就从来没有也不可能有人对真理的追求。[④] 也就是说，"离开生动的直观，不会有任何认识活动，因为感觉是外部世界进入我们意识的唯一通道"。[⑤] 审美理想"体现人们关于至善至美的生活和至善至美的人的观念的那种完

---

① 《马克思恩格斯文集》第2卷，北京：人民出版社，2009年，第592页。

② 冯宪光：《文学与意识形态问题》，《南阳师范学院学报（社会科学版）》2008年第1期。

③ 叶纯之：《音乐美学十讲》，长沙：湖南文艺出版社，2016年，第133页。

④ 博列夫：《列宁的反映论与围绕形象思维认识论问题的斗争》，载《列宁文艺思想论集》，北京：中国社会科学出版社，1986年，第95页。

⑤ A. 伊祖耶托夫：《列宁与俄国革命民主主义者》，载《列宁文艺思想论集》，第86页。

整的、具体感性的形象。它是在一定的历史条件下，在社会实践的基础上形成的，并随着社会发展变化而变化”[1]。苏区音乐，就是劳动群众在根据地革命和建设实践中形成的审美理想，并反过来激励着劳动群众更持久、更广泛地为他们的审美理想不断实现而斗争。

歌谣《工农兵歌》写道：

我们工人创造世界人类食住衣，不劳动的资产阶级把我们欺，起来起来齐心协力巩固我团体，努力奋斗最后胜利是我们的。我们农民一年辛苦时刻不休停，万恶地主土豪劣绅剥削真凶狠，快些快些携手起来亲密团结起，勇敢向前土地革命奋斗要到底。我们士兵为谁牺牲血流遍地鲜，反动军阀利用我们来把地盘占，工农弟兄武装起来巩固我战线，同心协力一致争取工农的政权。

歌谣《工农暴动歌》写道：

建设苏维埃，工农来专政，实行共产制，人类庆大同，无产阶级世界革命最后的成功！

亲爱的工农们，暴动要加紧，要晓得大暴动便是个生门，农民不要租，工人加工钱，苏维埃政府，专政是我们。那个时候我们大家拍手大欢笑！

① 奥夫相尼柯夫、拉祖姆内依：《简明美学辞典》，北京：知识出版社，1982年，第41—42页。

这些歌谣朴素地表达了劳动群众的翻身做主、寻求解放、实现大同的审美理想，指明了实现这些审美理想的必由之路。

此外，一些歌谣和歌曲还彰显了工农民主专政政权中妇女、儿童当家做主的审美理想。《婚姻自主又有权》写道："日头一出金又金噢，过去妇女真可怜；今朝妇女哎大不同啊，婚姻自主又有权。"《世界主人翁》写道："我们儿童，世界主人翁，今天，政权已在手中。"

真、善不能等同于美，但失去了真、善，美也将缺少根基。正如列·斯托洛维奇指出的那样，"社会审美理想的美取决于它在多大程度上是真的，即它在多大程度上正确反映生活的社会规律和审美规律，反映奔向未来现实的真美。理想的真由它的人民性，因而由它的人道主义所制约。当审美理想同时表现创造这种理想，并在劳动和斗争中确证人的心灵和民族精神的美时，它才有真正的审美价值"①。苏区歌谣内容充实、荡气回肠；苏区歌曲短小精悍、明快有力，二者相得益彰，反映了社会发展规律，合乎最广大劳动群众的根本利益，对新社会的审美意识形态的培育做出了重大贡献。正如著名美学家利洛夫指出的那样："艺术本身就标示着他的伟大而多难的历程，标示着他向往自由、幸福、完美的社会运动与发展。"②

三、中央苏区音乐对新型社会审美关系的塑造

有学者指出："审美活动的一个显著特点是，审美经验的个体

① 列·斯托洛维奇：《审美价值的本质》，北京：中国社会科学出版社，1984年，第295页。

② A.利洛夫：《艺术创造的本性》，上海：华东师范大学出版社，1992年，第345页。

性与审美对象的共同性的有机统一。在马克思主义美学的理论视野中，这种统一的基础是审美关系，即由现实生产方式所规定或由一定意识形态所规范的情感模式，包括情感需要、情感表达和情感满足的一整套习俗或审美制度。在不同的生产方式、社会制度和文化传统的条件下，审美关系也互不相同。由于审美关系不同，共同的审美对象或文艺文本可以产生出不同的审美效果。"[①]社会关系的根本转换内在规定了审美关系发生根本性调整，这种调整必然反映到艺术作品中。同时，艺术作品在审美教育的过程中也能动地参与了审美关系的塑造。音乐作为艺术的重要形式同样如此。正如伊沃·苏皮契奇指出的："音乐生活在社会各阶级、阶层、层次和分组的生活中占有它们的位置，与它们的不同方式的动力相对应，自从古代以来，充当着积极的重要的角色。"[②]"一种社会阶级的生活方式对音乐风格的制约延伸到实际的形式和音乐体裁的创造，而这些形式和体裁是与阶级的社会生活的形式和习惯相呼应的。"[③]中央苏区音乐对新型审美关系的塑造，体现在新社会关系的各个方面。

歌曲《相亲相爱》中写道：

> 我是弟弟，你是哥哥，大家相亲，大家相爱，相亲相爱，联合起来，打倒土豪，平分田地。

---

① 王杰：《当代中国语境中的审美意识形态理论》，《文艺研究》2006年第8期。

② 伊沃·苏皮契奇：《社会中的音乐：音乐社会学导论》，长沙：湖南文艺出版社，2005年，第62页。

③ 同上书，第64页。

这首歌的歌词中凝练地展现了中央苏区平等互助、相亲相爱、团结一心的新社会关系。

婚姻是家庭的基础，家庭是社会的细胞。在塑造新社会阶级阶层关系的同时，中央苏区音乐对塑造男女平等，和睦相爱的家庭关系起到了十分积极的作用。

歌谣《自由恋爱歌》写道：

靠着大树好遮阴，靠着红军好成亲，自由恋爱两相好，不要嫁妆和礼金。

歌谣《婚姻自由歌》写道：

青年妇女听我言，如今世界不比先，早些男女不平等，如今男女讲平权。好得红军来革命，几千年痛苦得解放，婚姻问题讲起来，结婚离婚要自由。不要顽固爷娘来做主，不要媒人来说媒，媒人话成多不和，哪有自由的好处多。

歌曲《妇女自主又有权》写道：

日头一出金又金噢，过去妇女真可怜；今朝妇女大不同啊，婚姻自主又有权。

这些作品涉及中央苏区婚恋关系的恋爱自主、男女平等、婚姻自由等方面，彰显了苏维埃制度下妇女获得解放这一巨大历史进步。

在积极推动新社会婚恋关系建立的基础上，苏区音乐还在其他方面全面推动了团结和睦、平等互助的新型家庭关系。

歌谣《苏区大不同》写道：

苏区建立大不同，男女老少把书攻，男人就有好妻子，女人就有好老公。

歌谣《革命工作共分担》写道：

壁上打灯挂灯盏，革命工作共分担。哥当红军打敌人，妹在家中搞生产。

歌谣《告别爱妻》写道：

嫩娇莲来嫩娇莲，你要安心去种田，郎在前方得胜利，公婆到底总团圆。

这些作品展现了苏区家庭恩爱的夫妻关系、相恤的兄妹关系、和睦的代际关系等，彰显了新社会平等、团结、幸福的家庭生活。

中央苏区音乐还讴歌了鱼水情深的军民关系。

比如歌曲《收了谷子送军粮》写道：

油菜里格花开朵朵里格黄呃，我和里格爸爸种田忙呃，我呀我拔草拔草呃，他呀他插秧呃，禾苗里格一天一天长呃。收了里格谷子送呀送军粮呃，支援里格红军打胜仗呃。

歌曲《慰劳红军歌》写道：

红军同志们，开呀开得来，千千万万笑呵呵，路上行呀我的哥哥，镰刀斧头大红旗，慰劳红军们，都是你的妹，好多妹妹笑哈哈，送上茶呀我的哥哥。

歌谣《红军心爱老百姓》写道：

儿女长大靠双亲，穷人翻身靠红军，爹娘心爱亲儿女，红军心爱老百姓。

这些作品有的展现了民拥军，有的展现了军爱民，用简洁而又感人至深的故事彰显了苏区军民团结一家亲的幸福图景。

此外，苏区音乐在塑造新社会党群关系、同志关系、工农关系等方面都起到了重要作用。比如，《铁匠和农民》就倡导了劳动群众阶级互助的社会关系。其中写道："铁匠：丁当丁，打铁声，打得锄头送农民，农民开荒和种地，没有锄头耕不成。农民：你打锄，我种稻，阶级互助多么好，工农团结如铁掌，齐心合力灭白匪。"又如，作品《开会》倡导了苏区公平公正党的民主决策制度："快来快来开会，讨论园中种菜，我要种瓜，他要种韭，怎样决定？举手。快来快来开会，讨论种子几多？我说太多，他说不够，怎样决定？服从多数。快来快来开会，选个指挥人员，一人提议，大家讨论，还要举手，决定。"

苏霍姆林斯基指出："在人周围的美和人本身的美和谐地结合

的情况下，人们相互关系中的美起着主导作用。”[①]“之所以美的力量在社会主义社会里是实际的，那是因为有真理的伟大源泉——世界上人与人之间那种最公正的关系。”[②]正是因为苏区音乐对塑造人与人之间关系平等、互助和谐发挥了巨大的能动作用，使得社会美在工农民主专政的社会各方面都获得了充分彰显。

四、中央苏区音乐对审美文化素养的全面提升

艺术是文化的重要组成部分，它对于文化繁荣，特别是包括审美在内的国民素养的提升，有着极为重要的价值。正如习近平总书记所说，“文艺是时代前进的号角，最能代表一个时代的风貌，最能引领一个时代的风气”；“鲁迅先生说，要改造国人的精神世界，首推文艺。举精神之旗、立精神支柱、建精神家园，都离不开文艺”[③]。中国共产党自成立以来就代表着中国先进文化的前进方向。毛泽东指出：“我们共产党人，多年以来，不但为中国的政治革命和经济革命而奋斗，而且为中国的文化革命而奋斗；一切这些的目的，在于建设一个中华民族的新社会和新国家。在这个新社会和新国家中，不但有新政治、新经济，而且有新文化。这就是说，我们不但要把一个政治上受压迫、经济上受剥削的中国，变为一个政治上自由和经济上繁荣的中国，而且要把一个被旧文化统治因而愚昧

---

① 苏霍姆林斯基：《公民的诞生》，北京：教育科学出版社，2002年，第334页。

② 苏霍姆林斯基：《怎样培养真正的人》，北京：教育科学出版社，1992年，第50页。

③ 中共中央文献研究室编：《十八大以来重要文献选编》，北京：中央文献出版社，2016年，第121页。

落后的中国，变为一个被新文化统治因而文明先进的中国。”[①] 新民主主义时期，文艺工作作为我们党文化工作的重要组成部分，不仅服务于革命战争的需要，而且对革命根据地劳动群众文化素养的提升做出了不可磨灭的贡献。苏区音乐在培育包括审美素养在内的劳动群众各方面素养中都发挥了重要作用，这不仅体现在苏区音乐的传唱对劳动群众艺术素养本身的提升，而且体现在这些音乐对除艺术素养之外的其他各种审美文化素养的全面关照。

中央苏区以发展生产为题材的歌曲歌谣数量繁多。比如《春耕歌》写道：

> 发展农村经济，加紧经济动员，要提早春耕，要多种谷子，为什么，为什么？为什么不播种？春天到了赶早下去种！

此外，《春耕好》《耕田谣》《春耕运动歌》《时晨钟》这些歌曲反映了劳动群众成为新社会主人后的劳动热情，讴歌了劳动创造价值。这些歌曲的传播使得劳动群众对劳动创造美的体验更加真切。正如苏霍姆林斯基指出的那样：“只有当人经过劳动创造了美时，美才会使他高尚。我们在努力使人们愿意劳动不只是为了糊口，而也是为了享到快乐。”[②]

中央苏区教育工作使得工农群众文化水平获得了很大提升，也为美育工作奠定了基础。

《勤学歌》写道：

---

① 《毛泽东选集》第二卷，第663页。

② 苏霍姆林斯基：《帕夫雷什中学》，北京：教育科学出版社，1983年，第454页。

功夫若然用得深，虽是铁尺磨成针，吾辈求学需牢记，一生之计在于春。

《四季读书歌》写道：

春季读书天（呀）天气和，好同学（嘞哎嗨唷）喜笑颜开真（呀）真快乐，看看列宁报（哇），唱唱革命歌，新教育（哇）方法多，不受束缚。

《工农妇女上夜校》写道：

工农妇女上夜校，读书识字开心窍。封建礼教全打倒，三从四德都抛掉。

这些歌曲反映出苏维埃新式学校有力地为劳动群众普及推广民族的科学的大众的新民主主义文化，大力推进新社会移风易俗，妇女在接受教育中享有与男子平等的权益，劳动群众文化学习快乐而又勤奋，整个苏区学习氛围相当浓厚。

相当一些歌曲歌谣还为文化普及特别是扫除文盲发挥着重大作用。比如《扫除文盲》写道："同志们，要记清，普通知识不可少，为适应战争的需要，识字班夜校学，大家起来要早到。要扫除青年中文盲，我来写宣言，你来读捷报，学校的生活真是好。同志们大家来到学校里读书，比一比哪一个呱呱叫。"

苏区歌曲歌谣中有着大量倡导卫生运动的作品，也为积极营造苏区环境美发挥了积极作用。

《卫生歌》写道：

加紧卫生运动的工作哪，伤员同志们哪嘟喂嘟喂，同志们，你们英勇负伤，为了阶级解放，卫生怎么搞好好来提议呀嘟喂嘟喂。

《好花一朵满园香》写道：

好花一朵满园香，九月里来天气凉，歌子唱来要实际，一定反对唱空腔，将把卫生唱一场……要同疾病作斗争，大家就要讲卫生，假使卫生不讲究，灵丹妙药也闲情，病痛多哩正辛苦……公共卫生要实行，扫除污秽莫留停，吐痰溺便莫随便，消除蚊子并苍蝇，包你疾病不上身……

《园中》写道：

园中有青春，青青的草，长得十分好，园中有红花，红红的花，真是十分可爱啊！

苏霍姆林斯基指出："环境美，是由能唤起愉快情绪的天然造化与人工创造的和谐促成的。"[①] 中央苏区歌曲歌谣正是唤起这种愉快情绪的重要载体。

中央苏区歌曲歌谣还直接推动了苏区文娱活动的开展，题材涵

① 苏霍姆林斯基：《帕夫雷什中学》，第453页。

盖了自发的文娱活动和有组织的文娱活动两个方面。

《秋千》写道：

> 黄昏时候，夕阳淡淡，一片的浅草萋萋，携手同来搭上秋千，看我来打秋千玩，手儿要拉紧，脚儿要站稳，荡到东来又荡到西，习习春风吹我衣。来来来，同我比个谁高低。

《晚会》写道：

> 开晚会，开晚会，许多儿童都来了，儿童年纪虽然小，唱歌游戏样样会，做活报，更有味。开晚会，开晚会，许多妇女都来了，从前妇女不出门，如今妇女参加会，她跳舞，更有味。

这些作品描绘了苏区文娱活动对劳动群众体验自然美、艺术美都起到了积极作用。《工人舞曲》《青年舞曲》《农民舞曲》的创作及其在文娱活动中的广泛使用，也体现了劳动群众艺术审美能力的显著增强。

此外，中央苏区歌曲歌谣还积极培育了劳动群众“身体美”。例如《体操》：“铃儿当当摇，学生排队习体操，向右看齐队整好，再把号数报。看头部手足腰腹全身运动到，正步最紧要快步慢步向前跑。”体育使人体运动富有节律，有利于劳动群众身体匀称、体魄强健。

苏区时期是中国共产党首次局部执政的历史时期，也正是在苏区，中国共产党作了文艺治理的首次尝试。中央苏区音乐的创作、传播及繁荣发展，在中国历史上破天荒地打破了剥削阶级对审美教育的垄断，培育了人类历史上最进步的审美意识形态，改变了革命根据地劳动群众包括审美素养在内的精神面貌，推动了社会关系的根本性转换和根据地经济、政治、文化事业的全面进步。这所有的一切，塑造了中国共产党审美教育的雏形，彰显了中国共产党人的初心和使命。中央苏区音乐所展现的内涵是苏区精神的重要组成部分，已经融入中国共产党的精神谱系中，滋养着当代中国特色社会主义文化，在今天依然具有重要审美教育价值，也为新时代音乐教育和审美教育提供了重要启示。中国特色社会主义新时代的音乐教育乃至整个审美教育，要坚持社会主义文艺的人民性，努力提高最广大人民群众特别是劳动群众的审美素养，积极培育和传播社会主义核心价值观，为不断满足人民群众日益增长的美好生活需要的各个方面创造出无愧于时代的优秀作品。

事件哲学：红色经典及其信仰表征

周锋　徐建华[①]

中国自近代以来，面临着深刻的危机与挑战。以1840年鸦片战争为开端的民族危机，究其实质根植于现代性力量所开辟的世界历史格局。从此，中国被迫纳入并参与到由现代性所设置的世界历史进程中。《共产党宣言》指出："资产阶级，由于开拓了世界市场，使一切国家的生产和消费都成为世界性的了，……过去那种地方的和民族的自给自足和闭关自守状态，被各民族的各方面的互相往来和各方面的互相依赖所代替了。物质的生产是如此，精神的生产也是如此。各民族的精神产品成了公共的财产。民族的片面性和局限性日益成为不可能，于是由许多民族和地方的文学形成了一种世界文学。"[②]中国最初是被动地卷入现代化的历史进程，在近代以后中国社会的剧变中，在中国人民反帝反封建的激烈斗争中，在马克思

---

① 周锋，浙江树人学院人文与外国语学院教授，文学博士，《马克思主义美学研究》集刊编辑部主任，主要研究方向为马克思主义美学、审美人类学、现代诗歌。徐建华，浙江树人学院副教授，主要从事现当代文学研究。

② 马克思、恩格斯：《马克思恩格斯选集》第1卷，北京：人民出版社，2009年，第404页。

列宁主义同中国工人运动结合过程中，1921 年中国共产党应运而生，中国人民在精神上开始由被动转为主动。

黑格尔称 1789 年的法国革命是世界历史性的，是普遍的[①]，马克思则称其为“政治解放”的典范。这种普遍性意味着新的历史性时代的到来，但并不意味着任何民族的革命都会按照同一种模式展开。毛泽东在《矛盾论》中写道：“为什么俄国在一九一七年二月的资产阶级民主革命和同年十月的无产阶级社会主义革命直接地联系着，而法国资产阶级革命没有直接地联系于社会主义的革命，一八七一年的巴黎公社终于失败了呢？为什么蒙古和中亚细亚的游牧制度又直接地和社会主义联系了呢？为什么中国的革命可以避免资本主义的前途，可以和社会主义直接联系起来，不要再走西方国家的历史老路，不要经过一个资产阶级专政的时期呢？没有别的，都是由于当时的具体条件。”[②] 中国的现代化进程作为自中国共产党成立以来史无前例的历史性实践，是在错综曲折的进程中和现实的矛盾斗争中不断发展的。百年红色经典以艺术—哲学的方式记录了中国共产党作为社会革命的载体百年奋斗的历史进程，以及由此而来的中国道路的独特性，它带给我们的启示是：中国在完成其社会主义现代化任务的同时，正在开启一种新的世界文明类型的可能性。

在世界文学史上，中国的红色经典可说是一种独特的文学艺术

---

① 在维科推断世界历史具有一种普遍性、伏尔泰草创“历史哲学”的名目之后，普遍历史的观念作为世界历史意识的理论表现，在德国思想界迎来其鼎盛时期。赫尔德、席勒、康德、黑格尔都试图揭示并论证一种普遍历史的观念。

② 毛泽东：《毛泽东选集》第一卷，北京：人民出版社，1991 年，第 331—332 页。

现象。目前学界尚未找到特别有效的办法，去对红色经典做深入的学理阐释和清晰的学术定位。不过在理论建设还没有完成时，从艺术批评的角度切入，往往可以通向所考察问题的深处。

一、“猛地，他看了一下抱在怀里的炸药包”：哲学意义上的事件

影片《董存瑞》中，董存瑞爆破组接受了上级的任务：摧毁后续部队前进地域内敌人的炮楼和碉堡。在重机枪的火力掩护下，班长郅顺义带领突击组跃出堑壕，为爆破开辟道路，董存瑞带领爆破组跟着冲了出去……连续端掉2个炮楼、5个碉堡。战斗在进行中……一名战友在快要闯过敌人的封锁线时，一颗子弹击中了他怀抱着的炸药包上的雷管，炸药爆炸，战友牺牲了。这时，董存瑞一跃而起，利用烟雾作掩护，迅速突进，炸掉了这个碉堡。隆化中学外围敌人的最后一道防御工事被摧毁。营长常胜命令营预备队五连投入战斗，五连向前冲击时，突然遭到中学东北角一个伪装桥形暗堡机枪火力的猛烈扫射……已完成数次爆破任务的董存瑞主动请战，坚决要求完成炸桥任务并获批准。他扭过头对郅顺义说：“如果我牺牲，你继续上。”说完抱着炸药包向桥下冲去。

董存瑞冲到桥堡下，他先把炸药包往上放，够不着；往地下放，离桥又太高，炸不着；往河堤上贴，也贴不住；最后他焦急地用冲锋枪猛击河堤，想砸出一个能放炸药包的地方。但就是在他已经把河堤上的一块石头砸松动了的时刻，冲锋号响了，他使劲地搬了一下，石头还是取不出来。战士们纷纷地跃出阵地，敌人桥堡内的机枪在疯狂地扫射……董存瑞抬头望着桥顶，愤怒的眼中灼灼发

光，猛地，他看了一下抱在怀里的炸药包，咬紧牙关，毅然地、迅速地托起它，用力地拉燃了导火索……“为了新中国，前进！”

当冲锋号已经吹响战士们纷纷跃出阵地、敌人桥堡内的机枪疯狂地扫射战士们一个个倒下的时候，我们遭遇到一个哲学意义上的“事件”，一个阿兰·巴迪欧所说的“点”或者说“强奇点”，世界与主体之间的新的审美关系在这个“点”上瞬间生成。“猛地，他看了一下抱在怀里的炸药包”，人或者事物在新的位置和空间中发生彻底地改变，我们意识到一种从未有过的新的东西发生了，这也正是德勒兹、齐泽克、巴迪欧等当代思想家思考事件的契机。而通过对事件——那个发生转折的奇点的思考，我们是否可以打开通向人类未来道路的总体性思路？对此，红色经典作品提供了有力的佐证。

巴迪欧认为，在世界的形成中会有很多的点，在这些“点”上我们要决定：往左走，还是往右走。在他看来，世界上的所有问题都可以还原为面对事件的两个问题：一分为二，巴迪欧表述为减法（悬搁）本体论。当事件发生时，我们会遭遇到一个“点”，主体必须作出决定。在理解这个“点”的时候，我们可以悬搁某种差异和区别，诸如男人与女人、工人与农民、军人与老百姓、俘虏兵与红军战士等，这与后现代主义的差异绝对化的思维方式恰好相反（立场太多恰恰意味着没有任何立场），在当代多重语境叠合的历史条件下，这一点显得尤为重要。

蓝江在其学术讲座《阿兰·巴迪欧的新辩证法与共产主义假设》谈道：

巴迪欧认为，在大是大非面前，我们要有一个立场，这就好比是毛泽东在《矛盾论》中所讲的主要矛盾和次要矛盾的问题。阿尔都塞在讨论“矛盾与多元决定论”的时候，应该是和毛泽东的《矛盾论》有某种特殊的关联。他关注到很多元素是如何在起着作用，但他更关心的是：在某一个时刻，起决定作用的是主体的决定。巴迪欧认为，这个世界上所有的元素，因为其所秉持的立场的相同或者不同，它们的其他差异都被减掉了，由此，我们只看到一个差异：忠于事件还是与之相反的蒙昧之间的差异。在《存在与事件》中，巴迪欧说得很清楚：要么是带加号的元素，要么是带减号的元素，一分为二。在重大事件发生的时候，人必然要面对如何选择的问题。[①]

事实上，在文章一开始，我们描述董存瑞的英勇事迹的时候，作为主体，他一直在面对许多的点和许多的选择。在某一个时刻（“点”）起决定作用的是主体的决定（decision），这个“决定”是在一般的决定之上，我们把它视为两种不同的道路、两种不同的立场。毛泽东在1928年写给中共中央的报告《井冈山的斗争》中说到，红军从秋收起义一直到井冈山立足，经过的点很多，不断有人加入，也不断有人选择当逃兵，选择走另一条道路。在谈到湘赣边界红色区域的推广时，他指出“兵的增加和枪的增加仍不相称，枪不容易损失，兵有伤、亡、病、逃，损失甚易”[②]，而“尤其是新来的俘虏兵，他们感觉国民党的军队和我们军队是两个世界。他们虽然感觉红军的物质生活不如白军，但是精神得到了解放。同样一个

① 参见蓝江的学术讲座《阿兰·巴迪欧的新辩证法与共产主义假设》及相关论文。

② 毛泽东：《毛泽东选集》第一卷，第63页。

兵，昨天在敌军不勇敢，今天在红军很勇敢，就是民主主义的影响。红军像一个火炉，俘虏兵过来马上就熔化了”[①]。蓝江认为，假设世界是人类的身体，在整个世界中主体的身体是一个点一个点走到今天的：革命的事业不断地有人离开，有人加入，形成了一个新的革命的身体——革命事业的整体，革命事业的轨迹不断地一分为二，走出了一条中国革命道路。中国革命的整个道路的完成，是因为主体身体的出现，即正是因为主体（身体）坚持了某个点上的某个决定，才形成了主体的强有力的身体。[②]千千万万个董存瑞，形成了一个新的革命事业的整体（身体）。“为了新中国，前进！”一旦主体在这里作出了抉择，他就忠于这个抉择，在事件出现之前是没有这个抉择的。巴迪欧称之为作为真理的前提的“爱的事件”[③]。

毛白鸽是电影《英雄儿女》的编剧之一毛烽先生的女儿，她在接受访问时讲述了自己父亲感到最震撼的一次战斗，即 1953 年 3 月 23 日的老秃山战斗。她说：

攻击营当时有一个爆破班，要把沿途的障碍全部清除掉，

① 毛泽东：《毛泽东选集》第一卷，第 65 页。

② 参见蓝江的学术讲座《阿兰·巴迪欧的新辩证法与共产主义假设》。

③ 巴迪欧提出作为真理的前提之一的爱，可以将我们凝聚起来：一分为二，合二而一的“大写的二”。这“大写的二”是由爱的事件所创造出来的一个不可能被既定的世界的逻辑（霸权的一）所还原和消化的不可辨识的新事物，这个新事物又作为事件的产物，如何来颠覆旧的世界，创造新世界。在事件之后形成的这个不可辨识的新集合那里，最为关键的问题是由爱所凝聚而成的大写的二，即由不可能结合的元素在爱的作用下，合体为一个不可辨识的集合♀，集合进一步在爱的作用穿透了大写的一的霸权，从而让大写的二的普遍性降临，成为革命性的主体，在合体的主体的引导下，实现了对旧世界的变革，以及对新世界的缔造。参见蓝江、刘黎：《作为真理前提的爱——巴迪欧的爱之事件》，《苏州大学学报》2017 年第 4 期。

> 班长在炸第一道铁丝网的时候就牺牲了，有一个叫滕明国的副班长，他代理班长的职务，带着剩下的战士就往前冲，当时前面六道障碍全部爆破了，到第七道的时候，突击队已经到他们背后了，当时再放炸药什么的都来不及了，这时滕明国就趴在了铁丝网上，跟突击队的同志们喊："战友们，你们从我们身上踏过去！把红旗插上主峰！"另外几个战士，都不约而同地全部趴到了铁丝网上，当时他们穿的是单薄的军装，铁丝网上的刺，扎在身上一扎是一个血洞，一扎是一个血洞，最后部队顺利地冲到了主峰上，可是有四位战士就再也回不来了。[①]

影片还原了历史上这真实的一幕：战士们为了让部队能够顺利地通过敌军架设的铁丝网防线，都一个个趴在在铁丝网上，让战友们踩着自己的身体冲向胜利。《董存瑞》《英雄儿女》两部影片最动人的地方正在于：让那种不曾在既定轨迹上出现的力量以具体的形态呈现出来。马克思所说的用朴素的形式表达最现代的思想，这一至高的、最具先锋性的艺术理想在中国的红色经典作品中得到了最真实的传达，这里包含着一种崇高。伊格尔顿这样理解马克思主义的崇高，他说："社会主义革命的内容是过渡的形式，超越了它自己的修辞。它不能通过其他东西来表达，只有通过它自己来表达，只有在它'生成的绝对瞬间'表达出来，这是一种崇高。"[②]这个马克思所说的"生成的绝对瞬间"作为哲学意义上的"事件"，一个

① 中央电视台"纪念中国人民志愿军抗美援朝出国作战70周年"《故事里的中国 第二季》，2020年11月7日。

② 特里·伊格尔顿：《审美意识形态》，王杰、傅德根、麦永雄译，桂林：广西师范大学出版社，2001年，第210页。

奇点，它不能被还原为既定秩序中的一个话语和值，用阿尔都塞的话来说：真正的艺术是没有前提的，不能还原为一个意识形态之有前提的科学的假定，或者说它本身就挑战着既定秩序的言说框架。[①]“为了新中国，前进！”这句经典革命话语所传递出的，是对不合理的社会制度的批判和对未来美好生活的憧憬。我们看到的是一种如黑格尔所说的“实体性内容的再度青春化”，这种变化不是来自一个外在的斯宾诺莎的实体性世界，而是来自马克思所说的“美的规律”的“内在尺度”，一个瞬间生成的尺度，一个巴迪欧所说的“爱的事件”。当董存瑞牺牲时，我们看到大部队一浪高过一浪勇猛冲锋！这些经典的瞬间和细节，激发出强大的精神力量，成为几代人共同的文化记忆和不朽的精神坐标。影片《英雄儿女》中，画面之外，一曲民族特色浓郁的《英雄赞歌》更是将这种气氛充分释放出来：

为什么战旗美如画？
英雄的鲜血染红了她。
为什么大地春常在？
英雄的生命开鲜花。

我与世界同一，我与大地母亲共在，在这种共在中，本源的意义凸显了出来。为什么战旗美如画？为什么大地春常在？铁血战场，世界却如同甜美的新妇，大地复苏，繁荣兴盛，每个造物都充满

① 参见王杰：《艺术与意识形态：阿尔都塞的美学思想》，《国外社会科学》1996年第5期。

灵韵，一切都穿透，一切都新鲜而且悠久。这其中包含着人的自由——优美化的崇高[①]，马克思称这种自由是“人向自身向社会合乎人性的复归”，是“历史之谜的解答”。“英雄猛跳出战壕，一道电光裂长空”，闪电（一道电光）将世界统一为一个事件性的世界，或者德勒兹意义上的解域化（deterritorization）的世界，在那一瞬间，过去、现在和未来，我们的认知、情感和意志等获得了某种统一性，并呈现出本真的面貌。

回到《董存瑞》《英雄儿女》两部影片的经典片段：我们的感官是否可以在这样一个时刻，获得一种真实性的认知，这种认知是否具有真理性和确定性。在对这个问题进行探讨之前，我们需要找到一个理论的切入点，并在对其进行整体的梳理和分析后才能做出恰当的评价。马克思完成于1841年3月的博士论文《德谟克利特的自然哲学和伊壁鸠鲁的自然哲学的差别》，主要从原子论的角度区分了两位古希腊哲学家在自然哲学上的差别。马克思看到了伊壁鸠鲁原子论的价值：为人的自由和解放提供了自然论证的依据。借用马克思对原子偏斜运动所做的分析，影片中，董存瑞炸碉堡前“猛地”“毅然地”等一系列举动——中国人情感结构在审美活动中

---

① 王杰在《审美幻象研究》（1990）中最早提出这一概念。在马克思的文本中，有两种“美学”在起作用，一种可称为优美，一种可称为崇高。两者的融合或者说内容与形式的融合是马克思的审美理想。马克思的共产主义所显示的结构是：内容超越了它自己的修辞，在“生成的绝对瞬间”表达出来。共产主义是否“具有一种形式”，还是“没有形式和不定型的”，共产主义的形式与它的内容的关系是怎样的？伊格尔顿在阐述“马克思主义的崇高”时认为：“共产主义社会的内容，……必定从它自己的内部产生出它自己的形式，发现它自己的水准和尺度，……共产主义的条件只能通过这两方面的某种结合才能够设想——这个过程使崇高的全部潜能无限扩大，但仍然遵循内在的形式规则。”参见特里·伊格尔顿：《审美意识形态》，第210、213页。

“瞬间”爆发，即：原子偏离直线的运动，在排斥和偏斜里，原子的概念实现了直线降落中的物质性（客观物质方面）和偏离直线的形式规定（主观观念方面）的综合，偏斜运动打破了命运的束缚，被设定为自由。

自柏拉图以来的西方形而上学传统，划分了真实界和现象界两个世界。德谟克利特一方面认为真实的世界是原子和虚空，另一个世界是意见和假象的主观世界；另一方面，他把原子的偏离直线的运动归入物性的必然性轨道。伊壁鸠鲁则认为，一切感官都是真实东西的报道者。当德谟克利特把主观感受当作假象的时候，伊壁鸠鲁则把它当作客观现象——超越决定论的主观独断。两个世界的真实性究竟哪一个是可靠的：是我们感官不可能触及的那个原子和虚空的世界，还是由感官所报道出来的那个世界是真实的？德谟克利特在这两者之间感觉到巨大的矛盾。在这种高度的紧张、冲突下，他刺瞎了自己的双眼，希望能睁开心灵的眼睛来辨别什么是真实的世界。这一事件在西方历史中具有巨大意义。海德格尔说，西方形而上学的历史开端是苏格拉底和柏拉图，德谟克利特以一种悲剧的形式开始显现这样一种世界历史天命的展开形式。伊壁鸠鲁和德谟克利特体现出了两个相反的方向：一个怀疑论者和经验论者从必然性的角度来看待自然世界，独断论者却到处看到任意性和偶然性，这就是马克思所说的颠倒（二律背反）的情况：一般来说，经验论者、怀疑论者往往更为强调偶然性，独断论者往往更为强调必然性。马克思在伊壁鸠鲁的原子论中发现了人的自由，由此，马克思走出了一条不同于西方感性 / 理性现代形而上学路径的人学的第三条道路。

在《1844 年经济学哲学手稿》中，马克思进一步提出人也按照美的规律来塑造的“内在尺度”，这种自由是“人向自身向社会的合乎人性的人的复归，……是人和自然之间、人和人之间的矛盾的真正解决，……是历史之谜的解答，而且知道自己就是这种解答”[①]。“而且知道自己就是这种解答”这句话是很关键的，用一句通俗的话来说就是：自己体会到了一种审美经验的完整性，孔子所谓“朝闻道夕可死矣”。审美经验是什么？审美经验是一个数量等级的问题还是一个更为深刻而复杂的问题？

马克思在《1844年经济学哲学手稿》中的一段文字，对“审美经验完整性”作出了理论层面的规范：

> 动物只是在直接的肉体需要的支配下生产，而人甚至不受肉体需要的支配也进行生产，并且只有不受这种需要的支配时才进行真正的生产；动物只生产自身，而人再生产整个自然界；动物的产品直接同它的肉体相联系，而人则自由地对待自己的产品。动物只是按照它所属的那个尺度和需要来建造，而人却懂得按照任何一个种的尺度来进行生产，并且懂得怎样处处都把内在的尺度运用到对象上去；因此，人也按照美的规律来塑造。[②]

人的身体是审美经验的物质基础，资本主义生产方式的特点更是创造了一种新的无限性。西方近代以来的启蒙主义传统注重从人的身体的丰富而精深的感受，即从人的动物性的感性的纯粹（死

---

① 马克思：《1844年经济学哲学手稿》，北京：人民出版社，2000年，第81页。

② 同上书，第57页。

亡、肉性）出发，寻找到一条通往庄重的天空的通道。诺瓦利斯、特拉克尔等都贡献了这类经典作品：性爱—罪感—死亡—赎罪—信仰—圣爱等。马克思在这里提出了超越人的动物性需要的“内在尺度”，一种不同于感性 / 理性启蒙主义理想的路径：人也按照美的规律来构造。从马克思的“内在尺度”去观照人的审美经验的完整性，它既不是德谟克利特的物质世界的必然律，也不是伊壁鸠鲁的主观独断，而是在“爱的事件”中发生的对他人的“爱”与“牺牲”——人类学意义上的完整性存在。这种完整性存在就是人的自由意识的必然发展，如黑格尔在他的《历史哲学导论》中提出“世界历史无非是自由意识的进展，这一种进展是我们在它的必然性中加以认识的”[①]，即在历史中认识到人类自由的必然进展。在《共产党宣言》中，马克思写道：“代替那存在着阶级和阶级对立的资产阶级旧社会的，将是这样一个联合体，在那里，每个人的自由发展是一切人自由发展的条件。”[②]

巴迪欧在科学、艺术和政治之外，提出了爱作为真理的前提的问题。他所说的“内在事件”——爱之事件，其构成恰恰在于“内在的尺度”对于各种再现诸如语言、逻辑、规律、图像等的绝对溢出。正如两部影片所呈现给我们的那样，我们能看到这种不断打破既定秩序、闪电一样跃出既定轨道的“点”，这些“点”类同毛泽东所说的“星星之火”，汇聚成改造世界的社会主义动力因素。

---

① 黑格尔：《历史哲学》，王造时译，上海：上海书店出版社，1999 年，第 19 页。

② 马克思、恩格斯：《马克思恩格斯文集》第 8 卷，第 83 页。

二、“为了胜利，向我开炮”：事件的可说性占位

物理空间中，事件转瞬即逝。我们所谈的事件，不单指物理层面上的事件，不是事件的正在发生，而是事件之后，在话语和语言层面上对事件的留驻，即德勒兹所说的“事件的意义—效果”。马克思、尼采、海德格尔、拉康、本雅明、福柯、巴迪欧、德勒兹、阿甘本、齐泽克、克劳德·罗马诺等思想家将他们的目光转向那个颇难捕捉的事件，去思考事件带来的哲学问题：这个无法还原为既定框架的“溢出”或者“残余物”。我们就影片《英雄儿女》中王成的塑造问题进行探讨。

《英雄儿女》改编自巴金两万多字的短篇小说《团圆》[①]。小说是巴金到朝鲜两次采风后，于1961年创作并发表的。它讲述了一对失散多年的父女在朝鲜战场上相认的温情故事。小说发表后，得到了文艺界领导的高度关注。时任文化部副部长的夏衍指示长春电影制片厂组织力量对其进行改编，搬上银幕，这就是武兆堤导演的《英雄儿女》。小说中原本只提到一句“只是王成没有能回来，他勇敢地在山头牺牲了”，但电影中却把王成作为核心人物加以突出和渲染。他发出信号“向我这儿打，别顾我”，和他的那声“为了胜利，向我开炮”，成了人们最耳熟能详的一句台词。

要怎么来表现这个英雄呢？据编剧之一的毛烽的女儿毛白鸽说：“艺术家们真是费了很大的劲，很多的细节都是创作出来的，在写到王成牺牲的时候卡壳了。他们把一些书都快翻烂了，如《志

① 巴金：《团圆》，《上海文学》1961年第8期。

愿军一日》《志愿军英雄传》等，后来他们翻到《志愿军一日》上面的一篇文章《向我开炮》，立刻决定：‘对，就拿这个！’再拿另一个拿着爆破筒冲向敌阵的英雄事迹来写王成的牺牲，这样就把王成的英雄形象就树立起来了。”据毛烽回忆：现场听到不止一起这样的事情，有好多这样前仆后继的战士。像 422 团的一个连长，子弹全部打完了以后，抱着巨石跟敌人搏斗，最后牺牲在阵地上。还有一个叫王德山的连长在弹尽粮绝的情况下，把最后两枚手榴弹拉响了冲入敌群。艺术家们把王成当成一个普通的志愿军战士来写，但王成的身上又集中了许多人最优秀的品质。我们的问题是：为什么翻遍了那么多书籍，就确定是这一句“为了胜利，向我开炮！”事件的发生与对事件的言说（即言说层面的发生）有什么不同？如何言说普遍性的“不可说之物”，使其变成可说的？

“事件”这一词与发生和位置有关。英语的 take place，法语的 avoir lieu，其中都包含着“位置”的概念，“事件”之所以是事件，在于它不纯粹是一个事实的出现，而且也是从没有位置向占据某个位置的转变。关于事件发生的占位的讨论，可以追溯至柏拉图的《蒂迈欧篇》，他提出有三类存在物：一是永恒的存在物，类似洞穴外的阳光和永恒的理念；二是有限的、易逝的可感之物；三是永恒的不灭的空间，它为一切造物提供了存在的场所（空间），在柏拉图看来，这个第三类存在物之所以保障了可感物的真理性，因为它为可感物提供了位置，是可感物存在的条件：

> 第三类存在物是永恒不会被毁灭的空间，它为一切造物提供了存在的场所，当一切感觉均不在场时，它可以被一种虚假

> 的推理所把握，这种推理很难说是真实的，就好像我们做梦时看到它，并且说任何存在的事物必然处于某处并占有一定的空间，而那既不在天上又不在地下的东西根本就不存在。对于诸如此类的存在的真实的、确定的性质，我们仅有模糊的感觉，也不能摆脱梦寐而说出真理来。因为影像并不包括据以形成的实体，影像的存在总像是其他事物瞥然而过的影子，所以我们一定推断它肯定有位置（chora，即位于空间中），以某种方式维持其存在，否则就无从存在了。[①]

在柏拉图看来，人有限的感官不能触及洞穴外的阳光，洞穴中的影子又不具可靠性，这个第三类存在物不是一种清晰的影像，而是一种类似梦寐的感觉，故而空间和位置本身是不可感的。“位置”可以分有理智，这并不好被理解，或许是因为，观念和空间彼此相关联，都无法被感知。

柏拉图提出的这个“第三类存在物”——永恒不会被毁灭的空间，它为一切造物提供了存在的位置和场所。任何存在的事物必然处于某处并占有一定的空间，位置是事物发生的条件。同时，一个事物的发生并不一定是在实体上发生，也需要在言说层面发生。这样，事件的发生不仅是指它在非感知性的空间中占据了一个位置，也是指它在语言和言说中具有了可说性，让其变成了可以通过语言表达出来的可说之物。“为了新中国，前进！”这句话在董存瑞之前的思想空间和可说性中并不具有一个位置，但当他还没有找到适

① 柏拉图：《柏拉图全集》第三卷，王晓朝译，北京：人民出版社，2003年，第304页。

合摆放炸药包的地方、大部队已经开始冲锋战友一个一个倒下的时候，它便占据了一个位置。因为，这时发生了一种“审美活动”，中国人情感结构在这样的审美活动中“瞬间”爆发。我们看到，这一“事件”超越了董存瑞之前的话语：猛地，他看了一下抱在怀里的炸药包，咬紧牙关，毅然地、迅速地托起它，用力地拉燃了导火索……“为了新中国，前进！”影片借助视听语言——言说了一个事件，让不可言说的东西——伟大的牺牲精神得到了一种审美的表达，变成了可以言说的东西。同样，当王成喊出“为了胜利，向我开炮”时，“事件”超出了王成之前的话语，因此，事件不仅仅是当下的发生，也是对既定的语言和话语框架的突破。关于这种突破，马克思在《路易·波拿巴的雾月十八日》中表述为：“从前是辞藻胜于内容，现在是内容胜于辞藻。”[①] 毛泽东表述为：“更高、更强烈、更集中、更典型、更理想，因而就更带普遍性。”[②] 我们能感觉到：那里发生了什么新的东西，某种能够推动历史进步的东西。巴迪欧称之为一个“爱的事件”的发生和新的合体——新的革命主体（社会主义新人）的产生。这个新的主体，与老黑格尔所说的“这一个”是不同的。

---

① 马克思：《路易·波拿巴的雾月十八日》，北京：人民出版社，2018 年，第 12 页。

② 毛泽东革命现实主义与革命浪漫主义两结合理论，其结合点与“事件哲学”意义上的“奇点”相关。马克思认为，社会主义革命内容只有在它“生成的绝对瞬间”表达出来，即社会主义生产力冲破资产阶级交换价值的形式化表征框架，从其内部产生出自己的形式，使用价值的财富、人类自我欢愉的力量必定要打开交换价值抽象化的牢笼，并表达自己。正如抗美援朝长津湖战役中一个战士的话：“冰雪啊，我绝不屈服于你，哪怕是冻死，我也要高傲的耸立在我的阵地上。”参见 2011 年由颜品与付勇执导、八一电影制片厂出品的纪录片《冰血长津湖》。

与“事件”紧密相关的概念是“无中生有”。在古罗马思想家那里，拉丁语的“无中生有”（*ex nihilo*）表现为 *ex materia*——从现有材料中生产出某个东西。*ex Deo* ——则是来自神灵的东西，其中蕴含着神的意志和恩典。《法律篇》最核心的议题实际上就是 *ex Deo* 的一般恩典，即按照上帝的安济来治理世界。这也涉及美的问题，柏拉图区分了“美本身”和“美的事物”，在回答什么是美的问题的时候，他说美的小姐、美的母马、美的竖琴、美的汤罐之所以是美的，是因为它们反映了美的理念。这种一般恩典的 ex Deo，不仅支配着中世纪诸多神学家的思维，也支配着启蒙早期的一些科学家的思考。在他们看来，上帝对其所缔造的世界做了安排，科学的目的就是发现其中运行规律。[①] 艾略特在他的《传统与个人才能》中提出：一个艺术家要不断地放弃当前的自己，归附更有价值的东西，心灵对事物做了安排，确定了整个框架：

> 诗人的心灵实在是一种贮藏器，收藏着无数感觉、词句，搁在那儿，直等到能组成化合物的各分子到齐了。[②]
>
> 我用的化学上的催化剂的比喻。当前面所说的两种气体混合在一切，加上一条白金丝，它们就化合成硫酸。……诗人的心灵就是一条白金丝。……但艺术家愈是完美，这个感受的人和创造的心灵在他的身上分离得愈是彻底；心灵愈能完善地消

---

① 参见蓝江：《面向未来的事件——当代思想家视野下的事件哲学转向》，《文艺理论研究》2020 年第 2 期。

② 艾略特：《艾略特诗学文集》，王恩衷编译，北京：国际文化出版公司，1989 年，第 5—6 页。

化和点化那些作为材料的激情。[①]

于是他就得随时不断放弃当前的自己，归属更有价值的东西，一个艺术家的前进是不断地牺牲自己，不断地消灭自己的个性。[②]

艾略特试图通过伟大的心灵的作用，经由“客观对应物”和“许多经验的集中”的诗学路径，在混乱中求秩序，从而实现这样一个目标：复现一个过去、现实、未来共存的永久性、整一性的人类历史图景。他说自己“在文学上是一个古典主义者”，这就不难理解了。当代思想家齐泽克、巴迪欧等的视野中的无中生有具有了完全不同的意义，无中生有不仅意味着不是从既定的材料和秩序来创造出某种产品，而且也不依赖于所有的规律，包括自然规律和人类的法律，或者神的意志。无中生有，它意味着一种在既定的规律和框架之外的创造。

毛泽东在《在延安文艺座谈会上的讲话》中提出了文学艺术生产的重要问题，在他看来，文学艺术的创作过程是一个对文学艺术原始矿藏的加工生产的过程。这个加工过程起决定作用的，是文学艺术家“感情起了变化，由一个阶级变到另一个阶级”：

人民生活中本来存在着文学艺术原料的矿藏，这是自然形态的东西，是粗糙的东西，但也是最生动、最丰富、最基本的东西。……它们是一切文学艺术的取之不尽、用之不竭的唯一

① 艾略特：《艾略特诗学文集》，第5页。
② 同上书，第4页。

> 源泉。……中国的革命的文学家艺术家，有出息的文学家艺术家，必须到群众中去，……观察、体验、研究、分析一切人，一切阶级，一切群众，一切生动的生活形式和斗争形式，一切文学和艺术的原始材料，然后才有可能进入创作过程。……人类的社会生活虽是文学艺术的唯一源泉，虽是较之后者有不可比拟的生动丰富的内容，但是人民还是不满足于前者而要求后者。这是为什么呢？因为虽然两者都是美，但是文艺作品中反映出来的生活却可以而且应该比普通的实际生活更高，更强烈，更有集中性，更典型，更理想，因此就更带普遍性。革命的文艺，应当根据实际生活创造出各种各样的人物来，帮助群众推动历史的前进。[①]

毛泽东这段话事实上提出了如何言说“事件”，从而获得一种改造世界的普遍性力量的问题。正如克劳德·罗马诺所说：“于是，事件就是将自身展现为穿越天空的明亮的痕迹，并直接消逝。所发生的一切导致了世界之中的诸多事物的改变。”[②]“英雄猛跳出战壕，一道电光裂长空”，事件划破了我们生存的天空，如同一道伤痕，更重要的是，事件带来了“新”的认识，我们可以通过事件留下的

① 毛泽东：《毛泽东选集》第三卷，第860—861页。

② Romano，Claude. Event and World. Trans. Shane Mackinlay.New York：Fordham University Press，2009，p.24。参见蓝江：《面向未来的事件——当代思想家视野下的事件哲学转向》，《文艺理论研究》2020年第2期。

痕迹，见证一种未知的或曾经被视为不可能的事物的出现。[①]它的存在并不在于如艾略特的《传统与个人才能》《哈姆雷特》所主张的那样与既定的语言体系和确定的词与物的关系保持一致连贯性，而是留下一个不可磨灭的印记。从此以后，那个转瞬即逝的事件在可说性的话语中永远留存了它的意义：相对于确定事物及其话语秩序的绝对优先性。

艾略特在《传统与个人才能》中提出我们对艺术家的鉴赏的“历史的批评原则”和“美学的批评原则”：

> 产生一件新艺术作品，成为一个事件，以前的全部艺术作品就遭逢了一个新事件。现存的艺术经典本身就构成一个理想的秩序，这个秩序由于新的（真正新的）作品被介绍进来而发

① 1950年是朝鲜长津湖地区50年来最为寒冷的一个冬天。在零下30度严寒天气下，美军海军陆战队第一师与我志愿军第九兵团展开了较量。为防止美军向南逃跑，在下碣隅里向南到故土里之间的水门桥这个地方，我军派出第二十军第五十八师第一七二团下属一个连的战士在这里把守。这129名志愿军战士在水门桥这里，整整埋伏了六天六夜。由于后勤物资跟不上，他们身上穿着的还是入朝作战时的单薄棉服，食物只有冻得比石头还要硬的土豆。就这样，我们的志愿军战士在饥寒交迫中，趴在覆满积雪的阵地上一动不动。美军向南撤退，经过水门桥志愿军战士阵地的时候，枪声却没有响。当他们走到阵地前的时候发现：129名志愿军战士的枪全部朝着一个方向，指着的正是美军撤退的道路，所有的志愿军战士全部冻僵在阵地上。后来他们还在一位战士的衣服里发现了一封信，上面写着：“我爱亲人和祖国，更爱我的荣誉，我是一名光荣的志愿军战士。冰雪啊，我绝不屈服于你，哪怕是冻死，我也要高傲的耸立在我的阵地上。”冰雪的自然力留驻了这一刻，也正因为这一瞬的留驻，自然界获得了其最高本质，自由与必然在历史中获得了统一，共产主义有了自己的形式和内容：“（共产主义）的形式和内容的一致是如此绝对，以至于前者有效地消失于后者之中”，在伊格尔顿看来：“共产主义的条件只能通过这两方面的某种结合才能够设想——这个过程使崇高的全部潜能无限扩大，但仍然遵循内在的形式规则。”参见特里·伊格尔顿：《审美意识形态》，第213页。

生变化。这个已成的秩序在新作品出现以前基本是完整的，加入新花样以后要继续保持完整，整个的秩序就必须改变一下，即使改变得很小；因此每件艺术作品对于整体的关系、比例和价值就重新调整了；这就是新与旧的适应。谁要是同意这个关于秩序的看法，同意欧洲文学和英国文学自有其格局的，谁听到说过去因现在而改变正如现在为过去所指引，就不致于认为荒谬。诗人若知道这一点，他就会知道重大的艰难和责任了。①

艾略特认为：

用艺术形式表现情感的唯一方法是寻找一个“客观对应物”；换句话说，是用一系列实物、场景，一联串事件来表现某种特定的情感；要做到最终形式必然是感觉经验的外部事实一旦出现，便能立刻唤起那种情感。……艺术上的“不可避免”在于外界事物和情感之间的完全对应。②

但是，在哈姆雷特的“疯癫”这里，艾略特碰到了一个困难：他的“客观对应物”思想在哈姆雷特的疯癫面前失去了阐释力。在他看来：“《哈姆雷特》所缺乏的正是这种对应。哈姆雷特（这个人）受一种无从表达的情感支配，因为这种情感超出了出现的事实。有人认为哈姆雷特和作者是同一的，这种观点在下面这种意义上可以成立；哈姆雷特在没有客观对应物时的困惑是其创造者面临

① 艾略特：《艾略特诗学文集》，第2—3页。

② 同上书，第13页。

自己的艺术难题时的困惑的延续。”[①]

艾略特认为，对于哈姆雷特来说，由于“他无法使它客观化，于是只好毒害生命、阻延行动”，而对剧作家来说，“它代表了一种无法用艺术形式表达出来的情感。这种无法用实物加以表达、或者超过了实物的强烈感情，疯狂而暴戾，是每一个有感情的人都经历过的；毫无疑问，它是病理学家研究的课题”，艾略特只好承认这一事实，即“莎士比亚处理的是一个并非他能力所能及的难题”[②]。我们认为，哈姆雷特的经典命题恰是真正革命性的，因为哈姆雷特遭遇到了一个真正的事件。

德勒兹表示，事件的发生需要在“可说性”或者无形的空间中占据一个位置，占据这个位置意味着需要一个与之相对应的命题，事件最终对应于命题的“意义”，即语言实际上承载着事件的效果，让事件得以在表述事件的命题中“持存”（subsister）。“为了胜利，向我开炮！”就是这样的命题，类似艾略特的“客观对应物”。在艾略特看来，哈姆雷特无法将自己的情感“客观化”，无法将自己的情感对应于相应的命题，即“客观对应物”。正如詹姆斯·威廉姆斯评价道：“每个事件都和它所呈现的潜在意义的永恒的、理念的方面相联系。每一个没有位置的占领者，每一个意义和所有潜在的强度层次都‘盘旋’在对它们进行表现的物理事件之上。”[③]

艾略特对莎士比亚《哈姆雷特》的评价，可说是欧洲文学史上

① 艾略特：《艾略特诗学文集》，第 13 页。

② 同上书，第 13—14 页。

③ 查尔斯·斯蒂瓦尔主编：《德勒兹：关键概念》，田延译，重庆：重庆大学出版社，2019 年，第 125 页。

的一个事件。他认为，《哈姆雷特》“远非莎士比亚的杰作，而确确实实是一部在艺术上失败了的作品”：

> 莎士比亚处理的是一个并非它能力所能及的难题。他为什么要做这样的尝试是一个不可解之迷；我们无法知道他是在什么经历的促使下，试图表达这种无法表达的可怕情感的。……最后，我们还必须知道某些原先假设为无法知道的东西，因为就象上面所说的那样，我们认定它是一个超过了事实的经历。我们得理解某些莎士比亚本人都无法理解的事情。①

我们可以想见，莎士比亚在写作《哈姆雷特》时，同哈姆雷特一起遭遇了怎样的精神风暴？我们未曾不可把这看作莎士比亚遭遇到的一个写作事件，它遭遇到一个新的、还未形成的价值观和历史真实。

三、非在的实存：无产阶级通过革命实现了自己的表象

马克思在《路易·波拿巴的雾月十八日》中有一个非常重要的观点，在伊格尔顿看来，这个观点“涉及全部美学概念的重新表达”：“19世纪的社会革命不能从过去，而只能从未来汲取诗情。它在破除一切对过去的迷信以前，是不能开始实现自己的任务的。从前的革命需要回忆过去的世界历史事件，为的是向自己隐瞒自己的

① 艾略特：《艾略特诗学文集》，第14页。

内容。19 世纪的革命一定要让死者去埋葬他们自己的死者，为的是自己弄清自己的内容。从前是辞藻胜于内容，现在是内容胜于辞藻。”[①] 伊格尔顿对此评价说：“先前的革命已经形式化了，把‘辞藻’或形式的因素附加到它们的内容之上；但是这个结果使能指较所指相形见绌。相反，社会主义革命的内容是过渡的形式，它超越了它自己的修辞。它不能通过其他东西来表达，只能通过它自己来表达，只有在它‘生成的绝对瞬间’表达出来，这是一种崇高。”伊格尔顿这样评说：共产主义社会的内容“必定从它自己的内部产生出它自己的形式，发现它自己的水准和尺度”[②]，即社会主义的内容，超越了它自己的修辞（辞藻），只能通过它自己来表达，所谓“内容胜于辞藻”。

里尔克的小说《旗手》[③] 的广泛流行，开始于第一次世界大战期间。小说一开始标明了“旗手”的身份：“‘……1663 年 11 月 24 日沃图·奉·里尔克得其兄克利思多孚战死于匈牙利后所遗林大封地兰该诺、格兰尼及兹厄格拉，但须立一字据，凭此可取消此项授权，倘其兄克利思多孚（据死亡报告谓以旗手职死于毕洛瓦诺子爵所率奥地利皇家黑弈司忒骑兵联队中……）生还故土……’”[④] 卞之琳在《福尔的〈亨利第三〉和里尔克〈旗手〉》一

---

① 马克思：《路易·波拿巴的雾月十八日》，第 11—12 页。

② 特里·伊格尔顿：《审美意识形态》，第 210 页。

③ 据译者解释，本篇原名《旗手克利思多孚·里尔克的爱与死之歌》（*Die Weise von Liebe und Tod des Cornet Christoph Rilke*），写于 1899 年，据舒姗·克拉（Sussane Kra）法译本转译。

④ 据译者解释，这段文字原用古文体写成，大约引自历史或家谱，原未注明，今亦无可考。但有一点是我们知道的：里尔克对于名门家谱颇感兴趣，他家虽非了不起的大家，亦似乎颇重视门第，死后人家还秉承他自己的意思，在坟头刻下他家的纹章。

文中这样评价：

> 表面上里尔克在《旗手》里较近于普通的讲故事，可是他不是在这里塑造几个人物，而本质上却更是抒情——更点触到一种内在的中国所谓的“境界”，一种人生哲学，一种对于爱和死的态度，一些特殊感觉的总和。在《旗手》的铁马奔腾的基调中，处处闪亮着女性的温柔；肉体的透彻的享受与折磨上、强烈的结合上，高悬着清风霁月的朗静；在一气呵成的气势下，一贯流溢着逐渐阔大出去的同感、同情，从不同言语里听懂共通的事物，因此大家“变成了兄弟”，“仿佛只有一个母亲”，从异国人的未婚妻的玫瑰花分取一瓣，因而也分取了享受，分取了负担——这一种胸襟也就是伏的根或者芽，对于里尔克后期与宇宙契合，与宇宙息息相关的境界，也就是瓦雷里的名句“全宇宙在我的枝头，颤动，飘摇！”（梁宗岱译文）相似的境界。[1]

《旗手》对人的身体的感觉做了极具形式感的描述，把人的感性、感觉，感官的快乐提到了一个“永久性和普遍性”的哲学高度：“仿佛共有一个母亲，共有一个死”，即人类的存在都可追溯至一个原初的本体。小说中旗手的圣洁的爱和壮烈的死已经被形式化了，按照马克思的说法，“把辞藻或形式因素附加到它们的内容之上”，其结果是“使能指较所指相形见绌”，当把情感引向一个至

① 卞之琳：《福尔的〈亨利第三〉和里尔克的〈旗手〉》，载《卞之琳译文集》上卷，合肥：安徽教育出版社，2000年，第168页。

高存在时，具体生命的内容就显得微不足道了。

自古希腊哲学以来，直到中世纪神学的本体论，都试图寻找最原初的天，并将其作为我们这个世界的第一动因。启蒙哲学之后，对世界本源的探索，转向了先验的认识论框架。形而上学家关心的是如何在理念的带领下，来实现世界的整个知识性关联，不可知的事物被排除在外。科学家和哲学家的任务就是尽可能地依照这个原理去创造事物，实现世界的进步，一种具有进步主义倾向的世界观出现了。在理性和科学的标准下，世界被划分成文明世界和蒙昧世界，而各个文明、种族之间的关系，被纳入因果性的线性关系，世界万物都被还原为必然性和合理性，世界时代的最终蓝图让位于绝对理性的乌托邦，人类的自由也变成了顺从于大写理性的自由。里尔克试图超越这种理性，重新找到回归大地的纯粹的原初和太一：

又到银色的时辰，
溶进温馨的夜晚，纯净的金属
给悠悠的美添上
音乐般宁静的悠悠回归。

古老的大地重新醒来，改变：
一颗纯洁的星球，幸免于我们的劳作。
散乱的声音，离开了白昼，
全部列着队，归于流水的声音。

——里尔克《瓦莱四行诗》其一

里尔克的墓志铭写道：

玫瑰，哦纯粹的矛盾，
想望着在你众多的眼睑下
只为自己而眠。

玫瑰象征着艺术的奇观和人类难以言明的生存，如海德格尔所说，让物在它的物的存在中不受干扰，在自身中栖息。诗人渴望在一切消逝中掌握自己，那就是回归世界的单纯与简朴：

但愿我们能找到一种人的存在：
纯粹，隐忍，菲薄，
一片自己的沃土，
在激流与峭壁之间。

在人类历史发展的长河中，事件从未像在今天这样显得如此重要。对于事件的思考，我们已经无法将其简单地还原为某个朴素的观念论的思维，或理解为某个神灵意志或第一推动的力量，事件本身就是这种力量。我们无法回避的问题是：如何面对在我们的认识框架和存在框架之外的某个溢出（excess），一个无法还原为既定存在和认识框架的残余物（surplus）。事件不断地发生，我们该怎样从事件中去领悟新的力量、新的生命。

如马克思所说，“19 世纪的革命一定要让死者去埋葬他们自己的死者，为的是弄清楚自己的内容”。对于我们来说，“事件”不仅仅是当下的发生，也是对既定的语言和话语框架的突破，同时正是在这种革命性的突破，即对既有符号和陈腐观念的解码中，无产阶级超越了霸权——大写的一，找到了“自己的内容”，获得了自己的才赋和表象。[①] 如果没有一场真正的社会革命为其奠基，没有真实的“事件”的发生，无产阶级的这种天赋就会被埋没。

王杰认为，在中国社会的现代化过程中，形成了一种可称之为“乡愁乌托邦”的文化冲动。在社会主义思想传入中国之后，乡愁乌托邦与其形成了一个相互纠缠、彼此制约的双螺旋架构，这个结构的展开和各要素的此消彼伏，成为中国现代化过程中十分特殊且亮丽的风景线，释放出巨大的情感力量和精神力量。在这个无限展开的双螺旋结构中，一个个奇点、团簇着的奇点，如舞动的音符，随着这一双螺旋结构的变化而变化[②]，奏响了一曲激烈而又悲情现代交响乐！在《意义的逻辑》中，德勒兹明确指出：“什么是理想的事件？这就是奇点，或者毋宁说是一系列奇点或奇点的集合，它们代表了一条数学的曲线，一个物理现象，一个心理上和道德上的人格。奇点就是转折点和感染点，它是瓶颈、是节点、是玄关、是中心、是熔点、是浓缩、是沸点、是泪点和笑点，是疾病

① 伊格尔顿在阐述马克思关于辞藻与内容关系的问题时，从社会主义生产力的角度进入这一话题：“交换价值是资产阶级社会重新表达的手段；但是生产力必定冲破这种表征框架，解放使用价值的异质性，这是一种看来拒绝一切表征标准的唯一的特殊性。发现表达形式‘适合于’社会主义的材料并不重要，重要的是重新思考整个对立面——不再把形式作为符号化的模型，而是作为‘内容的形式’，作为一种不断生产的结构。”参见特里·伊格尔顿：《审美意识形态》，第 210 页。

② 王杰认为，中国式的悲剧作品中，主人公命运的逆转除了遭遇必死的命运时的断裂和新生，还可以是某种偶然的“温情事件”。这源自中国人的情感结构，它的人类学基础是自然性及社会力量与反自然性社会力量的冲突。参见王杰、石甜：《中国悲剧观念的人类学基础》，《学习与探索》2021 年第 3 期。

和健康，是希望和焦虑，是‘敏感’点。”[①] 事件和意义，就是奇点，一个不能被还原为既定的结构上的点，它是灵韵，是跳舞，是星星之火，它在那里，成为一个奇观，世界围绕着奇点的节奏而舞动，在那一刻，我们才能体会到奇点降临的意义。它将人类的信仰转变为生命能掌握的意义，将事物的存在转变为人类生命的循环。

贺敬之1941年9月写于延安的《我走在早晨的大路上》是很好的例子：

我走在早晨的大路上
我唱着属于这道路的歌。
我的早晨的河啊，你流吧，
我的早晨的太阳，你升起吧。

这早晨的歌，
这太阳的歌，
这季节的歌，
这开辟和手创的歌，

……

……

我——一个十八岁的公民，
我自己说话，高声地：
这土地是我的！
这山也是我的！
……

这田野的歌，
这西红柿的歌，
这小米的歌，
这玉蜀黍和高粱的歌！

我——一个十八岁的歌者，

我，十八岁，向前走，唱着，

① Gilles Deleuze. *Logique du sens*. Paris：Minuit，1969，p.73。参见蓝江：《面向未来的事件——当代思想家视野下的事件哲学转向》，《文艺理论研究》2020年第2期。

我唱我自己的歌，高声地：　　你们，也向前走，
是我的——这早晨，这太阳！　从我的左肩擦过，唱着；
是我的——这欢快的一天的开始！从我的右肩擦过，唱着……

1941 年的延安作为家园和圣地，尽管仍有强敌压境，但在此地的军民对于社会主义观念具有强烈的认同感，乡愁乌托邦与其共振形成的奋发和气韵生动，通过“我”的感受，一种审美经验的解放性在升华过程中体现出来。按照马克思的说法：“人与人之间的兄弟情谊在他们那里不是空话，而是真情，并且他们由于劳动而变得结实的形象向我们放射出人类崇高精神之光。”[①] 由此，社会主义信仰在具体的语境中被表征了出来。

对于今天的思想家来说，无论是马克思、尼采、海德格尔，还是福柯、德勒兹、巴迪欧、齐泽克，他们思考事件，不是为了理解过去，也不是为了批判常规的当下，而是指向一个未来。事件就是不可能性，是奇点，在奇点上，在断裂中，长出新的血液、新的生命，其真正价值在于：它是与乌托邦相联系着的、人类的基本信仰，一个曾经被视为不可能的东西在事件冲击下成为可能。阿兰·巴迪欧对于有关事件的问题给出了数学式的形式化表达。早在 1988 年的《存在与事件》中，巴迪欧就从“集合论”出发，论证了在位（site）之上发生事件的可能性，以及在事件之后，将那种无法被之前的情势状态（é tat de la situation）计数为一的不可辨识之物（les indiscernibles）纳入新的运算体系中，从而达到对以往的情势状

① 转引自特里·伊格尔顿：《审美意识形态》，第 199 页。

态的改变。[1]艾略特，一个寻找世界的内在整一性古典主义者和浪漫主义者，他碰到的难题是无法把哈姆雷特的疯癫还原为一个“客观对应物”，那个无法被客观化的“疯癫”，即巴迪欧所说的无法被之前的情势状态计数为一的不可辨识之物[2]，巴迪欧将其纳入一个新的运算体系中。

蓝江在《面向未来的事件——当代思想家视野下的事件哲学转向》一文中，指出：

> 由于这种形式化的表达对于那些不熟悉集合论的读者来说，理解起来非常困难，所以在2006年的《世界的逻辑》中，巴迪欧重新给出了一个新的形式解释。按照巴迪欧自己的说法，《世界的逻辑》更像是他自己的精神现象学，它目的不是在一个远离世界的数学的空中楼阁中来解说抽象事件，他希望对事件的理解能够降临在具体的层面上，让事件真正成为支配着现实世界的力量。在《世界的逻辑》中，巴迪欧修正了之前他在《存在与事件》中经常使用的情势状态的概念，而使用了一个新的概念：超验。巴迪欧的超验不同于康德式的观念论意

---

① 参见蓝江：《面向未来的事件——当代思想家视野下的事件哲学转向》，《文艺理论研究》2020年第2期。

② 现实主义作家福楼拜的小说《包法利夫人》对包法利夫人艾玛的死亡作了细致客观的描写：“她想一切欺诈、卑鄙和折磨她的无数欲望，都和她不相干了，教士取出十字架，她使出就要断气的全部力气，亲着她从来没有亲过的最大的爱情的吻……”但在艾玛将要死去的时候，福楼拜突兀地插入一个瞎子胡言乱语，艾玛听到后坐了起来，好像一具尸首中了电一样，瞳孔睁大，她喊着“瞎子”，笑了起来，一种疯狂的、狰狞的笑，她相信自己看见了乞丐的丑脸，站在永恒的黑暗里面吓唬她。瞎子的出现打乱包法利夫人死前持续的宁静。这突然一笔，跃出了现实主义作家应有的客观性，表现出某种难以客观化的不确定性，按照巴迪欧的说法，是“无法被之前的情势状态计数为一的不可辨识之物”。

义上的超验，因为巴迪欧的超验不是唯一的，世界可能存在着多个超验框架，但超验框架就是我们去面对这个世界的一个基本的无形空间。在一定程度上，超验的概念类似于柏拉图《蒂迈欧篇》中的chora，也类似于塞克斯都·恩披里柯的意义上的可说性，它是一个基本架构，世界上的一切都需要通过这个基本架构表象出来。①

这里我们借用蓝江对巴迪欧的超验（T）和世界（M）概念的分析：

超验T，一个无限可分的时空，有限的主体，正是通过这个无限可分的架构来看待整个世界的，而那个世界M并不会直接向我们呈现出来，那个世界是一个未分（indifferent）的世界，我们从那个世界里得不到任何认识，只有通过超验T的框架，我们才能将那个未分的世界的某些部分转化为表象的对象。一个事物在超验T下的表象不等于这些事物在M上的存在，但是，对于同样处于超验T之下的人来说，他们更关心的是事物在T之下的表象。在这个基础上，巴迪欧提出了自己的实存的概念，一个对象在超验T下的表象与在世界M上的存在构成了一个函数关系，即实存函数 $E_x=Id(x, x')$。这个函数表明，对于既定的x来说，实存函数代表着x在T下的表象x'与自身在世界中的存在x之间的同一性关系，如果函数 E_x 取最大

① 参见蓝江：《面向未来的事件——当代思想家视野下的事件哲学转向》，《文艺理论研究》2020年第2期。

> 值 1，则代表对象 x 如其所是在超验 T 下表象出来，它获得了最大的实存值，相反，如果函数 E_x 取最小值，如 $E_x=0$，则意味着对象 x 完全没有在超验 T 之下表象出来，或者它的表象与自己的存在有着天壤之别。[①]

蓝江认为，“对于巴迪欧来说，取得了一定的实存函数值的对象是实存的，但是一旦实存值为 0，则意味着这个对象变成了一个非在（inexistent），巴迪欧的非在的意义十分重要，它并不是非存在（non-être），也就是说，该对象在世界上存在，但并没有在超验 T 下面表象出来”[②]。超验 T 好比是一道裂开长空的闪电，转瞬即逝，但却真正照亮了一个以前从未展开过的、通向未来的世界。那么，由于这种特殊的形式化表述，巴迪欧实际上赋予了事件一个新的含义：“一个事件的真正结果就是非在的实存。”[③] 这就是巴迪欧的事件。毛泽东写于 1935 年的《沁园春·雪》包含着一种崭新的历史观，是巴迪欧思想的文学—哲学化表达：俱往矣，数风流人物，还看今朝。一个伟大的无产阶级革命家，置身于壮丽河山，他感觉到一个前所未有的新时代的到来。

蓝江提到，在西方，在 1848 年革命之前，在马克思、恩格斯

---

① Alain Badiou. *Logiques des mondes*. Paris：Seuil，2006，p.220。参见蓝江：《面向未来的事件——当代思想家视野下的事件哲学转向》，《文艺理论研究》2020 年第 2 期。

② 参见蓝江：《面向未来的事件——当代思想家视野下的事件哲学转向》，《文艺理论研究》2020 年第 2 期。

③ Alain Badiou. *Logiques des mondes*. Paris：Seuil，2006，p.398。参见蓝江：《面向未来的事件——当代思想家视野下的事件哲学转向》，《文艺理论研究》2020 年第 2 期。

的《共产党宣言》之前，无产阶级并非不存在，但是在资产阶级的政治的超验 T 之下，并没有被表象出来。1848 年革命，以及后来的巴黎公社革命显然改变了这一切，无产阶级通过武装革命，通过占领巴黎，在政治的超验 T 中实现了自己的表象，让自己的政治表象与自己在世界上的存在获得了实存的函数值，也只有在那一刻，马克思才在《法兰西内战》中称颂道："这是使工人阶级作为唯一具有社会首创能力的阶级得到公开承认的第一次革命，甚至巴黎的中产阶级的大多数，即店主、手工业者和商人——唯富有的资本家除外——也都承认工人阶级是这样一个阶级。"[①]

如果说，在马克思看来，1871 年的巴黎公社革命是工人阶级"作为唯一具有社会首创能力的阶级得到公开承认的第一次革命"，那么，在中国发生于 1922 年 1 月至 1923 年 2 月的京汉铁路工人大罢工，作为中国共产党领导的第一次工人运动高潮的顶点，也作为一个重要的历史"事件"，显示了中国工人阶级的力量。借用巴迪欧的说法，中国工人阶级通过罢工运动，在无产阶级政治的超验 T 中实现了自己的表象，让自己的政治表象与自己在世界上的存在获得了实存的函数值。无产阶级如何获得自己的表象？如果没有一场真正的社会革命为其奠基，没有真实的"事件"的发生，无产阶级的这种天赋就会被埋没。同时，文学艺术家如何成功地言说事件，使其获得最大限度的实存值，这也是至关重要的。

与德勒兹不同，巴迪欧认为：事件不仅仅是变化和生成，而且需要让之前没有得到表象的对象（"非在"）获得最大值的存在，即让非在成为实存。他区分了强奇点和弱奇点，弱奇点虽然也能让非

---

① 马克思：《法兰西内战》，北京：人民出版社，2016 年，第 65 页。

在表象出来，但是它并没有改变一切，而是被之前的框架或超验 T 暴力性地还原为之前一个值，“如英国的‘宪章运动’中的工人阶级发动了运动，让自己获得了实存值，但这个实存值不是属于工人阶级独特地位的实存值，而是被还原为类似于资产阶级公民上的实存，也就是说，工人阶级的特殊性被淹没在资产阶级的实存值之中，虽然工人阶级被表象出来，但是它是作为资产阶级公民的等值来表象的”①。与之相反，强奇点不仅要获得等值，还需要获得属于工人阶级的特殊值。

巴迪欧说：“事件［或强奇点］（vénement）——事件是真正的变化，其位转瞬即逝的实存强度为最大值，这样在这个位的诸多结果中，存在着专属于这个位的非在的最大的实存强度的生成。我们也可以说，事件是对非在的绝对化。事件不是弱奇点，也不是一个事实，更不是一个改进。”② 这样，强奇点意味着让之前并未获得实存值的非在获得了最大程度的实存值，而且，这个实存值也促使了“超验”的改变，生成了一个未来的新世界。影片《英雄儿女》再现了历史上的一幕：战士们闪电般、不约而同地一个接一个趴在铁丝网上，身体动作转变为具有精神力量的东西。按照巴迪欧的说法：其位转瞬即逝的实存强度为最大值，无产阶级通过革命（定在）获得了自己的表象，实现自己具有政治能力的实存。管虎导演的电影《金刚川》也有这样的追求，却有概念化的毛病。影片最

① 参见蓝江：《面向未来的事件——当代思想家视野下的事件哲学转向》，《文艺理论研究》2020 年第 2 期。

② Alain Badiou. *Logiques des mondes*. Paris：Seuil，2006，p.608。参见蓝江：《面向未来的事件——当代思想家视野下的事件哲学转向》，《文艺理论研究》2020 年第 2 期。

后，张飞咬牙切齿唱的那四句：“长坂坡前救赵云，吓退曹操百万军。姓张名飞字翼德，万古流芳莽撞人”，让人听得起鸡皮疙瘩。我们由此需要思考的是，怎样用一种朴素的形式把那种不曾在既定的轨迹上出现的力量以具体的形态呈现出来，这显然是一个很高的美学要求。

尽管德勒兹、巴迪欧、齐泽克等人对事件有着各自不同的界定，但是他们的目的是一样的，他们都不愿意在一个看似秩序、规范的社会中如此循环下去，他们相信，一定有一个未来，一个不同于当下的未来，一定存在着一个或多个强奇点，它会成为一道裂缝，撕开这个世界的表象。康德和席勒借助审美形式把碎片化的现实人生经验聚合起来，促使人在想象力的自由游戏中获得一种完整性的存在。他们的审美理想是以审美与现实之间的断裂为前提，因此必然会有着不可避免的理论缺陷，但无可否认，康德、席勒的理论传递给我们的一个基本的信息是：文学艺术其功能的奥秘在于一种把碎片化的人生经验凝聚起来的同时，产生一种超越现实人生经验的新的飞跃。如果说，康德和席勒把凝聚起碎片化的现实经验的功能赋予了想象力自由游戏的艺术形式，形式成为一个绝对性的超越能指，巴迪欧等当代思想家和马克思则从纯粹“爱的事件”发生中，从人的“内在尺度”，从“定在”的现实中发现真正的人的生产：一种人类学意义上的审美经验的完整性，这种完整性其内里是利他和牺牲，它构成了人类社会的伦理基础，以及当代社会信仰的基础。红色经典因其内容似乎一望便知，和形式的质朴，其经典性饱受质疑。但是，我们不认为共产主义是一种“无形式”，对于这个问题，伊格尔顿曾引科恩的话来评价和回答：

> 在共产主义条件下，人类的活动并非是没有结构的，但是也不是一种前结构。没有什么社会形式强加于它，但它的确具有一种形式。“人们可以说，形式现在只是材料自身所创造的分界线。”这里马克思再一次在古典与崇高之间采取模糊的态度。共产主义的形式和它的内容完全一致，在这个层次上，可以说是古典的对称美，或者两者的一致。不同于传统的崇高，共产主义并非是没有形态和不定型的。但是形式和内容的一致是如此绝对，以至于前者有效地消失于后者之中，而且由于后者不过是一种由自身所限定的不断自我膨胀的综合体，因此它产生了某种崇高的效果。[①]

我用镌刻在中国飞行员墓碑上的话语来结束此文：“我们的身体飞机和炸弹，当与敌人兵舰阵地同归于尽！”这冷酷简单的壮烈是时代的诗！百年中国红色经典，以其不同于古典主义和现代主义艺术经典的内容和形式，开启了新的世界文明类型的可能性，它属于一个新的、未知的世界。

（原刊于《马克思主义美学研究》2021 年第 24 卷第 2 辑）

---

① 特里·伊格尔顿：《审美意识形态》，第 213 页。

第五部分　新媒介美育

"算法一代"的诞生：新时代"美育复兴"的媒介前提

林玮[①]

如果说"90后"是成长于互联网语境中的"数码原住民"，因而可以被称为"网络一代"的话，那么"00后"的成长环境相比于"90后"显然有了醒目的变化，那就是原本只在PC端固定的互联网，在2012年前后由于安卓智能操作系统的大规模应用而变得自由移动起来。[②]"移动互联网"的出现，是人类社会在21世纪的一件大事，其影响之深远、广泛将镌刻于人类文明史上，而这对青少年教育的影响尤其突出。移动互联网可以几乎完整地记录下每一个端

① 林玮，浙江大学传媒与国际文化学院副教授，浙江大学、台湾世新大学博士后，北京师范大学博士，研究兴趣为视听传播、影视艺术和审美教育等。

② 根据2015年的调查数据，"00后"拥有手机的比例（64.6%）是"90后"（8.0%）的8倍，拥有个人电脑的比例（29.1%）是"90后"（9.7%）的3倍；而"00后"初中生用手机登录社交网络的比例（58.5%）是小学生（36.0%）的1.6倍。在上网的"00后"中，33.4%在网上与陌生人聊过天，10.1%见过网友。参见张旭东等：《从"90后"到"00后"：中国少年儿童发展状况调查报告》，《中国青年研究》2017年第2期。

口的行为，用户成了“行走的数据”。它把人简化为“比特字节”，即使知识的传授与发觉变得更容易，教育的场景与手段变得更丰富，也使青少年变得前所未有的复杂与重要。在网络上，各方力量都在“争夺”青少年：明星在向他们要“粉丝”，直播在向他们要“流量”，主旋律电影要请当红“小鲜肉”加盟；以弹幕而闻名的B站则策划演讲，开发互动，致敬一波又一波的“后浪”……可以说，他们创造着以移动互联网为载体的巨大奇迹，也成为最受互联网左右的一代。而这种左右是以“算法”为核心的，他们参与了互联网技术的进程，也形成了属于他们的特殊文化。

正因为以移动互联网为代表的信息技术深刻影响了新时代以来的青少年，其兴趣与社会交往行为都高度维系移动互联网技术。从弹幕到直播，从短视频到键盘侠，这种新的媒介语境构成了当代美育复兴的一种基本前提。讨论这种前提，有助于厘清2013年中共中央《关于全面深化改革若干重大问题的决定》中提出“改进美育教学，提高学生审美和人文素养”以来新一轮美育复兴的价值与指向。因应的时代与媒介技术语境不同，新时代美育也应该具有新的内涵与要求。

一、算法及其意义：当代学生的一种美学属性

移动互联网技术对青少年的影响，可以归纳为碎片化、社交化和视频化。这种传播形态的出现，是以“算法”为其深刻基因的。当大量数据被移动互联网采集时，一种基于人工智能的信息计算就开始于各种平台后端发挥作用。频繁使用移动互联网的青少年被隐匿地细分为多个垂直领域，资源被技术这只“看不见的

手”予以细致地梳理和分配，信息也在这一过程中得到了精准的推送。

传统现代性理论对人类社会的发展充满了想象，总以为随着科技的进步，人的主体性，即其自由自觉将得到实现。可是，信息技术的发展颠覆了这种想象。它一边参照人脑，创造出一个远比人类单个大脑运算能力强得多的人工智能“机器脑”（AI），另一边则忙于将这一技术用于对人脑的计算、控制与改造之中，典型例证就是2006年，英国计算机科学家杰夫·辛顿（Geoff Hinton）提出的“算法”。据说，早在高中时期，就有同学告诉辛顿“大脑的工作就像一张全息图”，是有迹可循、有样可摹的。这激发起了辛顿的科研斗志，要用计算机软硬件的高精度配合来模拟人脑运转。表面看，这只是早期“人工智能”的翻版，但辛顿的过人之处是提出“深度学习”的理念，使机器能够在数据处理中找到规律，进而产生自我演绎和完善的路径，摇身一变成为人（数据端）的观察者与控制者。算法诞生迄今不过15年，但它对一代青少年的影响却是深远的，属于算法时代的特殊美学形态正在涌现。这些形态内置于青少年的精神世界里，变成了他们特有的思想属性和兴趣偏好，形成独特的亚文化景观。

首先，算法使得信息的传播更加便捷，这让青少年一代更容易聚集同类，稍繁即舍。在互联网上，信息分发的智能算法把传统“人找信息”变成了“信息黏人”，基于浏览痕迹的信息（包括新闻、绯闻、广告、用户群、产品等）推荐“如影随形”。青少年网民在算法推荐的濡染之间，可以更加便捷地融入某个社群，如某明星的应援会、某特殊爱好的粉丝社群。可以说，他们是在算法信息的叠加推荐与接受中，逐渐形成了明确的文化身份。譬如“算法身份”概念的倡导者利波尔德就说过，“他班上成绩靠前的男学生在网上通常都以女性身份出现”①。

另外，适应了算法自动推荐的信息获取方式，这一代青少年对需要主动、用心寻找的“信息”或“知识”往往抱持抗拒态度。他们习惯于信息的唾手可得，甚至因此而衍生出版权意识淡漠、抄袭现象严重等的社会问题——“有事问度娘”是一种简单而不负责任的生活姿态，其背后暗含着的是“怕麻烦”的心态。而与这种心态相关联的，其实是近年来大盛的“极简美学”。算法主导下的世界观，有可能趋于简单，无法被算法“贴标签”的复杂行为与观念很容易被忽视。

其次，算法使得同质的认知反复巩固，这让青少年一代更容易放弃好奇，拒绝改变。网络传播学上有“信息茧房”的说法，即算法推荐让信息的传播日益变成“我看见的就是我喜欢的，我喜欢的就是我看见的”，个体所遭遇的世界在互联网上失去了它本有的丰富性。一方面，已有的偏见在这一同质重复的传播过程中得到了强化；而另一方面，偏见的持有者“抱团取暖”也变得更普遍——“说了你也不懂”乃是这一代青少年面对他者（尤其师长）的常用语或常见心态。

由于缺乏足够的身体（尤其面部表情）信息所营造的交往氛围，互联网往往被认为“不是说理的地方”。“喷”“怼”“撕”等流行词的背后，其实是对他者世界的漠不关心，以及对自我认知的坚强捍卫。而与这种心态相关联的，是退守角落保护自己的

① 多梅尔：《算法时代：新经济的新引擎》，胡小锐、钟毅译，北京：中信出版集团，2016年，第47页。

“个体美学”，其典型代表就是看似无害的“小清新审美”。无论“萌”“宅”，还是“腐”“丧”，都与大时代的起伏跌宕没有直接关系，而只属于某个少年自己。

再次，算法使信息的刺激不断加重，这让青少年一代更容易失去耐心，重视结果。从短视频的流行便可以看出，算法把握住青少年的“痛点”就往往无所不用其极。以抖音为例，其沉迷效果使得受众往往无法随时、理性地停止娱乐，而是沉浸在自以为不可预测的算法控制中——你永远不会提前知道，每次手指下滑后出现的内容是什么，只有算法知道。心理学的研究已经表明，面对感官刺激，大脑理性反应的皮层往往会慢半拍。而愈来愈短的视频让大脑还来不及进行理性反应，这一信息接受的行为就已经结束。这造成的结果就是习惯了“越来越快”媒介生态的青少年，也把强烈的信息感官刺激看作理所当然。他们不再对未知有充分的耐心，而是高度重视刺激的强度和事件的结果。如“爆”“燃”等词的流行，正说明了这种可以被称为是“冲突美学”的取向不仅存在，而且具有相当市场。

2020年，“内卷”成为席卷全网的新流行语，正说明了青少年一代对付出与回报之间的常见价值判断：他们重视的不是过程，而是结果。当然，从其反面而言，“内卷”与更早流行的“鹅颈”（恶性竞争）相连续，也从某种意义上体现出这一代学生在对抗算法上的努力。他们没有成为在算法的控制下，成为“丧”或“废”的一代，而是更加积极地使自我具有竞争力。不过，内卷的学霸总是少数，青少年身份的确证往往是在算法之中的形成的。就如论者所言：“作为一个非数字实体，你思故你在，你的思想让你与众不同；作为一个数字实体，你的身份与同步解读需要结合其他无数的行为主体进行。”[①] 而这种“结合”往往就意味着主体的消失。概括来说，“算法一代”的美学特征是个性隐匿在共性之后，人既可以被轻易地发现，也可以“躲”在庞大的“数据”之中；而个性化及其轨迹可以被“算法”轻易地发现，并加以推演和预测，所以这一代人是“可控的一代”。

二、圈层及其意义：当代学生的基本社交状态

“算法一代”的“可控”，是当前美育复兴的重要语境。在“可控”的背后，隐藏着作为算法“史前史”而出现的两种判断：一是当代青少年是个性化、自我化和物质化的一代，“‘00 后’学习动机更加务实，为了造福社会而学习的比例显著下降”[②]；二是当代青少年是“埋头苦读，擅长应试，缺乏一定视野和资源”的“小镇做题家”。应该说，这两种判断都有一定的合理性。但对“算法”来说，与上述两种判断相一致的倾向，是将他们分别归入某个特定的“圈层”之中。

为了让“数据”便于处理，“算法”把以用户面貌出现的青少年分成各种类型（垂类）/ 圈层，然后进行社群经营、粉丝维护和信息推荐。“算法”为青少年营造出了一种网络时代特殊的社交氛围，使他们在自我满足的幻想中，逐渐失去了对公共的、普遍的事务的关切。事实上，人类社会的圈层化与现代城市生活的出现是同步

---

① 黑文斯：《失控的未来》，仝琳译，北京：中信出版集团，2017 年，第 38 页。

② 张旭东等：《从“90 后”到“00 后”：中国少年儿童发展状况调查报告》，《中国青年研究》2017 年第 2 期。

的。19 世纪德国社会学家西美尔就认为，都市社会的极度分工使社会生活的同一性不复存在，公共生活被转化为诸多“社会圈”。而现代城市的魅力正在于它能够创造不同圈层之间的“相遇”。而这种“相遇”显现出城市生活的不稳定感，它充满波动，从而更能够激发人的个性自觉和自我意识。相比之下，传统乡村生活的一成不变，会导致人的个性知觉的弱化，也使社会进步变得困难。另外，城市分工衍生出来的“社会圈”能够彼此共存，这就意味着公共性的生成，因为“如果一个人想要彻底地融入城市社会、政治和经济生活中，就必须让自己的某些个性服从于大社群的要求，让自己沉浸于群体性的活动中”①。

也就是说，现代都市生活造成的“圈层化”是充满自我意识活力与社会交往可能的。然而，“算法”的出现，打破了这种现代都市的“圈层幻象”。一方面，算法带来的生活便捷让那种迫于“我无人有”而不得不交往的形态已被摧毁，人们可以通过外卖员等与他者进行间接的物质交换，而不必亲自出马；另一方面，算法让人们可以隐蔽在“网名”（ID）的背后展开社会交往活动，至少在网络上他们的个性不必让位于大社群的需求，他们可以在算法规划出来的“舒适区”（比如都是某个明星的粉丝）中展开社交活动。他们不需要充满自我意识，也不需要“破圈”交往，他们的文化需求总是能够在一个圈层里得到满足。这种美学结果就是当代学生在自我个性化和考试刷题化的双重倾向中，逐渐走向了“圈层异化”：他们脱离了其他社会群体，但毫不觉得有被孤立的抽离感，反而觉得异常满足。因为他们所属的“圈层”有着独立的运行轨道，如某

① Louis Wirth, “Urbanism as a way of life”, *American Journal of Sociology*, vol. 44, 1938.

个明星的表情包、某个诞生于二次元世界的梗，以及一套属于他们的行话（黑话）和情感。这些与其说是青少年创造出来的用以对抗主流（长辈）文化的“符号武器”，不如说是算法（包括其背后的互联网资本）用以黏合、维护和操纵青少年的一种手段。据说，“仅B站目前就汇集了7000多个垂直兴趣圈层”，而“很多圈层都有自己文化逻辑和话语规则”[①]。除了Cos圈、Lolita圈、JK制服圈等在媒体上已经不新鲜的常见主流圈层之外，算法还不断开发出新的圈层（如兽圈、语C圈、Pia戏圈、鞋圈、笔圈、谷圈……）。与传统所谓“兴趣爱好”不同，这些圈层弥散着强烈的商业气息，如在兽圈一套毛茸茸的兽装（fursuit）就可能要花费数万元之多。

算法让青少年一代找到同伴，使他们能够相互连接，相互慰藉，但同时在圈层与圈层之间，圈层与社会主流之间设置了隔离带。“精准传播”是算法作为整合营销手段的“法宝”，而这一“法宝”最大的问题在于它不透明。算法对移动互联网的参与者（包括学生）来说，就是一个黑箱。一般人无法洞悉其推送逻辑，也不知道自己被采集的数据内容与规模，从而只能被工具化。相比于“黑箱算法”的商业性，其背后隐藏着社会分化的巨大危险显得更加可怖，人类社会上千年来所倡导的审美公共性与精神感，特别是崇高意识与悲剧之美，包括部分中华优秀传统文化（如孝道、勤劳、节约、正直、宽容等）很可能在“投其所好”的算法传播偏向中逐渐被抛弃，从此消失或变异。

① 陈帅：《论当代青年的圈层认同感的话语建构》，《中国青年研究》2020年第11期。

三、变更的可能：瞩目一种共同体美学的来临

在算法正逐渐成为一种文化（美学）的技术基座之时，社会对审美的认知也出现了变化。其中，最突出的就是新一轮美育复兴。它发生于移动互联网语境之中，必然与20世纪50年代、80年代社会对审美的普遍关注大有不同。这种不同突出地表现在社会财富相对充分的积累上。以“00后”为例，相比于前几代人，他们享受着整体性消费升级的红利，物质上更加充裕，精神上也没有沉重的历史包袱，他们的教育条件和教育氛围都更为优渥。这是新时代美育复兴的基本条件。

这一轮美育复兴与此前不同的另一突出显现，在于移动互联网成为这个时代信息传播的基本语境，与之相伴的是源自西方的智能算法。正如前文所分析的那样，算法延续了资本主义对自由的过分许诺，促使社会日渐倾向于个体化和原子化。在这一方面，互联网技术的底层逻辑与资本世界是一脉相承的。虽然没有讨论算法，但著名的社会学家鲍曼还是在其2017年的遗著中敏锐地关注到这一现象——在他看来，这一届的年轻人“既不关注未来，也不关注过去；他们不是试图找到某些途径以改变难以忍受的前景，而是在日常生活中忙于使用一些小的伎俩来获得一些小的满意；也就是说，他们抛弃了抱负和期望，开始返回到那种具有欺骗性、自我关照和自我参照的安全庇护所中”[①]。鲍曼把这种兼具孤独与自恋感的心理

---

① 鲍曼：《怀旧的乌托邦》，姚伟等译，北京：中国人民大学出版社，2018年，第169页。

倾向，命名为“回到子宫”。这一概括当然是针对西方世界而言的，但对生长在移动互联网时代的中国青年来说，同样有着振聋发聩的警醒作用。

从20世纪80年代开始，直至移动互联网普及之前的美育往往都强调感性、趣味，它对抗的是由工业社会带来的过度理性、过度标准化，因而“非常强调个性化的教育”。这种美育对于那些“对一首曲子、一幅画、语文课本中文学类的一篇作品只能有一种理解”的教育理念来说，是一种强烈的反抗。[①]它的感性是个体化的，趣味也是个体化的。这种美育在因应时代需求上显然有着深刻的合理性。在文学艺术领域，它集中表现在“作者（代表着标准化解读）死了”的后现代文论思路中，并赋予了读者/观众以极高的文本解释权。而这种美育在社会意义上的普遍诞生必须有充分的物质基础和丰富的文化供给，以及由此产生的较高公民素养作为保障。而只有在完成了脱贫攻坚任务的新时代，这种保障才逐渐变成社会现实。譬如南京航空航天大学的大一学生刘上把自主设计的火箭送上了天，而在此之前，他已经对火箭研发保持了长达7年的关注，其中与美育密切相关的科幻电影正是其用以自我教育的社会文化资源之一。不过，毋庸讳言的是，片面倚重个体、强调“作者死了”的美育，由于不再追求彼此间审美的共通感，同样会带来“回到子宫”的风险。这种风险在“算法一代”及其前辈身上已经得到了体现，他们对社会公共性事务的关切缺失，或“主要是从自我角度出

---

① 杜卫：《当代中国美育问题》，济南：山东文艺出版社，2008年，第285页。

发的”关切，都说明了这一点。[①]

因此，在移动互联网时代中，新一轮美育复兴除了坚持强调感性与趣味的上一轮美育对抗工业时代“机械”特征之外，更重要的是必须调整“靶心”，把审美对抗的目标更为清晰地指向比“机械”更加善于隐匿自己的某些“黑箱算法”，促使青少年尽快走出由算法控制的“圈层”，重新建立自我与社会的连接。这种美育不再只是瞩目于个体的自在自由状态（即作为哲学概念的“休闲”），而是要把这种状态与社会需求关联起来，使“算法”能够为共同的“美”所用，最终促成一种共同体的生成。也就是说，它要实现从个体意义上的“休闲”走向普遍意义上的“休闲”，受这种美育熏陶的学生，不仅追求自我的自在自由，还能够把这种自在自由与民族国家的发展、社会的公平和进步联系起来，使“各美其美”（个赏）具有“美美与共”（公赏）的可能。拿算法擅长制造的新闻“爆款”举例：2020 年湖南留守女孩钟芳蓉考入北京大学，她选择考古专业，却遭到网友的讥讽，而算法助她成为一时“网红”——诸多文博机构、学术大师给她送来了激励和祝福，更使全社会都“破圈”而沉浸在“替她高兴”的情感之中。其实，这一算法的“破圈”意义不止于此，它的背后还隐含着更深刻的“共同体美学”逻辑与效果，其原因就是习近平总书记在这一“爆款”新闻出现后不久撰文指出，“加强考古成果和历史研究成果的传播，教育引导广大干部群众特别是青少年认识中华文明起源和发展的历史脉络，认识中华文明取得的灿烂成就，认识中华文明对人类文明的重大贡

---

① 陆益龙：《“80 后”“90 后”青年的思想特征》，《人民论坛》2018 年第 22 期。

献”，这是“不断增强民族凝聚力、民族自豪感”的重要源泉。[①] 而这种以考古为代表的公共性/共同体美学，这种把自我与社会在审美意义上关联起来的教育，自然也应该是网络算法（社会）与学校美育要努力实现的内容。

（原刊于《教育研究》2021 年第 7 期）

① 习近平：《建设中国特色中国风格中国气派的考古学，更好认识源远流长博大精深的中华文明》，《求是》2020 年第 23 期。

当代审美教育的嬗变

沈郑[①]

作为新兴媒体，短视频和网络直播已经成为当前重要的传播形式。短视频是指，“短则30秒、长则不超过20分钟，内容题材广泛，涵盖小电影、DV短片、影视剪辑等多种视频形态，可通过网络、手机、DV、摄像头等多种视频终端摄录或播放的视频短片的统称”[②]。由于其可以短平快地大流量传播内容，自2011年起步发展至今，已形成行业矩阵。其中，“短视频+直播”的媒体融合模式已然成为矩阵中核心的战场。虽然两者都以视频类内容为主，但网络直播更具实时性，其使用流媒体技术，在人群、公司、组织等构成的多媒体网络中进行实时共享。[③]这种双管齐下的运作模式中，传

① 沈郑，浙江理工大学史量才新闻与传播学院特聘副教授，浙江大学传媒与国际文化学院博士后，爱尔兰科克大学数字人文博士，主要研究兴趣：数字人文、社交媒体传播、新媒介美育、数据挖掘等跨学科量化研究。

② 杨纯：《古永锵：微视频市场机会激动人心》，《中国电子商务》2006年第11期。

③ Gaby David. Camera phone images, videos and live streaming: a contemporary visual trend. *Visual Studies*, Taylor & Francis (Routledge), 2010, 25 (1), pp.89-98.

统的审美教育也正历经着重大的变化。习近平总书记在写给中央美术学院8位老教授的回信中提到，“做好美育工作，要坚持立德树人，扎根时代生活，遵循美育特点，弘扬中华美育精神”①。这一重要论述，指明了新时代加强和改进美育工作的方向路径，也对新时代美育工作提出了明确的要求。因此，本文从美学的角度，对当代美育的特征、问题和发展进行梳理，为其研究发展提供相关参照。

一、审美教育的历史形态

审美教育作为一个学术观念被明确地提出，源起于启蒙时代末期德国哲人弗里德里希·席勒。他在《审美教育书简》中提出，除去“感性冲动”和“理性冲动”这两种相反的冲动外，人类身上还存有第三种冲动，即“游戏冲动”，意为不受强迫和限制的自由活动，其对象是“美”。② 在审美境界中，人之本性中的感性和理性冲动相对而统一，既是物质的也是精神的，既是客观的也是主观的，既是受动的也是自由的。所以，这种感性和理性谐调平衡的统一状态创造出一种令人愉悦的美。不同于席勒的美，卡尔·马克思认为劳动创造美，美是人在主动生产和创造过程中使自己的生命处于解放状态而获得的感受。所以，美育是实现共产主义理想，培养自由全面发展的人的重要途径。

在国内，1906年王国维在《论教育之宗旨》中首次全面论述了

---

① 吴为山：《以美育提升人文素养筑牢文化自信》，《光明日报》2019年2月1日。

② 张世英：《哲学导论》，北京：北京大学出版社，2016年，第162—163页。

美育在教育体系中的重要地位，初步建立起中国现代美育架构。随后，蔡元培借鉴康德、席勒美育思想中的有益成分，提出“以美育代宗教”，推动美育列入国民教育计划，让中国现代美育走上了理论与实践相结合的道路。在此基础上，朱光潜拓展了蔡元培的美育理论，以当时美学和心理学研究最新成果为依据，强调美育对个体心灵的解放功能，突出了美育作为创新教育的特征和意义，并将美育落实到人的生命体验之中，认为“美育教人创造艺术，欣赏艺术与自然，在人生世相中寻出丰富的兴趣”[①]。因此，美育是一项培养人认识美、爱好美和创造美能力的教育。习近平总书记在文艺工作座谈会和全国教育工作大会上都曾提出培养德智体美劳全面发展的社会主义建设者和接班人的重要论断，将美育置于重要的地位，坚持以美育人、以文化人、提高审美和人文素养。

那么究竟何为美？这是审美研究的根本问题，也是美育的基础条件。自古以来，关于美的定义众说纷纭。杜牧曾用“落魄江湖载酒身，楚腰纤细掌中轻”形容汉朝赵飞燕的纤细身材，她身轻如燕，以其著名的掌中舞闻名于世，可见她的美貌在当时是大家都认同的。到了唐朝，人们又以体态丰腴为美，例如李白曾为杨玉环作诗道“云想衣裳花想容，春风拂槛露华浓”。由此可见，美是具有时代性的，正如苏轼在《孙莘老求墨妙亭诗》中所述“短长肥瘦各有态，玉环飞燕谁敢憎”。契合习总书记所说做好美育工作需扎根时代生活，审美和美育研究应将时代特征作为考察的立足点，理解审美是如何受到时代特征的影响和又是如何通过共同

① 朱光潜:《谈美感教育》,《书摘》2011 年第 3 期。

的时代特征去影响他人，从而提高审美教育的效果和社会治理能力。

二、当代审美教育的新特征

近年来，伴随着我国经济的高速发展，互联网、移动终端的日益普及，新媒介不断涌现，例如短视频，网络直播等。最新《中国互联网络发展状况统计报告》指出，截至2019年6月，我国网络视频用户规模已达到7.59亿人，占网民整体的88.80%；其中，短视频用户规模为6.48亿人，占网民整体的75.8%；网络直播用户规模达到4.33亿人，占网民整体的50.7%。[①]据此，短视频和网络直播已经成为当前主流的媒介传播方式。

在此背景下，当代审美教育伴随着新一轮技术的发展进入一个新时代，我们所处的这个时代已与席勒、蔡元培、朱光潜所提倡的美育社会发生了很大的变化。特别是2019年末爆发的新冠肺炎疫情，随即迅速扩展，成为全球大流行疫情。疫情下，各地采取紧急隔离措施，工人停工，学校停课，各行各业受到了巨大的影响。由于学校关闭，学生教育成了一个重大的问题。为应对学校停课，联合国教科文组织建议使用远程计划和开放教育资源平台。所以，疫情影响下，网络媒介的远程教学成为学生受教育的主要形式。例如，近1000位艺术家在抖音平台上直播艺术教学，时长超过6000小时，观看达2037.9万人次。通过网络，艺术家们甚至可以将课

① 中共中央网络安全和信息化委员会办公室、中华人民共和国国家互联网信息办公室：第44次《中国互联网络发展状况统计报告》，北京：中国互联网信息中心，2019年，第44页。

堂搬进各方舱医院。在不影响医护工作的情况下，通过直播、短视频、图文展示等形式，用艺术帮助医护人员和患者保持乐观心态，提振与病魔作斗争的信心和勇气。虽然如今疫情已经受到控制，但是由于新媒介教育形式突出的优势，在后疫情时代它们仍然是辅助学校教育的主要方式。因此，对新媒介中审美教育的新认知是当代重要的课题。

短视频、直播等媒介作为新兴美育形式，其具有独特的时代特征。

1. 大众美育兴起

通过互联网络和移动客户端，短视频、直播等新媒介传播，美育打破了地域的界限，普及更多的审美主体，具有大众性。从历史渊源上来看，美育以前是一种精英主义教育。自周代开始，六艺（礼、乐、射、御、书、数）就成为古代美育的重要内容。比如说，其中“乐”指的是《云门大卷》《咸池》《大韶》《大夏》《大濩》《大武》六套乐舞。对此，孔子高度评价了美育在整体教育中的作用，他认为“兴于诗，立于礼，成于乐”，所以美育是一个教育和塑造人格的过程。但是，那时并非所有人都有机会学习六艺，只有周朝的贵族子弟才能习得。

同理，随着当前媒体技术的不断突破、受众媒体应用场景的不断变化，信息内容生产、分发和使用的生态产生了剧烈的变革，艺术家与普通人的界限也逐渐模糊，甚至一定程度上的消失。在启蒙主义时代，艺术创作是“天才”的特权，席勒自己就因为文学创作能力从社会下层进入上流社会。在当代社会，任何一个人都可以用短视频和网络直播等新媒介方式创作艺术作品，并且可以实现在一定程度上的社会性传播。例如，疫情期间，大众熟悉的草原歌手乌兰图雅用短视频开启了“以歌抗疫，用爱相守”的公益课堂。在直播中，她分享了自己唱歌的技巧，引发无数观众跃跃欲试。其中，一名叫樱桃来了的用户在观看课程后，翻唱了乌兰图雅的代表作《站在草原望北京》。她受到乌兰图雅的启发，通过优美的歌声，为此次抗击疫情做着积极的努力，她的短视频获得了乌兰图雅和其他大量观众的鼓励。所以，“人人都是艺术家”的理想成为现实，大众美育在其中形成了不可小觑的态势。

2. 高速美育生产力

在“人人都是艺术家”的物质基础出现之后，大量的审美活动也随之而来。生产力是人对自然的关系，是改造自然和影响自然并使之适应社会需要的客观物质力量。艺术生产理论源于马克思的《〈政治经济学批判〉导言》，马克思提出两种“艺术生产”的概念：（1）“艺术生产”是指作为人类精神生产方式的艺术活动，它体现着一般艺术规律和审美特征，对于物质生产和社会发展具有相对独立性；（2）“艺术生产”是指作为资本主义生产体系中的精神生产部门所进行的生产劳动，它将精神产品作为商品形式以创造剩余价值、实现资本增殖[①]。在马克思看来，这两种艺术生产相互对立又辩证统一，互补互动又相反相成。综合马克思的诸多论述，真正的艺术生产是一种观念生产，旨在满足审美需要，生产审美感受，并且张扬人的个性[②]。这里的观念是指作为内心的图像、作为需要、作为动力和目的而提出来的。当这种观念转换成艺术，或是生产了观念性的某种东西，需要一个漫长的过程，并非一蹴而就，也就是所谓

① 《马克思恩格斯全集》第 30 卷，北京：人民出版社，2006 年，第 53 页。
② 《马克思恩格斯全集》第 33 卷，第 143、264 页。

的“台上一分钟，台下十年功”。但随着网络技术的快速发展，艺术生产力也日益增长。据统计，在疫情中众多艺术家和文艺爱好者发布了艺术类短视频，短短数月便总计可达 32.4 万条，累计播放量超 321 亿。这些数字足以证明，网络媒介艺术正以惊人的速度发展和产出。所以，后疫情时代的审美教育的重要特征之一是高速的生产力。

3. 审美治理功能

艺术生产可以作为对世界的特殊掌握方式。在马克思看来，人类对世界的掌握方式大致分为——理论的掌握方式和实践—精神的掌握方式。[①] 艺术的掌握方式则属于实践—精神的掌握方式。一方面，艺术具有认识性和真理性，它承载着艺术家对生活的认识、理解和思考。另一方面，艺术具有实践性和目的性。人按照美的规律进行艺术生产，这种生产体现了人类预先已存在脑中的意识，表现为理想、预见和意图，所以它是具有生产性、实践性、目的性的。比如说，抖音艺术推广官就是如此。用户名为超白大叔的推广官是一位绘画艺术创作者，他将绘画从纸上搬到了短视频中，仅用一支毛笔加各色的颜料，就能勾勒出无数幅栩栩如生的水彩作品。这些艺术推广官，他们通过创作与传播短视频，发掘自身潜力，学会艺术技能，从而完成艺术的实践。在人人都可以进行艺术表演和艺术传播的时代，审美活动的关键意义在于个体自身在人类学意义上的自我实践，也就是个体从历史和现实的必然性中获得审美经验的完整性。

福柯就审美的自我实践曾指出：“它是自我技术的组成部分，

① 《马克思恩格斯选集》第 2 卷，第 104 页。

让个体通过自己的手段或在别人帮助下，施行许多针对自己的身体、灵魂、思想、行为和存在方式的操作行为，以便将他们自己转变，从而获得一定状态的幸福、纯洁、智慧、完善或永恒。”[①] 所以，艺术作品可以视作是一种审美的实践。它承载着一种愉悦的、优美的和有厚度的话语，区分着真实与虚假、好的和坏的，并相互关联着。但彼得·比格尔认为，在某种程度上，艺术作品的内涵特征不是个别作品固有的，而是被社会制度化了。[②] 可以说，我们审视艺术作品时，着重分析的不是个别作品，而是这些作品由艺术的制度化所生成的独特组织化的场域，所谓“艺术从真正生活情境中逐渐分离，同时源于一种独特体验领域的相应结晶”[③]。这次疫情虽然是悲剧，但是由它为主要题材的许多美好的事迹以短视频和网络直播的形式被记录了下来，如最美的医生、护士和其他一线工作者。这种独特体验领域的相应结晶给予了艺术作品的深度与厚度，传播着正能量。

所以，艺术生产与现实生活有密切的联系。艺术是一种特殊的意识形态，它不是简单的现实或理想的直接摹写，而是对于缝合好的意识形态的重新撕裂。作为意识形态的艺术有两种形式：（1）作为一般社会意识形态的艺术；（2）作为特殊意识形态的艺术。前者强调艺术与其他社会意识形态的叠合性，因而侧重考察艺术的社会功用及其现实基础；后者则强调艺术作为一种剩余价值与一般价值

---

① Michel Foucault, “Technologies of the Self”, *Technologies of the Self: A Seminar with Michel Foucault*, in Martin, L.H.et al.（Eds.）, London: Tavistock, 1988, p.18.

② Peter Burger, *Theory of the Avant-Garde*, Minneapolis: University of Minnesota Press, 1984, p.lii–liii.

③ Ibid., p.23.

不同，它的存在本身就是一种文化缺失的征兆，是对现实生活与意识形态之间发生断裂的表征和审美修复。也就是说，审美介入社会，这本身就是一种微妙的治理术。在漫长的历史演进过程中，审美和艺术在治理实践中发挥着一种特殊的功能，或者可以说，治理是一门巧妙斡旋于审美中的艺术。艺术的审美治理功能是一项塑造人主体的技术，促进自我建构。因此，后疫情时代的审美教育是一个快速塑造多个主体的互动过程，从而实现大众美育和社会审美治理的效果。

三、新审美教育中存在的问题

1. 网络美育认知分歧

虽然网络美育正在起步中，但是学界对网络美育的看法还是褒贬不一。复旦大学哲学学院邓安庆教授认为，目前由短视频引起了主观性思维泛滥，并导致了审美教育方向偏离。复旦大学中文系郜元宝教授则以为，当今的网络美育喜忧参半，短视频和网络直播在促进审美教育的同时，也带来了形形色色的问题。与他们不同的是，2019 年 8 月，北京师范大学艺术与传媒学院、启功书院联合发布了《网络绿洲——短视频艺术普及与全民美育研究报告》。该报告指出，短视频连接起大众审美与艺术创作，使原本不具备线下普及可能性的艺术门类，在短视频中实现了高深文化的解码，调和了高雅精英艺术与大众通俗艺术的不同旨趣，让不同受众同频共振、同屏共享，感受艺术魅力，提升审美情趣，涵养网络艺术生态。

同样地，2019 年 12 月，中央美术学院也在《新艺新动能：当代中国青少年美术美育现状研究报告》中将短视频时代美术教育的现实特征归纳为“新时代赋予新机遇”“新需求促进新发展”“新媒介创造新平台”“新传播反映新特征”“新趋势提出新要求”，反映青少年美术教育的现实水平。并指出短视频在当代青少年美术教育发展过程中发挥着新动力的功能，对青少年美术教育的发展带来三方面的变化：首先，短视频平台丰富多元的内容输出将不断拓展青少年获取艺术知识的途径，促进青少年个性的新发展；其次，短视频中通俗易懂的艺术形式与简易创意的创作手法也将不断激发青少年的艺术兴趣，增强青少年的学习自信心；第三，具有和谐价值观的短视频也将不断提升青少年生活新的幸福感，以此促进当代青少年美术教育健康发展。由此可见，学界对于短视频和网络直播等新媒介形式美育功能的认知存在着分歧，究竟新媒介形式是否有助于审美教育？或者是否在一定的条件下，才会产生美育的功能？这些问题都将值得进一步探索。

2. 内容质量参差不齐

短视频和网络直播中高速的美育生产力，从某种程度上来说，论证了艺术生产的自由本质。之所以说艺术生产的本质是自由，是因为自由的、有意识的活动是人类的特性。[①] 鉴于人是有意识的、自觉的，所以他的生命活动才是自由的。也就是说，他可以根据自己的意识来构造生命活动。由于这一点，人的审美活动和艺术生产作为人类生命活动，也有了自由的本质。而短视频和网络直播这些新媒介形式则进一步体现了这种自由的本质。在新的物质基础上，

① Karl Marx, *Economic and Philosophic Manuscripts of 1844*, in Martin Milligan (Ed.), New York: Dover Publications, INC., 1932, p.57.

人人都可以通过短视频和网络直播的现代技术，以自然而自由的状态面对自我，以个人的风格化的方式来表达和传递自己的审美经验，从而多个风格不同、个性鲜明，具有无限可能性和丰富性的自由世界的大门就此打开了。

但其问题也随之而来。在高质量的短视频存在的同时，还有部分短视频和网络直播内容质量不高，忽视道德底线，对社会造成了不良的影响。例如，有些视频和直播博主喜欢以低俗猎奇的内容使自己成名，这些短视频和网络直播内容传播着三观不正的负能量，引起网络沉迷、危险动作模仿、不良的价值倾向、危害青少年健康成长等问题。由于这些内容都是用户自由生产创作，所以其质量良莠不齐，而短视频和网络直播平台不直接生产内容，也不编辑，内容传播往往是根据算法分发的。因此，如何监管这些新媒介内容、提高其质量、发挥其美育的功能，成为当前最紧迫需要解决的问题之一。

3. 美育互动性不足

互动性在教学模式中占据着很重要的位置，具体表现为教师的主导施教和学生的主体认识相辅相成的互动过程。通过“教”和“学”相互促进，以产生教学共振，达到提高教学效果的一种教学法。这在艺术教育中非常重要。以舞蹈为例，舞蹈教学是一门综合性较强，不同于一般艺术形式的特殊艺术，其具有严谨、复杂且耗时长等特征，学生需要经过艰苦的动作学习和训练的过程，才能真正学习到舞蹈精髓。以往教育家、舞蹈家批评及否定在舞蹈教学中使用注入式或填鸭式教学法，提倡启发式教学法，所以口传身授是舞蹈中重要的教学手段。它不仅使得舞蹈老师高效地完成教学任务，还能充分挖掘学生对音乐的感知能力，有效激发学生的学习兴趣。

疫情期间，传统的现场口传身授教学受到影响，而短视频和网络直播教学却可以继续为舞蹈教学提供极大的便利。通过艺术直播课堂，老师可以在短视频中讲解舞蹈知识，示范舞蹈动作，与学生可以远程无障碍的互动交流，对学生学习的舞蹈动作进行有效的辅助和矫正。同样地，学生也可以观摩老师的示范动作，向老师提出疑问，获得解答。课程结束后，学生还可以根据自己的时间和需求，随时随地多次播放视频再次进行学习。例如，一名陕西女生，通过艺术直播课堂继续在医院隔离病房学习舞蹈，并用短视频上传自己的学习成果。短视频中她乐观积极的态度感染着每一位观看者的心，虽然处于隔离期，但她依然用事实证明，隔离的是病毒，艺术不会被隔离。但可惜的是，截至目前来看，这样的案例还是屈指可数的。直播后，上传自己学习成果和在线提问的学生寥寥无几，并且老师再在评论区与学生关于教学的探讨、回复也是凤毛麟角。据此，当前的网络美育还是缺乏互动式教学模式，有待进一步促进。

四、审美教育的反思及其对策探讨

1. 培养新媒介审美素养

针对目前网络新媒介中存在的美育新问题，首先要关注的就是该培养新媒介审美素养。其中，最本质的就是对当前网络媒介树立正确的认知。不可否认，短视频和网络直播作为美育新形式还处于初级发展阶段，路漫漫其修远兮，但未来仍可期。虽然目前存在着内容质量不一、互动性不足等问题，可是一味地否定其发展的必然趋势是一种掩耳盗铃的愚昧行为。坎尼斯·伯克曾说过，人是否定的发明者，受自然、社会等级的驱使，制造的工具与他的自然环境相隔离。[①]所以，当短视频和网络直播作为新美育模式出现时，人便会自然而然地否定这种改变，并在社会等因素影响下进而拒绝。所谓“横看成岭侧成峰”，在我们一如既往地责备短视频和网络直播这些新媒介内容低俗的同时，我们是否也可以尝试着去重新认识网络新媒介，它们也可以积极引导大众，传递正能量从而实现审美教育。譬如一位名叫彭静旋的留法学生，用一袭红衣和一架古筝在欧洲街头演奏，并用短视频的方式将演奏记录了下来。她的演奏视频惊艳法兰西，单条弹奏古筝的视频点赞数就可破176万。如果没有短视频这种新媒介形式，中国民乐艺术将无法传播到法国百姓家，也不会有那么多世界各国的人了解中国的传统艺术。因此，解决当前新媒介美育问题的基础是对其架构正确的认知，从而培养新媒介审美素养。并在此基础上，进一步思考我们该如何通过新媒介美育积极引导社会大众，从而实现真正意义上的审美教育。

2. 建立网络审美评价体系

在对新媒介美育有了正确的认识之后，建立完善的网络审美评价体系十分必要。虽然艺术生产的本质是自由的，但在马克思看来：“将物质生产视为一定的、特殊的历史形式，这是理解问题的基础，只有在此基础上，才能够既理解统治阶级的意识形态组成部分，也理解一定社会形态下自由的精神生产。”[②]对于具有个性的、自由的艺术表达，短视频和网络直播等新媒介的确会出现泥沙俱

---

① Kenneth Burke, *Language as Symbolic Action: Essays on Life, Literature, and Method*, Berkeley and Los Angeles: University of California Press, 1966, pp.3–16.

② 《马克思恩格斯全集》第33卷，第346页。

下，甚至乱象丛生的现象，这是因为目前的社会条件和社会机制仍然是一个“必然王国”的世界，人们“真实的需要”和他们的“直接需要”仍然存在着很大的差距造成的。所以，解决问题的策略之一可以是，建构网络审美评价体系，加强对新的艺术形式和审美经验模式的引导和评估。或者也可以引入第三方独立的评估平台，独立于短视频和网络直播等新媒介平台之外，通过专业的艺术批评介入，监控新媒介内容质量，唤起和激励大众对审美解放的追求和获得审美经验完整性的向往，从而完成一定社会形态下自由的艺术生产。

3. 增强互动的审美治理

最后，双向互动的审美治理才是达到网络新媒介审美教育的途径之一。截至目前，单向性仍是审美治理的主要方式。这种单向性体现在多数短视频和网络直播博主只关注自身，而忽视了服务大众的本质。也就是说，博主们通过短视频和网络直播向大众传递大量的信息，但信息传递结束后，他们就认为审美治理的目的已经完成。然而事实恰好相反，审美治理是一个过程。在这个过程中主体和客体需要沟通彼此的需要，保持密切的联系，从而实现最终审美治理的效果。例如，评论区的留言会被博主们自动忽视，缺少相应的互动交流，这体现出当前的审美治理并没有真正有效地利用短视频和网络直播的即时性、交互性、个性化和传播面广等特点来服务大众。综上所述，目前的审美教育缺乏相应的互动，尚未唤起大众的审美情感结构，需要增强主体与客体在审美过程中的互动性，积极引导网络新媒介上的社会大众，以实现审美教育和治理的功能。

新媒体时代背景下美育与德育关系问题再思考

崔宁[①]

在新媒体时代，人们所面临的文化形态与传统时代相比有着明显的区别。这些区别直接影响人们的生活方式、思想观念、审美经验，还影响人们的教育观念、教育环境等。在传统时代，教育基本上是以一种单向的方式进行，即知识分子、精英群体对大众群体的教育和熏陶。而且教育的媒介也是由上流阶层直接制定和建构的。在新媒体时代，人人都有发言权，都可以将自己的思想观念、价值追求、审美偏好等直接呈现于公共平台之中。这使得教育的环境变得更加的复杂化，由于进入人们视野的各种观念鱼龙混杂，使得公众在一些情况下难以辨别各种信息和观念孰优孰劣。如果自媒体失去控制或者缺乏合理的引导，则有可能出现好的观念和理念被各种劣质的信息所淹没的情况，这是一种危险的情况。新媒体时代的大众不仅需要分辨各种信息的真伪和优劣，而且需要分辨各种信息的

---

① 崔宁，云南艺术学院讲师。

美与丑。这就意味着不得不重提美育的问题，美育如何在新时代发挥有效的作用？其次还需要提出美育和德育之间的关系问题，这是更为根本的问题。在过去的很长一段时间里，我们的美学观念和美育观念唯西方马首是瞻，美与善的关系长期以来没有得到合理的澄清，在美育工作进行的过程中德育没有得到重视，或者是将美育和德育截然地割裂开来，这些问题需要进行认真的审视和反省，从而使美育和德育这些重要的教育工作能够切实有效地推进新时代各个方面的发展。

一、新媒体时代美育的困境

当今世界在整体上呈现出“大发展”“大变革”“大调整”三个显著的时代特征，从具体层面来看，由于信息技术的飞速发展，各种新的媒体形态异军突起，促使当今世界正式步入新媒体时代。新媒体是相对于传统媒体而言的，是以数字技术、网络技术、移动技术为基础的媒体形态。电脑、手机等设备成为接收和发布信息的重要工具，抖音、快手、微博、微信公众号等则成为极具代表性的新媒体平台。新媒体已经融入社会生活的各个领域，其影响力极为广泛和深远。

在新媒体时代，无论何时何地，以文字、符号、图片、声音、视频等形式所构成的信息可以通过各种途径进入人们的视野。信息的接收者每天面对纷繁芜杂的信息。从审美价值的立场来看，社会中的每个个体和群体都必须用合理有效的方式来处理这些信息，如何甄别这些信息已经成为一个不容忽视的现实问题。简而言之，在新媒体时代审美教育（美育）的重要性和紧迫性显得更加突出。新媒体的兴起对美育的发展而言或许是一种机遇，有可能使美育发挥更多的作用。美育的主要作用包括两个方面：一、有助于纯化人的心灵，提升审美品位，从而树立起积极健康的审美标准和审美理想；二、有助于改善社会风尚，涵养精神气质，从而引导整个社会朝着和谐美丽的方向发展。目前美育的这些重要作用在新媒体时代并没有真正地发挥出来，因为新的美育体系尚未形成，而传统的美育体系不仅在新媒体时代显得相对滞后，甚至在一定程度上陷入了困境。这些困境主要表现为以下三个方面。

第一，与新媒体时代相适应的美育的具体范围尚未得到明确划分。现有的美育教学体系中，相关的研究者和教育者对美育的范围所进行的划分是比较狭窄的。美育的教育对象一般只局限于高校的部分学生，多数中小学还没有开设“美育”或“审美教育”课程，所涉及的教育对象在全民中所占的比例有限。从事美育教学的人则主要局限于高校的部分教师，且这些教师中有一部分并非长期专门从事美育的教学与研究，师资力量和研究队伍在当前远远不能满足整个社会对于美育的需求。现有的美育在课程内容方面一般只局限于艺术美、自然美的鉴赏和分析，较少涉及当代大众的审美趣味和情感结构，而且将美育和德育截然地割裂开来，会切断两者之间本应具有的关联性。这些教学内容在新的历史条件下必须进行适当的改变、调整和扩展。

第二，与新媒体时代相适应的美育的具体途径尚未得到深入讨论。目前在实施美育的过程中，美育的基本途径就是教师在学校里以面对面的形式向学生讲授相关课程，可以看出美育的途径倾向于单一化。单一化的教学方式显然滞后于新媒体时代的发展步伐。如何探索出高效率、多样化的教学模式是目前需要深入讨论的课题，但是这些问题在学界还没有得到足够的重视。大部分的研究者和教育者将主要的精力用在有关学理性或学术史方面的问题上，这在一定程度上忽视了美育的核心问题。美育的核心问题是：如何教学才能使人掌握并提升分辨美、欣赏美、创造美的能力。教与学是美育最重要的两个组成部分，在新媒体时代最不应该被忽视的就是二者所具有的现实意义和实践价值。对于从事美育教学工作的教师而言，理论和学术史的研究固然重要，但是帮助和引导学生提升审美素养也是重要的任务，合理高效的教学模式和授课途径应该成为美育教师所关注的重点。

第三，与新媒体时代相适应的美育的具体目标尚未真正建立。目前美育体系所设定的教育对象的范围并不全面，各种已经发行的美育教材中有关美育的目标主要是围绕高校青年学生而提出来的，即美育的目标是培养在校青年的审美态度、审美能力和审美趣味。从宏观视角来看，这样的目标未能与新媒体时代各种新的环境相适应。以抖音这一平台为例，源自该平台的各种视频并非全部由青年学生所制作，制作者来自社会中的各种群体和个体，而且受众可以是社会中的每一个人。也就是说，社会中的每一个个体都可以成为抖音和其他平台的视频制作者和受众，这些平台的视频可以传到社会的每个角落。目前各种平台的视频创作形式多种多样，而且题材和内容包罗万象，涉及自然、生活、教育、科技、体育、影视、音乐、舞蹈等。众所周知，人们所接触的信息可以直接或间接地影响人们的世界观、人生观、价值观和审美观，而人们的这些观念又可以影响社会风尚。因此，无论是视频创作者还是受众都不能忽视提高自己的审美素养。从这些视频的来源、内容以及传播范围来看，在新媒体时代需要对美育的目标进行重新定位。

二、新媒体时代美育的出路

面对上述三种困境，新媒体时代的审美教育可以尝试从以下几个方面出发探索出有效的出路。

首先，扩展美育的新范围。新媒体时代不仅要扩展教育者和受教育者的范围，而且要扩展教学内容。新媒体的影响范围非常广泛，可以影响到社会中的各种群体及个体。因此，与美育相关的教育者不能仅仅局限于高校教师，受教育者也不能仅仅局限于高校学生。在空间层面，学校美育只是美育的一个部分，除此之外美育还包括社会美育和家庭美育。家庭是孩子的第一所学校，孩子最先遇见的教师是父母，父母对子女实施的家庭教育可以影响子女的一生，而家庭教育中的家庭美育是不可忽视的内容之一，它可以直接影响孩子的审美观。这就意味着父母必须有意识地提升自己的审美素养，然后帮助孩子养成正确的审美观。社会各行各业的工作者由于文化水平、知识储备、专业背景等方面不尽相同，在审美素养方面也会存在差别。因此，各个单位和部门的管理者不仅自身需要认识到美育的重要性，而且有必要为下属或员工提供相应的条件，使其在美育方面获得学习和培训的机会。而学校美育则在教学内容和教学体系方面需要进一步完善，将美育作为学生的必修课之一，并且该课程需要在小学、中学和大学三个阶段进行普及，每个阶段的课程必须科学合理地进行设计，使其具备层层递进、系统完备的课程特征。

其次，探索美育的新途径。新媒体时代美育需要突破面对面授课的单一模式，不仅要注重“线下教学+线上教学”的模式，同时也要注重“显性教学+隐性教学”的模式。新媒体的出现使教学不再受时间和空间所限制，即在任何时间和地点都可以授课和学习。这些变化为扩大美育的途径提供了重要的条件。线下教学和显性教学一般都是在学校进行，美育的线上教学模式所具有的意义是扩大了教育者和受教育者的范围，有助于扩大美育的影响力，学习者可以向周围的人分享相关的课程，反复学习相关内容。美育的隐性教学模式虽然不以教学的形式出现，但是本质上可以起到教育的效果，即这种模式可以起到潜移默化的作用，比如公益广告中感人的故事场景虽然不是以教学的形式出现，但是它可以感化和熏陶受众。在新媒体时代，文字、符号、图片、声音、视频等信息的制作者和发布者应当具备较高的文化教养和审美素养，这对于整个社会良好审美风尚的形成具有重大的意义，即有助于引导社会中的群体和个体拥抱真、善、美，远离假、恶、丑。

最后，确立美育的新目标。新媒体时代美育的新目标不仅要着眼于当前的时代背景，而且要符合社会发展的需求。以往有关美育的目标主要是围绕在校的青年学生而提出的，它在“大发展”“大变革”“大调整”的新媒体时代需要加以调整。美育的新目标要面向社会中的所有个体和群体。在构建人类命运共同体的过程中，信息技术的重要性日益突出，因此建立网络空间命运共同体是当务之急，而这一共同体的形成离不开社会中每个个体和群体的共同努力。在一个时间和空间都可以前所未有地共享的时代，网络和相关信息技术已将每个个体和群体紧密地联系在一起，个体和群体的审美趣味和审美理想比以往更能够影响共同体的审美风尚。因此，在新媒体时代美育的新目标应当是培养能够辨别美、欣赏美、创造美的公民，从而服务于美好社会、美好生活的建设。

三、在新媒体时代重新理解美育和德育的关系

美育和德育均为现代教育的重要组成部分，在新的历史条件下两者的关系需要得到澄清和说明。德育是美育的基础，美育是德育的升华，两者具有相辅相成、密不可分的关系。现代教育工作者需要把美育和德育有效地融为一体，不能机械地将二者截然地割裂开来，在施行美育的过程中不能忽视德育的维度，而在施行德育的过程中则需要融入美育的形式。

审美教育是一种培养受教育者的认识美、鉴别美、欣赏美、创造美的能力的教育。无论在中国还是在西方，美育历来深受重视，西方历史上的美育在古希腊时期就已经产生，雅典的学校不仅给学生讲授音乐，而且传授朗诵诗歌的技巧；而中国的美育则在周朝时期就已经产生，在周朝的教育体系中把音乐列为需要掌握的技能之一。可以说，美育源远流长，其重要性不言而喻。在教育的组成部分中，除了美育之外，德育对受教育者的思想和心灵所产生的重要影响也不容忽视，因为后者是一种教育者对受教育群体进行引导从而使一定的社会思想、道德观念转化为受教育者的言行准则的教育，它包括道德教育、政治思想教育以及人生观、世界观、价值观的教育。在新的时代背景下，中国的美育和德育需要得到进一步的发展和深化。然而长期以来学界在讨论美育和德育的关系时尚未形成相对一致的看法，这是目前需要解决的问题之一。美育和德育作为教育的两个重要组成部分，二者之间究竟具有什么样的关系？对这一问题的解答不仅可以有效地化解有关美育和德育方面的一些争议，而且有助于进一步推进美育和德育的发展。

澄清美和善的关系是理解美育和德育之关系的基本前提，因为美育的核心概念是美，德育的核心概念是善。从中国古代的有关伦理和审美方面的思想观念来看，美和善密不可分、互为一体。荀子在《劝学》中强调："君子知夫不全不粹之不足以为美也，故诵数以贯之，思索以通之，为其人以处之，除其害者以持养之，使目非是无欲见也，使耳非是无欲闻也，使口非是无欲言也，使心非是无欲虑也。"[①] 这句话的意思是：要经过各方面的学习、思考和实践，去除各种不良的作风，让自己保持良好的品德，使自己的道德修养和学问达到全而精的境界（即善的境界），这就是美。荀子已经明确地意识到美和善的关联性，甚至将它们视为相同或相似的对象来加以看待。春秋战国时期的其他典籍中也有类似的观念，孔子在《论语》中提到了"里仁为美"的思想[②]，在这一思想中孔子把美和善视为相同或相似的概念。后来美和善的关系在汉代得到了明确的总结，东汉时期著名的文字学家、经学家许慎在《说文解字》中对"美"这个字进行解释的时候指出："美，甘也。从羊从大。羊在六畜主给膳也。美与善同意。"[③] 许慎的观点显然具有合理性，他准确地指明了美和善的基本含义以及二者之间的关系，即使在今天看来他的解释仍然具有很强的说服力，因为它与中国的日常生活中的审美观念和道德观念是相吻合的。"美味""美景""美德"等都是中国文化中存在的鲜活、常见的概念。许慎在《说文解字》中解释"美"字时所提供的重要信息在现实生活里都可以找到合理的依据。由此可见，在中国的历史和现实的语境中美和善密不可分、互

① 《荀子》，方勇、李波译注，北京：中华书局，2011 年，第 11 页。
② 《论语》，杨伯峻、杨逢彬注译，长沙：岳麓书社，2018 年，第 45 页。
③ 许慎：《说文解字》，北京：中华书局，2013 年，第 73 页。

为一体。

中国文化具有一体性和延续性，无论过去还是现在，人们没有理由把美和善截然地割裂开来。然而，由于长期以来深受西方古典美学的影响，中国美学界的部分学者将西方古典美学视为金科玉律，他们往往用西方古典美学（尤其是康德美学）思想来解构中国的审美观念。康德在《判断力批判》中把美和善割裂为两个部分。[①]这一做法被很多中国学者所仿效。有些学者甚至利用康德的这一做法，将《说文解字》中基于中国文化史实、道德观念和审美经验来注解“美”字的合理做法，视为错误的和粗率的举动。他们沉迷于对概念的过度区分，试图在美和善之间划出一条不可逾越的鸿沟，即试图像康德一样为美建构出一个与日常经验相区别的独立的领域。这在认识上其实是犯了主观主义的错误。毋庸讳言，美和善都是日常生活经验中的重要的可以直接感知的组成部分，并且两者之间的关联性是不能被忽视的。20世纪，中国美学界的重要学者从马克思主义的立场将康德的哲学体系界定为主观唯心主义[②]，这一界定显然具有合理性。要获得正确的美学观念，需要对客观存在的审美文化和审美经验进行如实地反映和概括，从而提炼出有效的结论，不能仅凭主观思维去构造和编织各种脱离实际的概念和理论。总之，脱离客观实际然后对美和善进行过度区分的做法是不合理的。美国美学家舒斯特曼认为：“康德太善于区分事物，他的著作的一个基本计划就是作出区分……把审美愉快从感性（身体）愉快中区分出来……你可以区分事物，但是不可以如此僵硬和严格的

---

① 康德：《判断力批判》，邓晓芒译，北京：人民出版社，2017年，第34—37页。

② 朱光潜：《康德的美学思想》，《哲学研究》1962年第3期。

作出区分。”[①]舒氏的这一批判击中了康德美学思想的一些要害。当前，中国学者应当用批判的眼光来看待西方美学。要建立中国的审美话语就必须以实事求是的态度面对中国的文化史实和审美经验，而不是用西方美学话语来裁剪中国的审美文化。在理解美育和德育的关系时也需要从中国的历史和现实出发提出自己的立场。从以上的论述来看，在中国的有关伦理和审美的观念中美和善之间具有互为一体、密不可分的关系。由于美和善分别是美育和德育的核心，因此，从中可以推出美育和德育之间具有相辅相成、密不可分的关系。这种关系可以从两个方面来理解：德育是美育的基础，美育是德育的升华。

德育可以为美育建立基础。德育主要侧重于人们的思想和言行。它的主要目的是规范和引导：规范人们的言行，引导人们的思想。通过规范和引导使人的言行和思想符合道德观念。道德观念的形成有利于个体、群体乃至社会的发展。通过德育形成的道德观念可以使人的行为受到必要的规范和约束，从而有效地避免个体与个体之间、个体与群体之间以及群体与群体之间的冲突和纷争。从社会层面来看，德育可以为维护社会的基本秩序起到重要的作用。对于一个正常的社会而言，德育及道德观念的重要性如同衣食住行，它是一个必需的条件。道德教育不仅有助于社会的稳定，也有助于科学的合理发展，甚至有助于艺术的鉴赏和创作。如果要创作出优秀的艺术作品，创造者需要具备良好的道德观念，至少艺术家所创作出来的作品的精神主旨要符合普遍有效的道德准则。在欣赏

① 舒斯特曼、曾繁仁：《身体美学：研究进展及其问题——美国学者与中国学者的对话与论辩》，《学术月刊》2007 年第 8 期。

艺术作品的时候，道德标准虽然不是唯一的评价标准，但它是需要考虑的标准之一。不难发现，德育在很大程度上有助于培养人们的审美鉴赏和艺术创作的能力。总之，通过德育不断地提升自己的道德修养，有助于在欣赏或创作艺术作品时避免犯原则性、常识性的错误。

人们经常用“德艺双馨”来评价优秀的人民艺术家，为什么不说“艺德双馨”？这是因为“德”是重要的前提，它占据基础性的地位。一个人究竟怎样才能被称为“人民艺术家的典范”？首先，他（她）应当是一个道德修养很高的人，至少艺术家的作品背后的创作动机和思想必须符合善的原则；其次，他（她）在艺术创作或艺术表现方面是一个造诣深厚的人。

在中国近现代以来的艺术家里，音乐家冼星海可以被称为人民艺术家的典范。冼星海在年幼时期就经历了人生的坎坷，父亲的早逝以及家境的贫寒使他的生活变得极为艰难。然而这些处境并没有把他击垮，相反他在逆境中得到了历练，通过自己的拼搏和努力最终获得了留学深造的机会。学成归国之后，他积极地投入到音乐的创作之中，将自己的人生价值与国家的前途和民族的命运联系在一起，创作出了《黄河大合唱》等优秀的音乐作品。这些作品极大地鼓舞了处于危难之中的中华民族，从而为抗战的胜利和民族的解放做出了重要的贡献。冼星海在艺术创作上之所以能够取得这样的成就，其原动力就是他的坚强的精神力量和崇高的道德品质。这些内在品质不仅体现在对世俗伦常中的基本观念的遵循意识，而且体现在自觉地将自己的人生价值融汇于集体、国家和民族的价值和命运之中，从而展现了自强不息的宝贵精神以及奉献与牺牲的高贵品质。这些精神和品质为他的艺术创作提供了正确的方向和坚实的根基。也就是说他所创作的那些美的艺术作品必然是以他的善的心灵品质作为支撑。从这里可以看出，当人们在欣赏一个艺术作品时不能仅仅关注它的形式本身，对于创作者以及潜藏于作品背后的精神品质和理想追求也应当加以重视。这就意味着在施行审美教育的过程中教育者需要展现古今中外的经典的艺术作品，教育者在分析这些作品时不能只是关注作品的形式，在形式背后的占基础性地位的精神、理想和道德观念也应当被揭示出来，这样的审美教育才是一种接地气的、有根基的审美教育。

美育能够提升德育的境界。美育的主要形式是感受和鉴赏人类历史上产生的各种优秀的艺术作品。这些作品不仅涵盖音乐、舞蹈、绘画、诗歌、雕塑而且涵盖影视、戏剧、服饰、建筑等审美对象。对艺术作品进行感受和鉴赏可以使人们在潜移默化中提升自己的审美鉴赏力和艺术创造力，当然这只是美育的主要功能之一。古希腊哲学家柏拉图认为：人们欣赏艺术作品可以使心灵得到“浸润”。[①] 对此，亚里士多德也持相似的看法，他认为欣赏艺术（如悲剧）作品时可以起到陶冶情感的作用。[②] 无论是“浸润”心灵还是“陶冶”情感，目的都是相同的——将人的心灵朝着善的方向进行引导，从而使人拥有美的心灵。如果说德育是直接教导人们各种言行的准则，规范人们的思想，那么美育则是通过非直接的、愉悦的方式净化人的心灵、提升人的德性、引导人的思想。人类历史上优秀的艺术作品几乎都蕴含着善的理念，至少它们的主题不与人类普

① 柏拉图：《柏拉图文艺对话录》，朱光潜译，北京：人民文学出版社，2008 年，第 50 页。

② 亚里士多德：《诗学》，罗念生译，北京：人民文学出版社，2008 年，第 19 页。

遍有效的道德准则相背离。以《诗经》为例，它是中国历史上第一部诗歌总集，孔子对它的评价是："思无邪"，即《诗经》的思想内容都是纯正的、符合"礼"的规范。在中国艺术殿堂里类似的经典作品不胜枚举，欣赏这些艺术作品可以促使人们用多元化的视角和宽阔的视野感受人性的善。这对于西方艺术殿堂中的那些经典作品而言也并不例外。

在文艺复兴时期，意大利画家达·芬奇所创作的艺术作品《蒙娜丽莎》的美并不局限于它的形式本身，在形式的背后其实蕴含着创作者对于人性的美进行展现和追求的目的。从漫长的中世纪到文艺复兴时期，西方的绘画几乎都是以宗教神学作为主要的主题，所描绘的几乎都是上帝以及宗教人物的形象。在这一历史阶段宗教神学在人们的思想观念中占据主导地位，宗教中的苦行主义、禁欲主义以及森严的等级观念严重地钳制了人的自由，导致人性的力量及其光芒被遮蔽。《蒙娜丽莎》的出现在西方绘画史上具有里程碑式的意义，它不是上帝或者宗教人物的形象，创作者所描绘的是来自尘世的一位普通的贵妇人的形象，作者以非常自觉的手法描绘了普通人物所具有的真实的美。这一创作方式，在深层的意义上显然是对人性之美的赞赏和讴歌，同时表达了对自由的追求和向往。这些创作理念和动机与善的理念是高度一致的，美的作品和善的理念由此殊途同归，这可以再次为美育和德育之间所具有的密切关系提供重要的依据。

在施行德育的过程中，教育者不必仅仅凭借机械的方式灌输有关为人处世方面的道理，也不必只是通过单一的形式讲授世俗伦常中的辨别是非的原则。教育者可以适当地借鉴美育的方式，从而实现德育的目的，并进一步深化德育的内容。20世纪初，中国教育家蔡元培提出“以美育代宗教”的思想，其主要的目的使人的精神有寄托，感情变得纯正，免受各种不良因素的污染。[①] 蔡元培的这一思想在今天仍然具有重要的启示，它表明美育和艺术鉴赏等活动具有重要的社会功能。在中国的文学及艺术的发展历程中，艺术家很少去创作和追求所谓的纯粹的、无功利的艺术。“文以载道”“兴观群怨”“以美储善”“以美正心”这些概念表明中国的文人、教育家、艺术家非常重视美育和艺术的教化功能（社会价值）。美育、艺术有助于陶冶人的情操、培养人的德性。美育是现代教育的核心，它能够促进和提升德、智、体方面的发展。[②] 因此，在很大程度上可以说美育也是德育的一种形式，或者说美育是德育的升华。它具有重要的教化功能和文化价值。西方某些文艺理论家所倡导的“审美无功利”“为艺术而艺术”的观念在中国的历史语境中并不适用，当前中国的教育者在施行美育和德育的过程中不应被这些观念所左右，而是要保持自身的独特性，并且积极地建立自己的话语权，即构建符合现实需要的具有中国特色的美育和德育体系。

结　语

综上所述，美育和德育是教育的两个重要组成部分，在新媒体时代应审视美育的价值，需要审视美育和德育的关系。两者对于个体和社会而言都具有重要的价值和意义，而且两者之间具有密切的

① 宫承波：《“以美育代宗教”的历史文化价值及其当代意义》，《文史哲》2000 年第 5 期。

② 赵惠霞：《美育与心灵家园建构——论蔡元培“以美育代宗教说”的当代意义》，《哲学研究》2002 年第 9 期。

关系，德育是美育的基础，美育是德育的升华，二者相辅相成，密不可分。教育者不能机械地将两者割裂开来。中国的教育者在施行德育的过程中需要适当地借鉴美育的形式，需要对中西艺术史上的经典作品背后的崇高的精神或伦理价值加以分析、阐释和吸收；而在施行美育的过程中需要重视德育的维度，将中华民族优秀传统文化和社会主义核心价值观合理地融入其中，这些做法有助于推进新时代中国的美育和德育的发展。

短视频对当代青少年审美教育的影响效果研究

沈郑[①]

一、研究背景与问题提出

（一）当代青少年素养问题

在当代审美教育理论中，青少年艺术人文素养培育是其中极其重要的一环。自十八大以来，党中央高度重视青少年的健康成长，强调“青年是祖国的未来，民族的希望，也是我们党的未来和希望”[②]。青少年时期是人的一生中的关键阶段，是个体在消除认同性危机的过程中建立成熟的自我人格的决定性转折点，是个体从不成熟的童年走向成熟的人生的过渡期。此时，他们正处于半成熟半

---

① 沈郑，浙江理工大学史量才新闻与传播学院特聘副教授，浙江大学传媒与国际文化学院博士后，爱尔兰科克大学数字人文博士，主要研究兴趣：数字人文、社交媒体传播、新媒介美育、数据挖掘等跨学科量化研究。

② 习近平：《在庆祝中国共产党成立九十五周年大会上的讲话》，北京：人民出版社，2016 年，第 27 页。

幼稚、半独立半依赖、感情强而理性弱的状态。而审美教育，可以培养他们正确的审美意识和理念，强化他们的感知力、想象力和创新力，丰富他们的情感和精神世界，让他们从幼稚的儿童成长为成熟的、自我内部以及自我与社会都协调的、完善的、高素质的和全面发展的人，从而最终能够实现中华民族伟大复兴的中国梦。

根据最新的《中国互联网络发展状况统计报告》，青少年是我国最大的网民群体。截至 2019 年 6 月，35 岁以下青少年网民群体占总体网民的 57.35%。其中，20—29 岁年龄段的网民占比最高，达 24.60%；其次是 30—39 岁和 10—19 岁群体，占比分别为 23.70%、16.90%，与 2018 年末基本保持一致。另外 10 岁以下网民占比为 4.00%，也与 2018 年末基本保持一致。由此可见，青少年的互联网普及率大幅高出全国人口的互联网普及率，且互联网使用逐年呈现低龄化趋势。极高的网络参与度充分表明，青少年是当代名副其实的网络世界“原住民”。

虽然青少年的网络使用普及率高，但是网络素养总体得分不高。《中国青少年网络素养绿皮书（2017）》指出，青少年网络素养平均得分为 3.55 分（满分 5 分），网络素养水平总体上处于及格线以上，有待进一步提升。调查发现，青少年在主动搜索和整合信息内容方面能力不足，对数字媒介依赖程度高等问题。但同时数据也显示，在学校因素中，学校开设相关课程、教师使用多媒体的频率与青少年网络素养有显著的正向影响。所以，如何利用数字技术来提升青少年素养是当代审美教育中最迫切的任务之一。

（二）短视频与青少年审美教育

短视频是指在互联网新媒体平台上播放的视频内容，时长从几秒到几分钟不等。已有的文献研究显示，短视频具有短、小、精的特征，可以传递大量的信息、增加互动性、释放情绪和促进社交。虽然它短小，但它可以大量快速地传播，所以受到各大平台、资本和受众的青睐。数据显示，青少年经常利用网络进行学习，占比达到 89.60%。其次是上网听音乐和玩游戏，分别占 65.90% 和 61.00%。值得注意的是，短视频作为新兴媒体传播方式，占比却达到 46.20%，较 2018 年的 40.50% 又进一步得到提升，成为青少年网民上网从事的主要活动之一。

据统计分析，截至 2020 年 2 月短视频软件中，抖音短视频的日活跃用户数最多，为 3.2 亿人。其次为快手和西瓜视频，分别为 2.3 亿人、0.45 亿人。数据表明，抖音短视频在同类软件中最具影响力。抖音短视频是北京字节跳动科技有限公司于 2016 年 9 月 20 日上线的一款创意短视频社交软件。

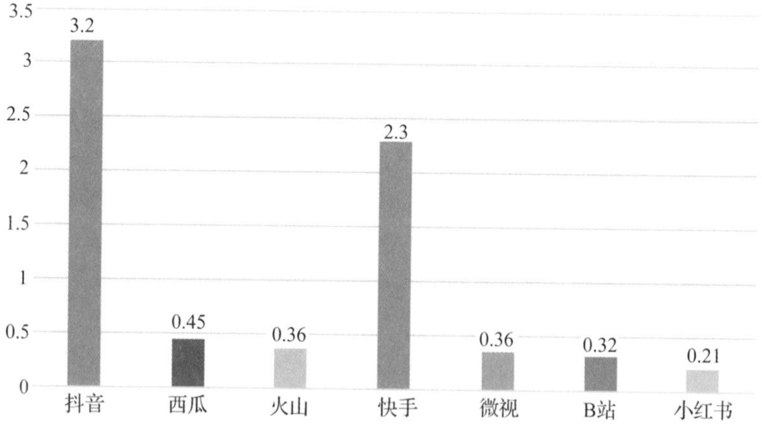

图 1　短视频软件日活跃用户数（亿人）

自 2019 年起，抖音短视频开始联合中央美院、北京师范大学、武汉大学等众多艺术机构启动“DOU 艺计划”，旨在通过短视频进行艺术普及，推动艺术创作与交流，让人人都成为艺术家。经过一年的努力，截至 2020 年 6 月，已累计产生艺术类短视频 2.8 亿条，累计播放数超 1.5 万亿次，累计点赞数超 490 亿个，累计评论数超 26 亿条，累计转发数超 10 亿次。其中，35 岁以下观看艺术类视频用户占总体用户的 60.60%，较 2019 年 3 月增长 5%，增幅第一。31—35 岁年龄段的用户占比最高，达到 20.60%；其次是 25—30 岁和 19—24 岁，占比分别为 16.60%、13.30%。数据表明，青少年是观看艺术类短视频的最大用户群，为构建短视频美育奠定了坚实的基础。

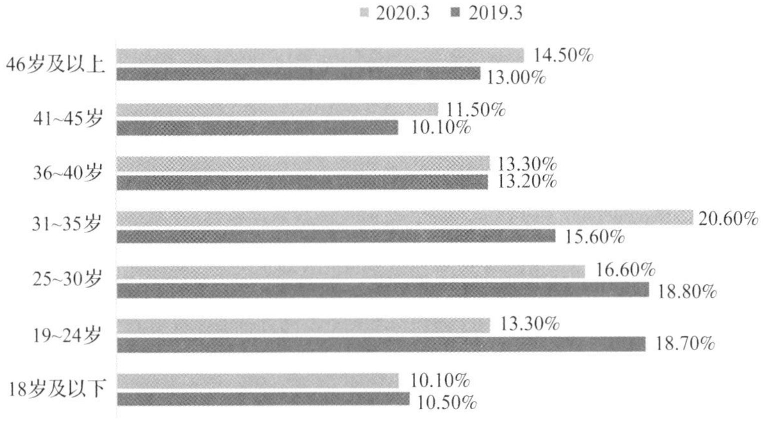

图 2　抖音用户群年龄占比

此外，研究统计数据还显示，35 岁以下观看艺术类视频用户男女比例为 55% 和 45%，差异不显著，较为均衡。艺术类视频播放数排名前 8 的门类为舞蹈、音乐、戏剧影视、绘画、建筑、书法、戏曲和文学。以下为各门类播放数排名前 3 的品类。

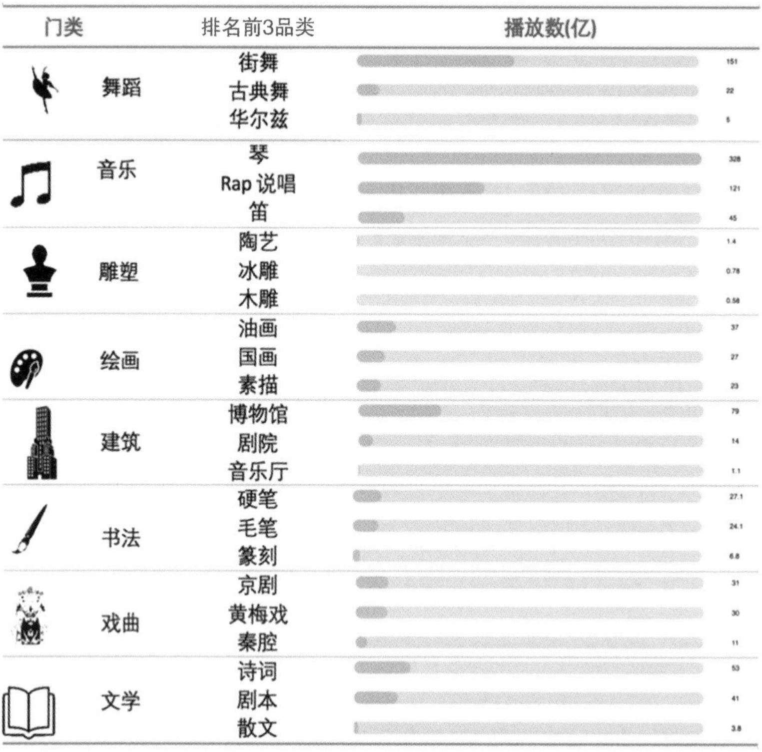

图 3　各门类播放数排名前 3 的品类

本研究发现，虽然艺术类短视频广受青少年们欢迎，但其内容质量参差不齐，所以短视频是否具有审美教育功能成为学界争议的新焦点。例如，北京师范大学文学院副院长姚建彬教授论及当代青少年审美教育，认为这个时代的审美教育具有复杂性，具体表现为青少年审美素养的多层次差异，包括洲际、国际、族际、男女等差异。因此，当代青少年审美教育是一场艰难的审美救赎。而清华大学新闻与传播学院的《知识的惠普——短视频与知识传播研究报告》发现，一方面短视频使日常生活知识化，使隐性知识显性化，拓展了“知识的边界”，降低了知识生产的门槛，激发大众的知识传播热情，令普通人也能够参与到知识传播中来；另一方面，短视频打破了知识在传播和接收中存在的固有壁垒，以社交为纽带进行知识共享，将个体学习转化为大众分享和参与，让知识可以触达更多的人。所以，短视频不仅能传播知识，而且能教育他人。

对此本研究认为，短视频中个体化的艺术表达的确会出现泥沙俱下，甚至是乱象丛生的情况。这是因为目前的社会条件和社会机制仍然是一个“必然王国”的世界，人们“真实的需要”和他们的“直接需要”仍然存在着很大的差距。尽管如此，短视频技术却极大地解放了人类的艺术创造力和想象力，美育的形式和内容也相应发生了巨大的变化。也就是说，短视频平台把艺术创作的门槛极大地降低了，曾经笼罩在艺术生产领域的迷雾在一定程度上受到了清除。同时短视频的艺术表达又具有形式化和普遍性，这是一种新的文化基础，为艺术创造力的普遍化实现提供了物质基础和条件。对于其内容质量等问题，理想的方向和出路是：加强对新的艺术形式、内容和审美经验模式的引导和评估，建立完善的艺术人文审美机制，让专业美学和艺术批评积极介入，唤起和激励青少年对审美解放的追求、对获得审美经验完整性的向往。通过情感结构的调整和改变，实现文化习性的进步，使青少年对美的向往和追求从自在的状态达到真实而全面的自由。

二、青少年艺术人文素养构建

（一）中国学生发展核心素养

为把立德树人的要求落到实处，进一步提升综合育人水平，更好地促进学生全面发展、健康成长，教育部《关于全面深化课程改革落实立德树人根本任务的意见》（以下简称《意见》）明确要求，充分认识全面深化课程改革的重要性和紧迫性，准确把握总体要求，着力推进关键领域和主要环节改革。其中，研究学生发展核心素养是深化课程改革的一项重要举措。通过发展核心素养，学生明确应具备的，能够适应终身发展和社会发展需要的品格和关键能力，德智体全面发展。目前，根据现实需要，教育部已完成核心素养总框架初稿，主要包括三个方面：文化基础、自主发展和社会参与。

（二）构建短视频美育的基本框架

基于《意见》，本研究相应地抽取了这三个维度来描述短视频如何在审美教育中发展青少年核心素养，每一维度包含多个测量指标，从而最终构建短视频美育的基本框架。

维度一：短视频美育与文化基础

文化是人存在的根和魂。文化基础，重在强调能习得人文、科学等各领域的知识和技能，掌握和运用人类优秀智慧成果，涵养内在精神，追求真善美的统一，发展成为有宽厚文化基础、有更高精神追求的人。超千位艺术家在抖音打造艺术直播课堂、云课堂、云教学等，满足大众的文化需求，试水将新媒体纳入教学体系，为艺术教学提供了新渠道。

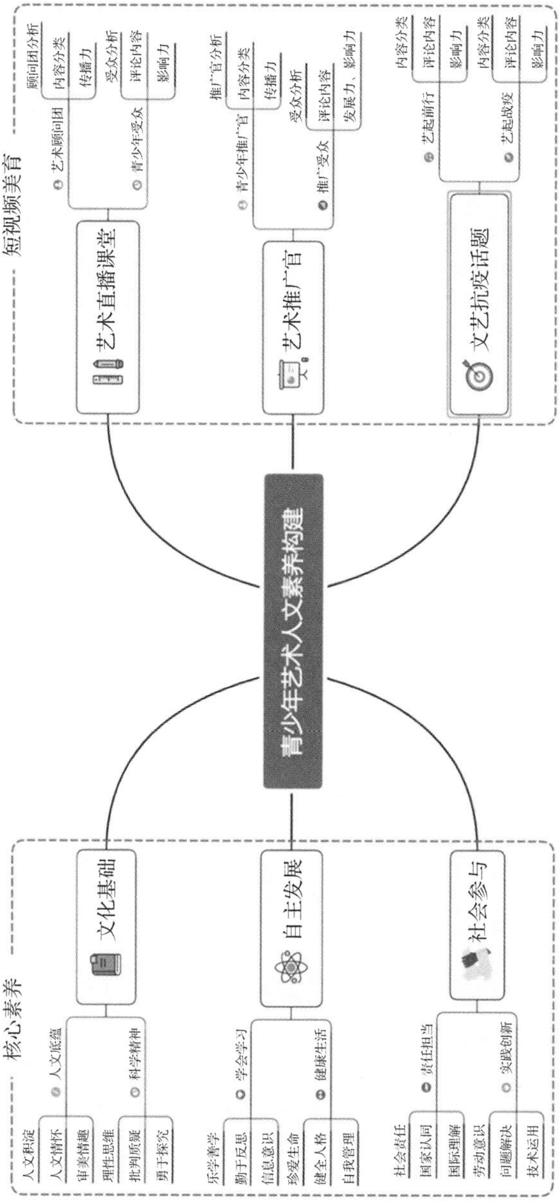

图 4　短视频美育的基本框架

维度二：短视频美育与自主发展

自主性是人作为主体的根本属性。自主发展，重在强调能有效管理自己的学习和生活，认识和发现自我价值，发掘自身潜力，有效应对复杂多变的环境，成就出彩人生，发展成为有明确人生方向、有生活品质的人。在“DOU 艺计划”中，抖音短视频面向所有人寻找“艺术推广官”。普通用户在抖音发布短视频，带话题 # 人人都是艺术家，点赞最多的视频创作者即可获得认证为“抖音艺术推广官”，并可获得官方指导与多方面的资源支持，鼓励艺术爱好者自主发展。

维度三：短视频美育与社会参与

社会性是人的本质属性。社会参与，重在强调能处理好自我与社会的关系，养成现代公民所必须遵守和履行的道德准则和行为规范，增强社会责任感，提升创新精神和实践能力，促进个人价值实现，推动社会发展进步，发展成为有理想信念、敢于担当的人。疫情期间，抖音短视频号召艺术家和艺术爱好者在疫期用短视频进行艺术创作、艺术记录和艺术传播。自 2020 年 1 月 27 日起，抖音短视频联合上海、四川、河南、内蒙古、重庆、广东、安徽、湖南等地方文艺界，发起了文艺抗疫系列话题，如 # 艺起战疫 #、# 艺起前行 # 等，大力推动公众社会参与机制。

（三）研究对象和构建方法

由此，本研究的主要对象为艺术直播课堂、艺术推广官和文艺抗疫的话题，报告统计了所有与之相关的短视频，以及相应产生的用户内容，包括赞、转、评等数据（截至 2020 年 6 月）。随后采用数据挖掘（data mining）的研究方法，对这些抓取的数据资料进行深入挖掘与分析。研究采取数据挖掘的方法，主要原因有三：

（1）它可以从海量数据中有效地提取未知和有价值的信息；（2）分类数据和发现新数据模式；（3）减少大数据研究的时间和精力。综合以上的原因，数据挖掘是当前新媒体影响下美育研究中必不可少的研究方法之一。

首先，对艺术直播课堂的研究可以具体细分为艺术顾问团和青少年受众两方面。数据统计主要包括艺术顾问短视频的创作内容和数量、播放数、点赞数、转发数、评论内容和数量。其中，创作数、播放数、点赞数、转发数和评论数是抖音艺术顾问对艺术文化教育量性研究有效反映指标，而创作内容和评论内容则是抖音艺术顾问对艺术文化教育质性研究的有效反映指标。这两方面数据的结合，能大致反映具体艺术直播课堂中短视频对青少年受众的艺术文化基础教育的程度。

其次，对艺术推广官的研究同样地可以具体细分为艺术推广官和受众两方面。数据统计主要包括青少年艺术推广官短视频的创作内容和数量、播放数、点赞数、转发数、评论内容和数量。其中，短视频的创作内容和数量、播放数是青少年自主发展能力的有效反映指标，而转、赞、评则是青少年自主发展影响力的有效反映指标。这两方面数据的结合，能大致反映具体短视频如何培育青少年自主发展艺术人文素养以及影响其他更多的受众。

最后，对文艺抗疫话题的研究主要以#艺起战疫#和#艺起前行#这两个话题为例。数据统计主要包括话题相关短视频的创作内容和数量、播放数、点赞数、转发数、评论内容和数量。其中，短视频的创作内容和数量、评论内容是青少年社会参与深度的有效反映指标，而播放数、点赞数、转发数、评论数是青少年社会参与广度的有效反映指标。这两方面数据的结合，能大致反映具体短视频对青少年艺术人文素养中社会参与素质培育的影响力。

三、短视频与青少年艺术素养培育形式

（一）短视频：获得审美文化新途径

截至2020年6月，平台数据显示艺术直播课堂已播放超过5000场次，近1000位艺术家在抖音直播艺术教学，直播时长超过6000小时，直播观看达2037.9万人次。并特别推出“方舱直播时间”，将艺术家们的抖音短视频、头条直播课堂搬进湖北各方舱医院，在不影响医护工作的情况下，通过直播、短视频、图文展示等形式，用艺术帮助医护人员和患者保持乐观心态，提振与病魔作斗争的信心和勇气。其中，较受青少年欢迎的直播课堂艺术内容分类主要有舞蹈、文学、戏曲、雕塑、音乐、书法和绘画，尤其舞蹈的线上教学居青少年全年龄段播放数首位。

传授艺术文化理论是审美教育的核心基础。以舞蹈为例，舞蹈教学是一门综合性较强，不同于一般艺术形式的特殊艺术。其具有严谨、复杂且耗时长等特征，学生需要经过艰苦的动作学习和训练的过程，才能真正学习到舞蹈精髓。以往教育家、舞蹈家批评及否定在舞蹈教学中使用注入式或填鸭式教学法，提倡启发式教学法，所以口传身授是舞蹈中重要的教学手段。它不仅使得舞蹈老师高效地完成教学任务，还能充分挖掘学生对音乐的感知能力，有效激发学生的学习兴趣。疫情期间，传统的现场口传身授教学受到影响，而短视频教学却可以继续为舞蹈教学提供极大的便利。通过艺术直播课堂，老师可以在短视频中讲解舞蹈知识，示范舞蹈动作，与学生可以远程无障碍的互动交流，对学生学习的舞蹈动作进行有效的辅助和矫正。同样地，学生也可以观摩老师的示范动作，向老师提

出疑问，获得解答。课程结束后，学生还可以根据自己的时间和需求，随时随地多次播放视频再次进行学习。因此，疫情下短视频替代现场教学，成为传授艺术文化基础知识的新兴途径。例如，一名陕西女生，通过艺术直播课堂继续在医院隔离病房学习舞蹈，并用短视频上传自己的学习成果。短视频中她乐观积极的态度感染着每一位观看者的心，虽然处于隔离期，但她依然用事实证明，隔离的是病毒，艺术不会被隔离。

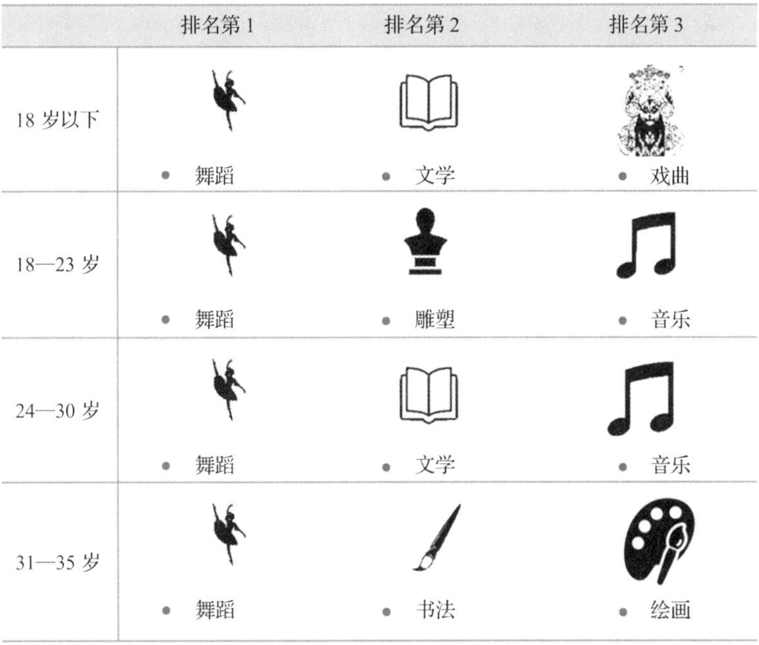

图 5　35 岁以下各年龄段观看排名前 3 的内容分类

再如，大众熟悉的草原歌手乌兰图雅也在抖音短视频上开启了“以歌抗疫，用爱相守”的公益课堂。在直播间中，乌兰图雅为用户分享了自己唱歌的技巧，引得无数观众进行尝试。其中，用户@樱桃来了在观看课程后，翻唱了乌兰图雅的代表作《站在草原望北京》，获得了乌兰图雅的鼓励，同时也让更多人看到，在我们身边就有很多人，为此次抗击疫情做着积极的努力。

艺术直播课堂的评论显示，青少年的正面评价达到82%，具体情绪表现为好（72.92%）、乐（12.50%）等。这些数据表明，青少年对这种艺术类短视频的审美教育形式持正面态度，愿意通过短视频学习艺术文化知识与技能，且具有良好的学习效果。

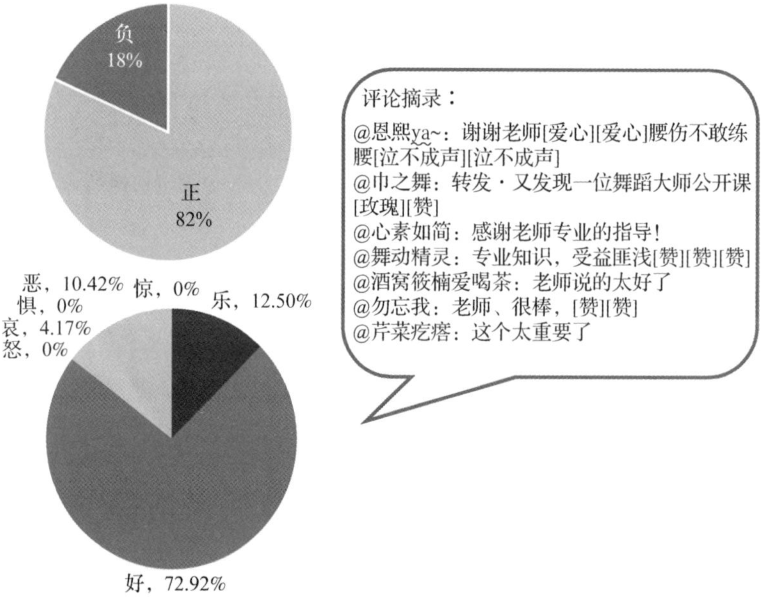

图6　艺术直播课堂的审美教育效果分析

从此可见，短视频为培育青少年艺术文化基础、人文底蕴和科学精神开辟了新渠道，从教育的质与量双重度量发展青少年审美素养，对青少年艺术文化理论学习有正面影响，可以成为学校美育形式的有力补充。

（二）短视频：实践审美活动，完整审美经验

2019 年抖音短视频陆续推出“# 我怎么这么艺术”“# 不要抖动要艺术”“# 抖出我的艺术”“# 人人都是艺术家”等全民艺术挑战赛。截至 2020 年 6 月 1 日，平台数据显示众多 85 后青年艺术家和文艺爱好者共发布了 32.4 万条艺术类短视频，吸引超过 400 万用户互动评论，累计播放量超 321 亿。部分知名艺术推广官信息统计如下：

领域分类	账号名	粉丝数（万）	点赞数（万）
音乐	@碰碰彭碰彭	657.6	7270.3
	@钢琴生产队	231.6	1542.5
	@满宝酱箜篌	44.5	515
绘画	@壁画师 佳佳	262.5	1833.1
	@超白大叔	117.2	1572.2
	@Marina 任桃桃	72.4	463.3
戏曲	@河南有范儿	32.9	104.4
	@汪荃珍	20.3	116.4
	@豫剧人李树建	16.1	79.3
书法	@观山书法	54.3	270.6
	@舒勇和他的社会	0.3501	1.4

图 7　部分抖音艺术推广官信息

根据统计信息，其中不乏 35 周岁以下青少年推广官，例如“超白大叔”，他是绘画艺术创作者，也是传统艺术的代表人物之一。这位年仅 28 岁的小伙子，仅用一支毛笔加各色的颜料，就能勾勒出无数幅栩栩如生的水彩作品，并收获了高达 117 多万的粉丝数，作品点赞数量破 1500 万。

又如生于 1995 年，年仅 25 岁的留法学生彭静旋，用一袭红衣

和一架古筝在欧洲街头演奏，惊艳法兰西，将中国民乐艺术飞入法国百姓家，获赞高达 7200 多万，粉丝数超 657 万，单条弹奏古筝的视频点赞数就突破 176 万。她认为短视频是个很好的分享知识、交流艺术的途径，它多元化的趋势让原本枯燥无味的艺术学习变得生动有趣，人们不仅能在平台上学到很多东西，并且可以记录自己美好的生活，增添艺术的乐趣。

另外，艺术推广官的评论显示，青少年对艺术推广官的正面评价高达 86.34%，具体情绪表现为好（85.29%）、乐（10.29%）等。这些数据表明，青少年推广官能有效管理自己的学习和生活，对自我价值有正确的认识，愿意挖掘自身潜力从而应对时代的进步和社会的发展，正朝着高层次艺术创新人才自主发展，且他们对其他青少年具有正面影响力作用，是他们学习的典范。

在启蒙主义时代，审美教育问题服从于哲学人类学的问题，思考和回答“人是什么”这个问题。我们认为，在当代社会，审美教育的根本问题仍然是“人是什么”的问题。它的理论基础是审美人类学。如果说席勒的《审美教育书简》把人的理想状态表述为感性冲动与形式冲动的统一的话，那么在当代社会，人的理想状态也许可以表述为人类的文化解放和人民大众创造性的普遍性实现的愿望，这是一种与个体的审美需要相结合的具体的审美经验。短视频平台不需要任何门槛的普遍性使用为艺术创造力的普遍化实现提供了物质基础和条件。在具有了艺术文化理论和艺术创造条件后，艺术家和普通人的界限开始模糊，甚至一定程度上逐渐消失，艺术和审美活动的基础从机械复制，转向了以个人自我中心的生产模式，“人人都是艺术家”的乌托邦理想主义成为现实。

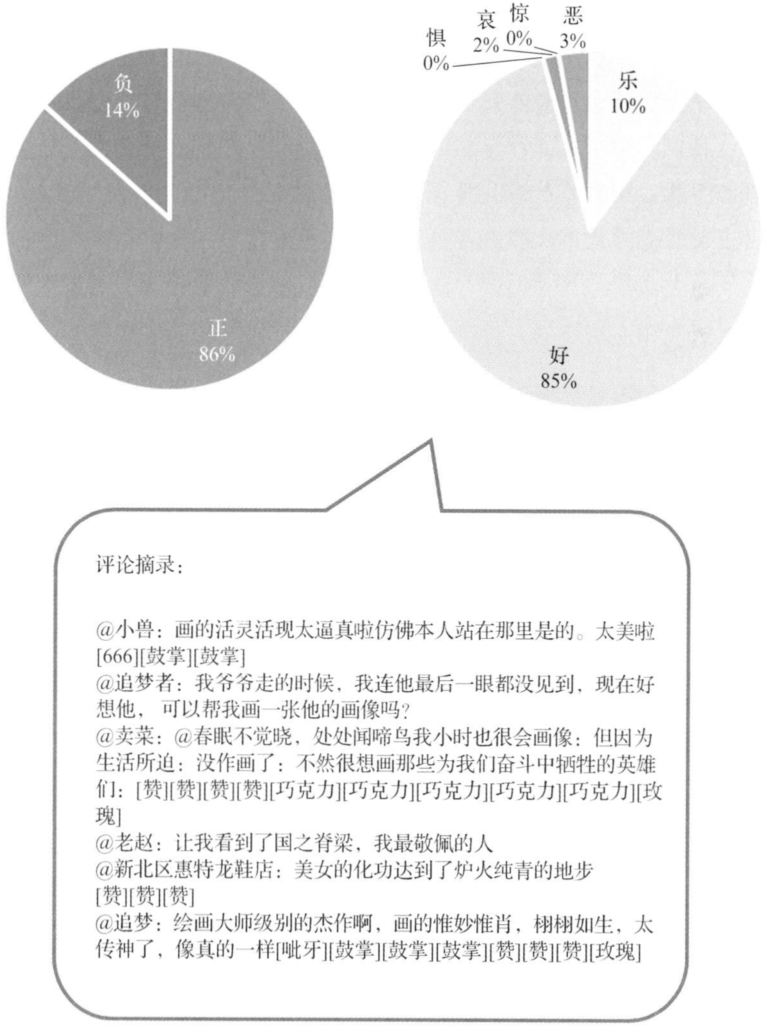

图 8　艺术推广官的审美教育效果分析

在人人都可以进行艺术表演和艺术传述的时代，审美活动的关键意义在于个体自身在人类学意义上的自我实践，也就是个体从历史和现实的必然性中获得审美经验的完整性。本研究发现，艺术推广官已体现出青少年的主观能动性。青少年通过创作与传播短视频，发掘自身潜力、学会艺术技能、进行艺术实践和深化艺术素养。因此，短视频对青少年实践审美活动、获得完整的审美经验、自主发展成为艺术高级人才具有正面影响力作用。专业艺术工作者引领，大众参与互动创造，让日常生活中随处可见的细节用艺术形式在短视频齐聚焕彩，打造了极具互联网时代特征的艺术体验。短视频与艺术融合，艺术内容是短视频的丰富宝藏。而艺术的力量也正在慢慢显现，开始反哺，强化短视频的文化内核，更多的年轻人与更好的内容作品一起为短视频发力，演绎出无限的美好与生命力。

（三）短视频：唤起审美情感，增强社会责任

疫情期间，平台带动网友用文艺短视频参与抗疫话题（如 # 艺起战疫 #、# 艺起前行 # 等）讨论和展示疫期学习成果，致敬白衣天使、抚慰病患同胞，祝福逆行英雄，为进一步强信心、暖人心、聚民心，打赢疫情防控阻击战凝聚起强大正能量。截至 2020 年 6 月 1 日，数据显示，累计创作 644 条相关战疫短视频，累计播放量超 22 亿。典型的案例比如说，被网友称作“硬核医生”的上海华山医院感染科主任张文宏携手华山感染科团队制作改编歌曲《唯一的可能》，鼓励全国受疫情影响的同胞们，特别是武汉的患者和抗“疫”前线白衣战士，树立战胜疫情的信心，释放艺术战“疫”正能量。又如上海越剧院国家一级演员徐标新，灵机一动在短视频中分享花式“云练功”——“防疫控疫不放松，在家天天要练功。期盼疫情快断送，再上舞台更轻松”，既展示了越剧演员“台上一分钟，台下十年功”的刻苦练功情景，又将积极健康的生活态度传递给了更多人，让宅在家中百无聊赖的人们不禁会心一笑。

此外，曾参加中央电视台春节联欢晚会，现场表演舞蹈《醉鼓》的舞蹈家黄豆豆，为响应#艺起前行#号召，开启了“文艺进万家，健康你我他”舞蹈公益课堂，通过舞蹈给每个家庭送去精神的食粮，让大家用积极的心态面对疫情。同时，呼吁大家保持停课停工不停学，休身休脑不休心的健康状态。在“艺起前行”等抗疫话题下，受艺术家们的影响，无数艺术爱好者的热情和兴趣被激发，有用户在@舞者黄豆豆的教学视频留言处这样评论道：“只要在家有网络，就可以和舞蹈家一起学习跳舞。”除此之外，目前许多用户也已经参与到此次艺术创作中。例如，自称“大王王”的王渊超就上传了与女儿王琦乐合录的上海童谣《病毒我不怕》。“病毒病毒我不怕，因为我整天宅在家。”视频里，他自弹自唱，还拉上女儿一起表演，歌词中包括了戴口罩、勤洗手等疫情之下的注意事项。

#艺起战疫#话题开展后，吸引了一大批文艺爱好者的积极参与，受到了广大网民的关注、分享和点赞，其中单个作品最高点赞量高达150多万次。青少年纷纷在相关短视频的评论中留下很多暖心之语，如“武汉加油！中国加油！”“一起战疫，我们未来会更好”“致敬最可爱的人，你们辛苦了！”等。

#艺起战疫#话题评论显示，青少年的正面评论达到71.83%，具体情绪表现为好（70.99%）、乐（10.49%）等。这些数据表明，在短视频平台，青少年网民积极参与社会话题讨论，树立了正确的审美价值观，增强了社会责任感。

图 9　# 艺起战疫 # 话题的审美教育效果分析 1

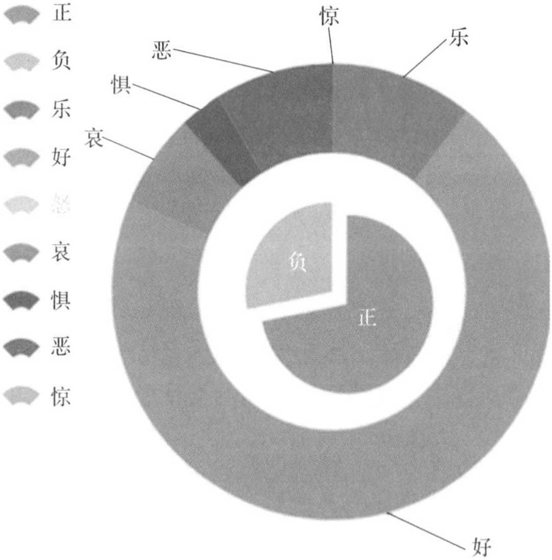

图 10　# 艺起战疫 # 话题的审美教育效果分析 2

对于＃艺起前行＃话题，人们集结在平台上，以镜头记录身边感人之事、有意义之事，用更多有大爱、有暖人心的文艺作品，汇聚起社会正能量。平台运用新载体，吸引新力量，既疏导公众情绪、宣传群防群控，又传播优秀文化，凝聚精神力量。这是一次集结，也是一次蓄力；这是一次前行，也是一次战斗；文艺短视频化作鼓舞人心的力量，助人们“艺”起前行，战胜疫情，评论中也涌现出大批的正能量话语。

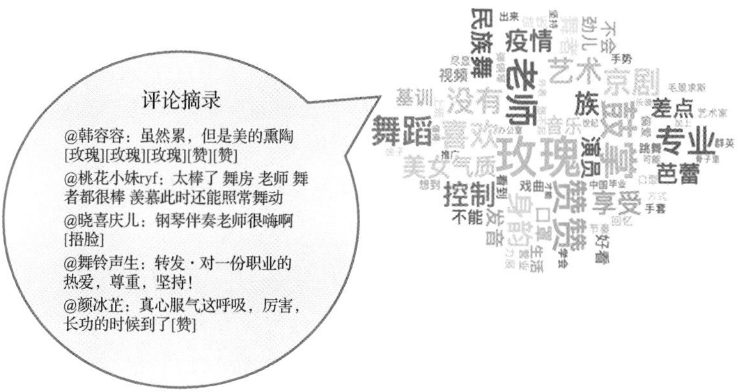

图 11　＃艺起前行＃话题的审美教育效果分析 1

＃艺起前行＃话题评论显示，青少年的正面评论达到 82.78%，具体情绪表现为好（77.64%）、乐（9.94%）等。这些数据表明，在短视频平台上，青少年网民积极参与社会话题讨论，正确认识自我与社会的关系，正努力发展成为有理想信念、敢于担当的人。

在当代社会多重叠合的语境中，丰富而多元的短视频使审美经验通过有效缝合而获得审美经验完整性的概率大幅度提高。审美经验获得完整性的机制存在于人的物质性身体之中。人类文明的进

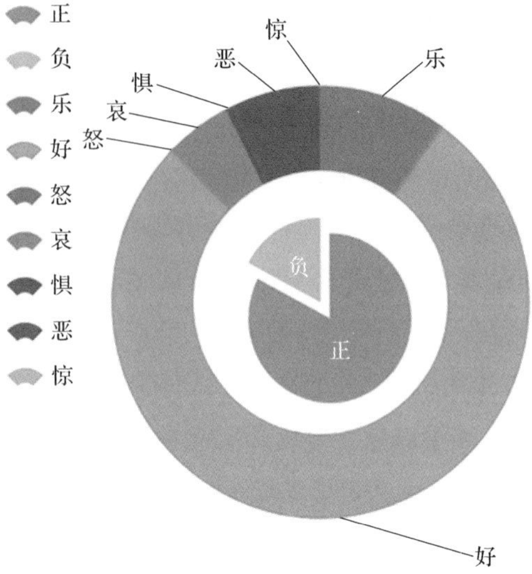

图 12 #艺起前行#话题的审美教育效果分析 2

程，特别是工业化文明的进程将人的经验的完整性分割开来。在短视频等现代技术的条件下，人类个体有可能摆脱各种社会性的机制，以自然而自由的状态面对自我，以个人的风格化的方式来表达和传述自己的审美经验，在此基础上，一个风格多样，个性鲜明，具有无限的可能性和丰富性的人类情感世界和精神世界的大门就此打开了。

综上，在疫情期间文艺短视频被用来释放正能量、抚慰大众情绪、振奋抗疫精神，具有深度和广度，对青少年参与社会热点话题、培育实践创新能力和责任担当素质有积极影响。在当代社会，只有建立在充满爱意、信任和同理心基础上的艺术表达才能真正具有唤醒人心和改变世界的力量。也就是说，具有爱心和伦理价值的情感及其艺术表达，才能产生真正当代意义上的审美教育，实现审美解放和审美的革命作用。本研究证明，短视频利用相关的文艺抗疫话题，建立青少年对此社会话题的爱意、信任和同理心，并唤起青少年的审美情感，增强社会责任感，并最终实现审美教育。

结　　语

综上，通过对艺术类短视频进行深入数据挖掘与分析后，本研究最终发现短视频对提升当代青少年艺术人文素养具有正面影响。具体来说，短视频开展有关的新型美育活动，可以协助学校美育来巩固青少年艺术文化基础，成为获取审美文化的新途径，实践审美活动，唤起审美情感，从而使审美经验更加完整。但截至目前，短视频作为新兴美育形式仍处于发展的初级阶段，具有极大的发展空间和潜力，希望未来有多种形式的“短视频+美育”的结合，以完善艺术人文审美机制和青少年艺术人文素养培育建构。

第六部分　神经美学与美育

音乐对人脑功能发展影响的中外研究比较

门特　赵伶俐[①]

音乐如何影响我们的大脑？进入大脑的音乐又以何种形式存在？对此问题，古今国内外心理学家、美学家一直在努力探索，试图解密大脑“黑匣”。随着认知科学、神经科学和脑功能测试技术的发展，科学家、学者对音乐与人脑的关系做了广泛研究。国内外越来越多的研究表明，音乐对人的影响不只是情感，它还能够巧妙地改变人脑的结构和功能，对大脑的发展有积极效应。

为深入探讨音乐与大脑的关系以及深化认识音乐的价值，使音乐在人全面发展、潜能开发、医疗保健等方面取得更大成就。本文就国内外科学家、学者对音乐与大脑关系的相关研究及运用发展沿革进行梳理和归纳，通过对比分析各自的研究特点，以及推动研究向纵深发展的动因和条件，以期对未来更加深入的研究提供借鉴和参考。

---

① 门特，泰国玛希隆大学博士研究生，研究方向为音乐教育。赵伶俐，心理学博士，西南大学教育学部教授、博导，主要从事美育、美育心理学、教育心理学、课堂教学技术与艺术等科研与教学工作。

一、对大脑认知功能的影响

大脑的认知功能是指人脑对外界刺激进行加工、储存和提取，从而获取知识的能力。它包括知觉能力、记忆力、注意力、思维和想象等能力。音乐的基本要素有音高、节奏、和弦等。这些信息在人脑之中的存在、体现、转化方式如何？在心理活动中的内部再现形式如何？国内外学者对此做了大量研究。

（一）国外研究情况

据 Koelsch、W.A.Siebel 的研究证实，人脑对音乐的反应是一系列极其复杂的信息转换和神经表达过程，在时间和空间上交错重叠。十余年来，国外学者运用电磁生理法（EEG、ERP、MEG）和脑成像法（fMRI、PET）等认知神经科学的研究方法不断验证了上述结论。

1. 对记忆能力的影响

Barbara Stein 对此进行了一项实验。他让对照组在没有音乐背景的情况复习 25 个单词，而让实验组听亨德尔的《水上音乐》。实验组的考试成绩明显高于对照组。至于音乐为什么能够提高记忆能力，有研究表明，音乐刺激可以改变部分神经递质和多肽类激素的分泌量，改善人们的记忆力。音乐心理生物学家 Rong X.W. 发现，音乐刺激可以增减大脑的垂体后叶加压素 AVP（4 — 8）的分泌量，提高“即刻早期基因”c-fos 的转录水平 600 倍，将皮层与海马的神经生长因子（NGF）的基因转录水平提高 2 倍，使联络皮层的神经元数量与突触数量增加 1/5 — 1/3。[①] 而 NGF 就是长期记忆的重要分

① 崔宁：《音乐教育的认知价值与大脑心理效应分析》，《杭州师范学院学报（社会科学版）》2004 年第 5 期。

子元件之一，是工作记忆与内隐记忆的微观动力学调节因子。

2. 对形象思维能力的影响

生理心理学研究表明，左脑运用概念、算法进行抽象思维，右脑运用想象、直觉、灵感等进行形象思维。Andrade PE 等人用脑成像技术研究认为，大脑在音乐感知过程中，左右大脑都要参与工作，右脑主要负责音高感知和工作记忆，左脑负责节奏等音乐时间成分的识别。[①] 双耳分听技术揭示出音乐能够激活大脑左右半球，然而，激活右脑的面积比左脑大；左脑在音乐时间序列和节奏辨别方面起着重要作用，而右脑在音高、旋律和和声感知方面起主导作用。[②] Zatorre 等人用计算机断层扫描（PET）检测音乐刺激的脑区，结果表明，音乐主要激活右脑，包括右侧颞上回和枕叶、右前额回、顶叶、颞叶等皮质层，这些区域的血流量明显高于左侧初级听皮层的血流量。R. C. Gur 等人的研究也表明，音乐能够激活右半球，从而激发人的创造性。[③]

3. 对智力的影响

人的智力包括注意力、观察力、记忆力、思维力、想象力。国外对于音乐是否促进人的智力一直存在争议。1993 年，Frances H. Rauscher 与 Gordon Shaw，以 84 名大学生为对象进行了实验。根据研究，实验组的学生在听莫扎特的奏鸣曲 10 分钟后，空间—时间

① Andrade PE，Bhattacharya J. “Brain tuned tomusic”，*Roy SocMed*，2003，88：284-286.

② BrancucciA，SanMartini P. “Laterality in the perception of temporal cuesofmusical timbre”，*Neuropsychologia*，1999，37（13）：1445-1451.

③ 周泓、张庆林：《创造性的生理研究新进展》，《心理学探新》2002 年第 3 期。

推理测验成绩高出其他两组 8% — 9%。[①] 研究指出，经常聆听莫扎特奏鸣曲的人，可以提高大脑的空间推理能力。但是，是否存在“莫扎特效应”，哈佛大学 Christopher Chabris 的实验否定了这个观点。他用 714 名被试者做了 16 次实验，结果发现，听莫扎特的奏鸣曲几乎没有提高学习分数的效果。然而，哈佛大学心理学家 Lois Hetland 对 1014 名被试者进行的实验又显示，听莫扎特音乐的实验者确实表现得很好。

此外，神经科学的研究证明，音乐和语言共享相同的听觉过程区域，因此，音乐的音色、调性、节奏都与大脑的认知学习区域相关。

关于音乐训练与数学关系。国外研究表明，音乐对数学成绩的影响仍然不一致。James Catterall 研究发现，接受音乐教育的学生数学成绩明显高于没有接受音乐教育的学生。更重要的是他们的读书、历史、地理，甚至社会交往的技术也增加了 40%。[②] 据 M.T.Pearc 等人研究，一年级学生如果接受一个月的音乐训练，数学成绩显著提高。然而，六个实验的元分析表明，音乐训练对数学能力影响虽小，但具有重要的效应。[③]

（二）国内研究情况

国内学者对音乐之于脑的认知功能影响的研究也集中在记忆力、右脑形象思维能力、智力等影响学业成绩的因素。

---

① 苏泽：《脑与学习》，北京师范大学脑科学与教育应用研究中心译，北京：中国轻工业出版社，2005 年，第 173 页。

② 冉祥华：《音乐教育与人脑开发研究进展》，《商丘师范学院学报》2011 年第 8 期。

③ Marcus T. Pearce，María Herrojo Ruiz，SELINA kapasi，et al. “Unsupervised statistical learning underpins computational，behavioural，and neural manifestations of musical expectation”，*Neuroimage*，2010，50（1）：302-313.

1. 对记忆力的影响

王增贤等人研究发现，音乐能增强神经元 NMDA 受体和编码 NMDA 受体的 mRNA 表达；NMDA 是“长时程效应”（LTP）诱导最关键的蛋白质之一，在海马神经通道中，NMDA 受体对 LTP 的触发起着重要的控制作用。[①] 杨华对音乐家和非音乐家工作记忆任务完成进行了实验研究，结果显示：无论在调性背景音乐下还是无调性背景音乐下，音乐家的反应时间都比非音乐家快，这意味着音乐训练对工作记忆能力有促进作用。[②]

2. 对形象思维能力的影响

对于形象思维能力的研究，国内学者也是围绕音乐刺激对右脑的影响展开的。李恩中等人应用 MR 功能成像（fMRI）探测了大脑功能活动的非对称性。他们认为，语言刺激主要激活左脑部分区域，右脑区域少数被激活。但是，在音乐刺激下，右脑被激活的区域占绝大多数，远大于左脑区。但是，不管语言和音乐的刺激如何，左右脑间和半球内各脑的区间都有相互配合的作用。音乐刺激下，双侧听觉皮质区及其相关区域，如颞上回（非 Wernicke 区）和颞中回被激活。此外，还可以看到其他区域被激活。例如，右侧颞极和海马旁回，双侧额上回、额中回、右侧枕－颞联合、枕叶脑区和扣带回亦有激活。但是双侧颞下回没有激活区。[③] 李恩中等人的

---

① 王增贤、王晓亚、王怀经等：《音乐对大鼠学习和记忆以及海马 NMDA 受体表达的影响》，《第四军医大学学报》2004 年第 24 期。

② 杨华：《三种不同类型音乐训练对大脑的可塑性影响研究》，电子科技大学博士学位论文，2016 年。

③ 李恩中、翁旭初、韩璎等：《语言与音乐刺激下脑功能活动的 MR 功能成像研究》，《中华放射学杂志》1999 年第 5 期。

研究与 Zatorre[①] 结论完全一致。

3. 对智力的影响

“莫扎特效应”也引起了国内研究者的关注。有一些研究证实存在“莫扎特效应”，比如黄君和尧德中教授团队的实验。刘正奎等人研究发现，音乐能够促进语文和英语成绩提高，音乐特长生在这两方面的成绩明显优于普通儿童，差异显著。但是，音乐特长生的数学成绩与普通儿童差异不显著。[②] 关于音乐对学业成绩的影响，杨华也做了类似研究。他选取了 250 名中国小学生为参与者，研究长期音乐训练和学习成绩之间的关系。结果发现，音乐儿童在第二语言（英语）上显著优于非音乐儿童，但音乐训练似乎和第一语言（中文）、数学成绩不相关，但它并不独立作用于第一语言和数学。杨华发现，虽然音乐训练与语文成绩不相关，但是音乐训练对语言能力的听觉影响更大，对语法、阅读、写作等方面影响较小。这一发现间接解释了音乐对儿童英文的促进作用比中文更加明显的原因。

二、音乐对大脑情绪功能的影响

（一）国外研究情况

神经递质是大脑生理功能的基础。在大脑皮质中存在两大类主要的神经元：兴奋性神经元与抑制性神经元。这两类神经元左右

① Zatorre R.J，Evans A.C，Meyer E. “Neural mechanisms underlying melodic perception and memory for pitch.”，*Neurosci*，1994，14（4）：1908-1919.

② 刘正奎、邹枝玲、施建农：《音乐特长儿童的智力结构特点及其与学业成绩的关系》，《南京师大学报（社会科学版）》2003 年第 2 期。

脑半球也彼此进行拮抗和协同，在调控大脑皮质的高级脑功能中发挥着至关重要的作用。具有兴奋作用的神经递质包括多巴胺、谷氨酸、乙酰胆碱、去甲肾上腺素等。布拉德和查托里在一项研究中认为，音乐可以刺激人的神经中枢的快感和激情，他们认为这种快感来源于神经细胞分泌的多巴胺。[①] 俄罗斯的一项研究也证实，人每天花一个小时倾听音乐完全能够改变大脑的重组方式，提取被试者的 EEG 信息，表明脑电波处于 α 波状态的时间也增多了，大脑协同性得到了增强。[②]

（二）国内研究情况

为了验证“一定的音乐能够引出 α 波”，沈建军使用脑传导器进行测试，结果显示，适宜的音乐确实可以在 10 分钟内降低 α 波。[③]

王超慧、董京飞采用 SP03 脑涨落图仪，对被测试组进行音乐刺激（分别采用忧伤、紧张、喜悦的音乐）实验的 EFG 检查，实验发现，通过忧伤音乐的刺激，颈区除了 GABA 之外，还发现 8 种神经递质功率值低于静息值。紧张音乐刺激，脑内 NE，5-TH，Ach，Glu 活动增加，表明紧张音乐强化了注意力的同时，紧张情绪也受到强化。欢快的音乐触发和增加了 9 种神经递质的活动，功率增强，表明欢快的音乐在改善负面情绪方面，与其活动的增加、功率的增强和功能控制作用密切相关。[④] 他们的实验验证了音乐对神经

---

① 《音乐与人类情感联系之谜》，《今日科技》2004 年第 1 期。

② 詹森：《艺术教育与脑的开发》，北京师范大学脑科学与教育应用研究中心译，北京：中国轻工业出版社，2005 年，第 24 页。

③ 沈建军：《音乐与超常规思维》，武汉：华中理工大学出版社，1997 年，第 69 页。

④ 王超慧、董京飞：《音乐诱发情绪与音乐调节和改善情绪的脑电涨落图研究》，《人民音乐》2013 年第 10 期。

递质功率和功能活动的重要影响。例如忧伤、紧张的音乐造成大脑部分神经质的功率降低或增高，从而破坏机体内环境的稳定状态。这个结论与 EFG 研究抑郁症和焦虑症时的结果基本一致。

三、音乐对大脑审美功能影响

（一）国外研究情况

国外关于审美机制的研究最初来自哲学、心理学和美学等领域。1872 年和 1876 年，德国美学大师费舍尔·费希纳出版了《实验美学》和《美学导论》，开启了实验美学的先河。他借用实验心理学的方法研究了人类审美心理过程及其一般规律。他提出美可以分为广义和狭义。广义的美是指一切能引起快乐的东西，狭义的美是指能使人在审美和艺术上感受到崇高快乐的东西。这两种美受许多审美心理原则的制约，包括审美阈、审美加强、审美对比、审美联想等。这些审美心理原则描述了审美方法及审美活动的实质。20 世纪末，英国伦敦大学学院的泽基（Semir Zeki）根据视觉艺术的研究成果，出版了《内在视觉：艺术与大脑的探索》（*Inner Vision: An Exploration of Art and the Brain*）一书，开辟了神经美学研究的新领域。神经美学主要运用脑科学和认知神经科学的方法来研究人脑的审美活动过程和神经加工机制。之后，很多欧美的心理学家、美学家、神经科学家加入神经美学研究领域，在视觉、听觉艺术等方面，取得了一系列的研究成果。

对于视觉艺术的人脑审美机制。克拉－孔德等用脑磁图描记仪（MEG）测试了观看摄影作品的被试，结果发现：当被试者感知和体验到艺术品之美时，其前额叶区域被选择性地激活。迪奥和加莱塞的研究表明，审美体验是一个多层次的加工过程，它不仅包括对艺术品的视觉感知和分析，还包括内脏运动、感官运动和情感。这说明审美经验的出现不仅与客观审美价值有关，还与主观审美判断有关。①

正如泽基所说，当人们欣赏美的事物时，审美体验有相似的神经机制。② 音乐带来的审美体验也大致如此。布劳恩在他的实验中发现，受试者在音乐审美时，其前额皮质和杏仁核同时达到高水平兴奋，受试者大脑分泌的羟色胺含量也成比例增加。因此，羟色胺神经元与人的审美活动密切相关。③

借助于脑科学和认知神经科学以及影像学方法，国外大批学者，如泽基、罗伯特、加德纳和查吉特等人，在人脑的审美活动过程中的不同脑区定位及其审美功能划分以及神经处理机制等研究取得一些成果。卓迪普在研究大脑中音乐的审美认知时发现，当音乐家对自己喜欢的音乐有最佳体验时，其大脑前额叶的腹内侧正中区、背外侧正中区会先后出现 40 Hz 的高频同步振荡波，这说明大脑前额叶的腹内侧正中区充当了审美体验过程中的高阶情感反应中枢，对主体所接受的音乐刺激形成了全新的审美意象，并将这种概念性信息送至低位皮层等处，以调节感觉，记忆，情感和想象力

---

① 胡俊:《艺术・人脑・审美——当代西方神经美学的研究进展、意义和愿景》,《文艺理论研究》2015 年第 4 期。

② 同上。

③ K. Domsclike, M. Braun, P. Ohrmann, et al. Association of the functional-1019C/G 5-1HT1A polymorphism with prefrontal cortex and a-mygdala activation measured with 3 T fMRI in panic disorder, lnt. Neuropsychopharnaacol, 2006, 9 (3): 349-355.

活动。[①] 音乐对大脑的影响已经被许多实验所证实。例如，本特森等人研究钢琴家在即兴演奏时的大脑变化发现，当所有的受试者演奏音乐时，他们的背外侧前额叶（DLFPC）、前辅助运动区（pre-SMA）、背侧前运动区（rostral PMD）、上颞叶沟（STG）和枕叶的视觉联合皮层等区域，都显示出显著的被激活状态。[②]

（二）国内研究情况

国内学者对于大脑的音乐审美机制的研究并不多。经知网检索发现，除一些有代表性的研究论文和著作外，大量是综述国外研究成果，从哲学、教育学、心理学、美学等角度阐述音乐的审美心理，实验研究零星可见。比如李杰、郑玉章对音乐意象加工水平进行了实验研究，结果表明，音乐图像有七个不同的加工水平；对于标题音乐和歌曲材料，在相同加工类型的情况下，语义加工多的需要较长的响应时间，而在其他四种纯音乐中，不会发生这种情况。[③]

陈丽君、文琪对音乐欣赏中产生的美感体验进行了实验研究。其研究结论是：音乐类型可以诱发人们不同的美感体验。大调慢速音乐诱发“喜”和“哀”的审美体验；大调快速音乐诱发恐惧、激愤的审美体验；小调慢速曲子让人有悲伤或绝望的审美体验；小调快速引发人的“喜”的审美体验。此外，实验还发现，不同风格的

---

① Bhattacharya J, Petsche H, Pereda E. Long-range synchrony in the gamma band: role in music perception., The Journal of neuroscience: the official journal of the Society for Neuroscience, 2001, 21(16): 6329-6337.

② Sara L. Bengtsson, Mihály Csíkszentmihályi, Fredrik Ullén. “Cortical regions involved in the generation of musical structures during improvisation in pianists”, *Cogn Neurosci*, 2007, 19 (5): 830-842.

③ 李杰、郑玉章:《音乐意象加工水平实证研究》,《黄河之声》2010 年第 12 期。

音乐对生理反应产生显著作用，喜剧和壮美风格的音乐能够引起明显的心率变化，而优美的音乐对心率影响最小；音乐会引起神经系统、内分泌系统、免疫系统的改变等。[①]

比较而言，国内对于大脑审美机制的研究及其成果远超过对音乐审美机制的研究。国内对审美的研究始于美学界。美学界从对美的本质探讨入手，逐渐深入到对审美心理的结构及其机制的探讨。朱光潜最早在《文艺心理学》和《谈美》中阐述美学的内涵。之后，李泽厚提出美感由知觉、情感、想象、理解构成的“四因素说”；钱学森、刘再复提出审美心理结构由感知、记忆、思维、情感构成“四因素说”。滕守尧提出审美经验由感知、情感、想象、理解构成的“四因素说”。这些研究都是采用思辨的方法，得出“整个审美体验的组成是各种心理因素之间微妙而复杂的相互作用的结果”的逻辑论断。

20 世纪 80 年代西南师范大学刘兆吉率先生提出了“美育心理”概念，推动了审美的教育学、心理学实证研究。从 20 世纪 90 年代开始，国内学者逐渐借用心理学的研究方法，从思辨转向用实验探究审美主体与客体之间的关系。这一时期涌现出一批研究成果。比如：审美认知并非直觉，而是具有逻辑基础如多值逻辑；改善对美学概念的理解，可有效地促进创造性思维分配的改善；美感体验对科学概念理解有促进作用；人的审美活动由审美认知和审美元认知这两大过程构成；等等。

还有学者从神经美学视角研究大脑审美机制。比如，陈丽君

① 陈丽君、文琪：《音乐欣赏教学中的美感体验与功能实证》，《华东师范大学学报（教育科学版）》2017 年第 5 期。

等用实验证明了美感体验与积极情绪的关系，即美感风格图片（优美、喜剧、壮美、悲剧）能引发人相应的美感体验；美感体验更接近积极情绪，但并不等同于积极情绪，美感体验包含有非愉悦的因素，但又不能与消极情绪画等号。①

以上研究与国外相关研究结论一致。

四、对人脑功能的修复与治疗——音乐治疗

人脑具有可塑性。在内外环境的刺激下，人脑的形态结构和功能等方面均会发生重构，给人的身体或促进发展，或带来病变。上述研究表明，音乐可以影响人脑的认知、情绪、审美功能等，还能够带动大脑左右半球都参与音乐活动，从而促进左右脑功能发展。音乐的这些特殊功能，推动了音乐作为一种治疗手段介入临床治疗的研究和运用。

关于音乐治疗的概念，国内外学者并没有给出一个统一的定义。更为权威和广泛使用的是美国音乐治疗协会前任主席 Kenneth E. Bruscia 对音乐治疗的定义。他认为音乐治疗是系统的干预过程。在此过程中，音乐治疗师会使用各种音乐体验，在治疗师和治疗对象之间建立起一个动态的变化的动力关系，以帮助治疗对象实现健康、治疗目的。

（一）国外研究情况

音乐，与人类生活息息相关。有人说一部音乐史也就是一部人

---

① 陈丽君、赵伶俐、汪宏等：《美感体验与积极情绪关系的实证研究》，《西南师范大学学报（自然科学版）》2012 年第 10 期。

类史。毕达哥拉斯提出“音乐医学”[①]的概念，指出了音乐和人类健康的关系。他认为音乐通过调节灵魂的和谐，有增加或消除人的激情的效果。18 世纪、19 世纪音乐的影响力受到极大认可，音乐的镇静和兴奋作用，使音乐作为一种医疗手段被应用于调节人的情绪。20 世纪 50 年代，美国率先成立音乐治疗协会，音乐治疗作为一门新兴学科应运而生。之后音乐疗法在儿科、外科、精神病学、心血管医学甚至牙科领域的效果都得到了很好的检验。随着人们对音乐治疗逐渐认可，国外音乐治疗的研究与运用也拓展的领域，包括心理和行为障碍、老年病、生理疾病、特殊儿童等都在用音乐治疗进行干预。根据越来越多的研究结果，熟悉的音乐可以唤起老年人的记忆；音乐可以降低手术患者的焦虑；音乐治疗结合放松、冥想和按摩等，可以提高癌症患者对疼痛和其他不适症状的耐受力。但是音乐治疗却存在个人差异，一项研究表明，音乐在心脏病患者手术后，虽然可以降低心跳，但不能降低呼吸次数。而另一项研究表明，音乐治疗可以降低呼吸次数，但不会减缓心脏病患者手术后的心跳数和血压变化。结论不一致，说明音乐治疗有适用范围，是否与音乐类型有关还是个体差异导致还有待进一步检验。

（二）国内研究情况

音乐治疗与心理治疗有相同的目的和意义。在古代，医生就注意到音乐与人体身心的关系。《黄帝内经》就描述了音乐与“喜、怒、忧、思、悲、恐、惊”七种情绪之间的关系。

20 世纪 80 年代初期，音乐治疗学作为一门新兴的学科从西方传入中国，从而开始了音乐治疗学在中国的发展之路。1979 年，沈

① 杨善发：《音乐医学的理论与实践简述》，《中国音乐》1994 年第 1 期。

阳 202 医院最早使用音乐治疗。他们结合传统针灸、电疗创造设计了音乐电针灸仪和音乐电疗仪，应用于临床治疗，疗效明显。其后很多精神病院、康复医院和综合医院开展了音乐治疗。

音乐治疗在我国有三十多年的历史，研究范围不断扩大，并取得了一些进步。指挥兼作曲家何华军在 1991 年针对特殊儿童进行了音乐治疗实验。他设计了 5 个方面的培训。经训练一年半后测试，结果表明，儿童在专注度、情感活动、人际交往能力、情感表达能力、完成训练的能力、语言交流和理解能力方面均有不同程度的提高。[①]

此外，国内学者临床研究证实：音乐治疗可用于减轻术前焦虑，辅助治疗高血压、心脏神经官能症和慢性阻塞性肺疾病；可以调节肿瘤患者的情绪，优化情绪效果，调动体内的积极因素，改善身体症状，增强免疫功能。这些结论与国外的结论完全一致。

目前，音乐治疗已运用于国内精神卫生、心身疾病、老年病、儿童（自闭症、孤独症）、胎教、孕产、戒毒人员和监狱服刑人员等人群的康复和治疗。音乐治疗不仅适用于治疗疾病，还可以应用于自我保健。一系列具有中国特色的养生音乐、胎教音乐、助眠音乐、音乐电疗、音乐电针灸，被越来越多人接受，作为自我情绪调节、自我减压的辅助治疗工具。

但是音乐治疗在国内的普及和传播还远远不够。在学习借鉴国外研究成果之外，我们需要探索与传统中医相结合的中国特色音乐治疗手段，还需要挖掘中国音乐的医疗价值。这应该是中国音乐治疗中一个需要长期探索的课题。

---

① 张鸿懿：《中国音乐治疗的发展历程》，载《中国音乐治疗学会第八届年会论文集》，2007 年。

五、结论与讨论

关于音乐与大脑关系命题的研究，国内外研究成果斐然。总的来说，国内外研究发展，无论是在研究方法还是研究成果方面都不同步。国外研究领先，成果较多，涉及范围较广；我国开展的定量研究起步较晚，但一直紧随其后不断验证，并大胆运用和探索，取得了一定成果。在多学科知识和高新技术的共同推动下，国内外研究殊途同归，研究成果既有普适意义又具跨文化特色。

（一）对研究方法的比较评价

国内外研究路径都经历了思辨—实证—实验的发展过程，只是国外研究转向实证、实验时间较早；国内由于认知和技术条件制约，以及文化因素影响，研究比较滞后。

（二）对研究成果的比较评价

目前国内外研究范围逐渐扩散，研究手段越来越先进，对音乐与人脑关系的认识也越发全面，积淀了丰厚的学术成果和音乐治疗临床经验。梳理国内外学者对音乐与人脑关系的研究历程，可以发现以下几个特征：

1. 关于音乐对人的听觉、体感、运动、视觉、记忆等脑功能产生影响的认识，国内外研究结论一致。比如提高记忆能力；激活大脑右半球，提升形象思维能力；提高语言听觉能力；等等。

关于音乐对语言能力的影响。国内外研究结论基本一致。比如音乐能够促进英语成绩，但对于语文成绩的影响有争议。原因也许是音乐对听力的影响更大，对语法、阅读和写作的影响较小。

国内外的研究都涉及音乐是否影响学业成绩、智力的讨论。我们发现，国内外研究结论一致认为：音乐对智力、对学业成绩的影响是不确定的。但音乐对于智力中的某些能力是有促进作用的，比如听觉能力、英语成绩等。分析原因，可能有以下几点：其一，许多实验都以智商或者学业成绩作为智力的测试工具。但是智力包括多种能力。而表征智力的智商只能反映智力的一个侧面，它并不囊括智力的其他方面。因此，把智力还原成一个数字，实验结果必然出现偏差。其二，学业成绩是学习课业的成效，直接反映某个方面的知识掌握程度，间接反映其学习能力。它与智力水平无关。智力水平是学习成绩好的必要条件，而不是充分条件，所以用学习成绩评价人的智力，并不一定反映实际情况。其三，发展心理学认为，人的各种能力的发展是有“关键期”的，因此，音乐训练开始的年龄对大脑各区域功能的影响程度肯定不一样。同样，刺激持续的时间长短对大脑功能的影响也不一样，因此，实验中被试者的年龄和音乐训练时间都会成为测量的干扰项而相应测试结果差。但是，科学研究既考虑个体差异，但更追求大概率的影响。因此，从这个意义上讲是，音乐促进智力的作用是毋庸置疑的。

2. 关于音乐对大脑情绪功能的影响，国内外研究结论一致。即音乐体验能够显著改变脑电波从而影响情绪，激发中枢神经系统的快感和激情；α 波可以激发潜在能力、提升记忆效果、发挥灵感及创造力。

3. 关于音乐对大脑审美功能影响，国内研究不多，而重点是研究大脑审美机制。但为数不多的研究成果表明国内外研究结论的一致性。

4. 对音乐治疗改善人脑功能等方面的功效，国内外均一致肯定。由于国家、民族、文化以及经济条件等诸多因素的差异，国内外音乐治疗的观念、运用和治疗手段上还有差别。随着人们对音乐与人脑的认知不断深入，以及中外文化的不断交融，未来音乐治疗的研究还有广阔的研究空间。

视觉审美眼动实验与美育原理

孟凡君　王杰　孙翀　高晓芳[①]

一、当前美术教育存在的问题与成因

（一）当前美术教育存在的问题

人们普遍认为，中小学阶段面向全体学生的美术教育内容不是“硬知识”，难以规范化、系统化。因而，在教学上无法像其他学科（如数学、语文、物理等）一样，具有明确而细致的知识体系。这种现状带来了一系列难题，具体包括课程目标、课程内容、课程评价等方面缺乏可参照的准绳。

这种状态主要源于美术教育的审美规律的支撑不足。《义务教育

---

① 孟凡君，吉林大学文学院、吉林大学认知美学与美育研究中心副教授。王杰，浙江大学传媒与国际文化学院“求是特聘教授”，教育部长江学者特聘教授，中国文艺评论（浙江大学）基地主任，浙江大学当代马克思主义美学研究中心主任，《马克思主义美学研究》集刊主编，主要研究方向为马克思主义美学、审美人类学、当代美学问题。孙翀，浙江大学人文学院博士生。高晓芳，浙江大学传媒与国际文化学院博士生。

美术课程标准》《普通高中美术教育课程标准》[1]中将视觉审美教学中“感官—形式”规律列为基本内容，却没有具体的指导意见和建议，“感官—形式”规律暂无科学的、细致的说明，课堂教学中缺乏可以统一遵循的标准和依据，课程考核中无法统一知性体系、感性目标和理性标准。审美感官和审美形式、审美认知和审美情感之间的互动规律，需要来自实验（实证）美学的精细探究。我国实验美学发展一直处于裹足不前的状态，在很大程度上制约了对于审美规律以及美育规律的探索。我国当代著名美育学者已经充分认识到这个问题的严峻性与迫切性，拿出具体可行的方案和展开具体研究成为当务之急。[2]

---

① 《义务教育美术课程标准》（2020）《普通高中美术教育课程标准》（2020）均为“新课标”最新版本。为配合两部“课程标准”的具体运用，教育部基础教育课程教材专家工作委员组织编写了《〈义务教育美术课程标准〉解读》《〈普通高中美术教育课程标准〉解读》，作为诠释和辅助材料，指导美术教育的具体实施。在“造型·表现”“设计应用”“欣赏评述”等学习领域和阶段，后两者经常进入到具体的视觉审美形式规律的分析和运用。

② 我国美育学者关于美育实证规律重要性与紧迫性都予以了充分重视，例如曾繁仁：《美育十五讲》，北京：北京大学出版社，2012 年，第 128 页。“美育学科建设……十分重要的就是在实证角度上有新的突破。”钱初熹：《艺术教育研究的新视野与新范式》，《美育学刊》2018 年第 4 期。“我国艺术教育领域的实证研究工具比较匮乏。”杜卫：《论中国美育学建构的问题和范畴体系》，《美术研究》2021 年第 1 期。“选取合适的教学内容、采用合适的教学方法，这就需要做大量的实验研究。”也有学者阐释实证方法的含义并运用实证方法探究了审美概念认知的规律，如：赵伶俐：《审美概念认知：科学阐释与实证》，北京：新华出版社，2004 年，第 116 页。“实证，是在现实中获取真实证据，验证（理论在没有得到验证以前都是假设）理论假设的研究方法。包括实验、调查、测量、观察、文献检索等。”并借助实验讨论了“审美概念对审美感性水平的影响”“审美概念理解对创造性思维作业成绩的理解”“审美概念理解与学习方式迁移的逻辑线路”几种假设及其结论。

（二）分析问题的成因及对策

美育政策制定（课程目标、课程设计、课程内容、课程评价等）、美育实施、美育成效评估完全依赖于理论上的清晰与清醒。马克思清晰地辨别出人同世界的“物理关系”和“社会关系”及两者之间的界限[①]，对于人借助“个体的一切器官”“占有自己的全面本质”做出了明确的判断。[②]由此可见，美育理论的微观规律在具体的生活实践、艺术实践、审美实践中提炼而来，从一般审美活动的形式创造中，从审美形式与审美感官之间的关联机制中，逐步展现出定律式的形式，即马克思所谓的“器官同对象的关系”的审美规律。

美育理论与审美教育的辩证互动关系中，需要在探究方法上不断尝试。视觉眼动实验在微观层面上，客观地呈现出作为外部审美感官的眼睛的活动与审美对象形式之间的基本关联，同时通过被试答卷和访谈，又可以进一步将审美形式与主体情感的联系规律予以揭示和总结。

二、眼动实验的理论依据及具体操作

（一）眼动实验的理论依据

“视知觉并不是对刺激物的被动复制，而是一种积极的智性活动。视觉感官总是有选择地使用自己。”[③]自实验美学以来，心理学

---

① 马克思：《资本论》，载《马克思恩格斯文集》第 5 卷，北京：人民出版社，2009 年，第 89–90 页。

② 马克思：《1844 年经济学哲学手稿》，载《马克思恩格斯文集》第 1 卷，第 189 页。

③ 鲁道夫·阿恩海姆：《视觉思维：审美直觉心理学》，滕守尧译，成都：四川人民出版社，1998 年，第 47 页。

家和实验美学家一直努力探寻这种“智性活动”的规律，格式塔心理学作为典范发现了大量的视觉基本原理。新版《课程标准》对视觉审美的形式原理给予充分考量。如在《义务教育美术课程标准》第二部分“课程目标”中，“造型表现”学习领域的第一项即为“观察、认识与理解线条、形状、色彩、明暗、肌理等基本造型元素，运用对称、均衡、重复、节奏、对比、变化、统一等形式原理进行造型活动，增进想象力和创新意识”[①]。

然而，视觉审美的形式本身并不能成为可以自明的教育标准或教育内容。视觉审美形式与感官联系的基本原理和规律，与情感相互作用的交互影响关系的规则，如果没能得到清楚的说明，那么在面向全体的或专业的美术教育时，仍然缺乏有效的抓手。视觉审美的形式因素的心理机理联系着美育理论和审美教育实践的两端，通过审美眼动实验可以揭示出相应的审美原理以及美育规律。

审美眼动实验主要可以搜集到被试观察时的注视点（fixation）、眼动轨迹（track）、兴趣区域热度（area of interest，AOI）、眼跳（saccade）次数和时长等基本要素。阿恩海姆提出，“那些帮助在视域内选择目标的‘眼动’，就已发展到本能性反应与有意识的反应（或有目的的反应）之间。它必须随时指导视觉，把自己将要细细审视的视域置于最集中和敏感的目光之下”[②]。以往的研究认为，眼动是观察者视觉体验期间根据注意力需要而进行的无意识

① 中华人民共和国教育部：《义务教育美术课程标准》，北京：人民教育出版社，2020 年，第 6-7 页。

② 鲁道夫·阿恩海姆：《视觉思维：审美直觉心理学》，第 31 页。

调整[①]，同时，反映了人类的思维过程。[②]另外，眼动实验可以用于对已经形成固定认知的视觉审美经验性观点，进行修正和补充。[③]因而，借助审美眼动实验，加强对视觉审美基本原理的探究，将为基础美术教育（视觉审美形式原理）的有效实施，进而为审美教育（审美认知与审美情感的关联，审美意志的生成等方面）的价值实现，逐步奠定坚实的基础。

（二）本次实验的具体操作过程

1. 实验材料：四幅关于马的名画，分别为达·芬奇一幅、徐悲鸿两幅、马格利特一幅；其中素描一幅、水墨两幅、油画一幅。为了有效地控制变量，本次实验避免使用变量过于复杂的抽象艺术，以具象清晰的绘画为主，凸显动觉、颜色、语义、环境等因素。图片大小在 800 KB 以内。实验工具：Tobii 全能眼动仪（TX300），图形处理软件（WPS）。

2. 实验对象：通过社交媒体招募被试者 52 人，基本构成情况为：男性 23 人，女性 29 人，其中包括外国留学生 8 人（男女各 4 人）；被试的年龄从小学一年级 6 岁儿童至 70 岁老人，年龄段相对均匀分布；在选择被试者时考虑到文化教育程度等背景因素，力求背景覆盖面宽，人员层次丰富，其中有专业美术学习者 3 人；因儿童多动、聚焦不准确、老年花眼等因素，被试观察数据采集无效的

① John M. Henderson, *Eye Movements and Scene Perception*, Simon P. Liversedge, Lain D. Gilchrist, Stefan Everling ed., *Oxford Handbook of Eye Movement*, Oxford: Oxford University Press, 2011, p.596.

② Alfred L. Yarbus, *Eye Movements and Vision*, ed. by Basil Haigh, Lorrin A. Riggs, New York: Springer Scientific + business Media, 1967, p.190.

③ Clare Kirtley, "How Images Draw the Eye: An Eye-tracking Study of Composition", *Empirical Studies of the Arts*, Vol., 36 (1) 2018, pp.41–70.

有6条，予以删除。被试均为自愿主动参加实验，被试在进行眼动实验之前，签署知情确认书，年龄小的小学生由监护人代为填写，实验结束后实验参加者均获得酬金和纪念品。实验申请上报当地伦理委员会审批，实验数据在浙江大学传媒与国际文化学院“眼动、脑电与行为观测”新媒体实验室保存备案。

3. 实验假设

（1）假设一：审美偏好（aesthetic preference）的时长比重，存在排列顺序：面孔表情、文字符号、运动方向、复杂性等。审美偏好，在客体层面看是审美吸引力（aesthetic attraction）。

（2）假设二：动觉体验（kinetic experience）贯穿于审美过程的始终，蕴含着审美认知与审美情绪交互作用。[①] 动觉体验，在客体层面看是动势（motion tendency）

4. 实验过程：主试为被试者讲解实验说明，签署审美认知眼动实验知情确认书，填写基本信息登记表。被试在实验室环境下，调整坐姿和焦距，以达到眼动实验轨迹捕捉的要求。被试在眼动实验仪屏幕上阅读指导语，然后开始观察实验。每幅图片观察时间为一分钟，每幅图片观察结束后，设置了3至4个选择题，由被试者自行勾选。前两幅图片结束后，被试原座位稍作休息后，点击空格继续观察，每位被试者的实验观察过程约为6至8分钟。被试者观察结束后到接待室，第二主试进行10分钟左右的访谈，复现实验中的审美观察过程。论文写作基于眼动实验实际获得数据、问卷选项和实验之后的访谈。

---

① 保罗·盖耶和伊瑞泽尔·谢夫勒对于审美认知和审美情感关系的论述，表明了两者关系的讨论业已成为当代美学的重要问题。

三、实验结论

（一）原理一的验证

原理一：审美偏好（审美吸引力）的时长比重——面孔表情、文字语义、运动、复杂性等因素的视觉聚焦比重——存在明显差异。实验支撑：主要参数为AOI（兴趣区热度图）。

图 1.1

图 1.2

图 1.3

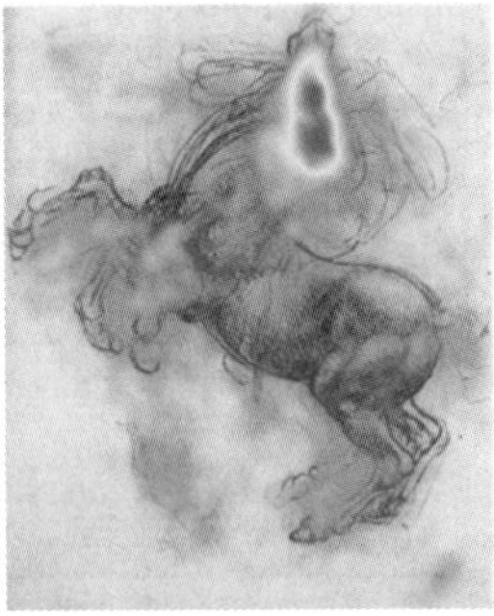

图 1.4

1. 面孔表情偏好分析

审美眼动实验的主要参数兴趣区域（AOI）热度图，非常直观地反映出被试者观察图片时目光关注最集中的区域（每幅图中深色区域），即注视最集中的位置。从整个实验的全体被试的兴趣区域热度图来看，面孔占用了最长的注视时间，在第三幅图中，人的面孔和马的面孔同时存在时，人的面孔更受到关注。而手部获得了仅次于人的面孔的关注热度（第三幅图）。面部和手部受到集中关注，说明了视觉审美作品的表情性因素在所有视觉元素中具有最首要的审美吸引力，被试者对于表情元素的兴趣、认知和判断超过其他一切因素，排在第一的位置。另外，年龄、性别、教育背景、观察阶段对面部表情的兴趣区域略有影响（通过访谈和分组数据得出），但总体一致。

经过其他实验进行辅证，面部区域中眼睛又最受集中关注，嘴角、鼻子或者其他有显著特征的特殊部位同时也会引起观察者的注意。① 面孔识别之所以最能够吸引被试者的审美认知兴趣，是因为其深层神经机制包含着最丰富的、复杂的视觉信息②，对于我们不能更加直观观察到的内部机制，近年来的神经科学研究成果将会提供巨大支持。

2. 文字语义偏好分析

在第一幅和第二幅绘画作品中，徐悲鸿的题画诗的关注度仅次

---

① Alfred L. Yarbus, *Eye Movements and Vision*, ed. by Basil Haigh, Lorrin A. Riggs, New York: Springer Scientific + business Media, 1967, p.191.

② 面孔研究是近年来神经科学的研究热点，整体面孔知觉神经机制研究可以参看 Doris Y. Tsao, Margaret S. Livingstone, “Mechanisms of Face Perception”, *Annual Review of Neuroscience*, 2008。

于面部表情，成为第二受关注的兴趣区域。由此，可以证明表义性因素仅次于表情性的面孔而具有第二位的审美吸引力。另外通过亚布斯（Yarbus）的论文[①]亦可以验证这个结论，当观察者被不同的主题词来引导着来完成观赏任务时，眼动轨迹存在明显的结构差异。通过文字语义的吸引力和影响力，可以见出视觉美术作品中。语义性因素发挥着重要的影响作用。

（二）原理二的验证

原理二：眼动中动觉曲线具有相近的运动轨迹，贯穿于审美过程的始终，蕴含着审美认知与审美情绪的交互作用。

主要参数：track，AOI，问卷和访谈中的认知情感互动。

1. 同一被试的动觉轨迹的贯穿性

实验中的第四幅图片是达·芬奇的素描作品，表现了一匹在战争中受惊的战马，上半身高高跃起，仰天嘶鸣。许多美术学习者临摹过这幅作品，寻找达·芬奇绘画的灵感和表现力。在眼动实验中，主要看重表现对象极富张力的身体动势，考察背后是否有共同的视觉规律。经过对眼动轨迹的分析，我们找到了预想中的动觉曲线。图 2.1 为一位被试者随战马上半身高高跃起而产生的所有眼动轨迹的提取和汇总，图 2.2 为其中的一条，每位被试的视觉曲线在观察的早期、中期、后期，都会反复出现几次，如该被试的图（1）至图（5）所示。

在表现审美对象动势的绘画作品中，主体的动觉体验被高度唤醒。造型艺术（绘画、雕塑）本身是静态的，借助富有动势形象，

① Alfred L. Yarbus，*Eye Movements and Vision*，ed. by Basil Haigh，Lorrin A. Riggs，New York：Springer Scientific + business Media，1967，p.174、192.

唤起主体内部的动觉机制。这其中既有神经生物基础[①]，也有心理认知图式基础[②]，更有情感关联系统在发挥作用。[③]眼动作为审美的生理心理过程的直接现实，无疑衔接着主体的内部、外部感官和审美对象的形式表达。同一具有强烈动势的审美对象，在调动被试的动觉体验时具有反复性和贯穿性，即被试会反复观察、自始至终观察审美对象的动态趋势。

图 2.1

图 2.2

(1)　(2)　(3)　(4)　(5)

① S. Zeki，M. Lamb，“The Neurology of Kinetic Art”，*Brain*，1994，Vol. 117，pp.607-636.

② R. Arnheim，*Art and Visual Perception: A Psychology of Creative Eye*，California: University of California Press，1974.

③ 阿瑟·艾夫兰：《艺术与认知》，智玉琴译，长沙：湖南美术出版社，2008 年，第 49 页。

2. 不同被试的动觉轨迹的相似性

从每一位被试的眼动轨迹中，基本都可以寻找到自受惊战马的臀部开始，经由背部或者腹部，掠过强劲有力的颈部，而抵达头部的视觉运动曲线。尽管每位被试的曲线并不一定完全重合，或许并不一定完整，但总体上都随着战马运动的趋势形成。同样的运动趋势眼动轨迹，可以在马蹄扬起和落下的方向中看到，也可以在徐悲鸿的奔马（图 1.2）的鬃毛、尾巴和四蹄之间的运动轨迹上看到，还可以在“马踏飞燕”的四蹄之间的运动连线中看到[①]。

审美对象以固定的运动趋势，借助对眼动的引导，激活了审美主体的内在运动视觉区域。审美主体的内在运动图式借助眼球运动，与审美对象的运动趋势实现吻合。在这个双向同构的过程中，真正地验证了马克思所说的“器官同对象的关系，是人的现实的实现……是人的自我享受”。

在这个过程中，既体现出共同美的潜在基础——相同的客观动势激活相似的主观动觉，相通的动觉神经生理基础及其心理图式与客体的客观动势实现匹配；又体现出共同美基础上的个体差异的可能性，眼动轨迹趋势总体相近，但存在个体的细微差异。同时，基于相似的眼动轨迹，不同审美主体的审美情感与审美认知的交互作用虽然得到了充分的确认，但相互作用的具体过程和结果，并不完全相同。

① 笔者之前曾经做过的关于中国旅游标志“铜奔马”（亦称“马踏飞燕”）的眼动实验。在记录下的每一位被试眼动轨迹中，都包含四蹄之间的动势连线。

四、实验结论对美术教育的指导价值

根据当前美育理论发展的需要，根据美术教学实践的需要，探索美育的实证原理既是必要的，也是急需的。在和美术教师的调研访谈中，上述四条原理对于美育实践具有具体的指导作用。

（一）“原理一”对于美育的指导价值

1. 以面孔表情、文字语义等审美偏好要素为基础，形成美育教学模块

审美教育中需注重不同审美对象对于主体审美吸引力的差别。学习者了解、理解这个基本顺序后，可以更好地调动和运用不同审美要素，如面孔表情、文字表义、空间环境、动觉体验、色彩搭配等方面的基本原理与应用。在每个具体审美要素的内部规律上呈现为小型知识模块，审美要素之间组合搭配成中型知识板块。在艺术表达和审美欣赏中能够有效运用模块化知识，与点、线、面、色等技术要素相结合，与价值情感层面的境界问题相结合。通过相对丰富的教学模块，扩充传统教学的纯粹形状、颜色、结构、构图等方面的分析和技法表达。

2. 表情因素在审美偏好中的重要美育价值

“原理一”充分体现了视觉审美之情感因素的首要价值。观察者在探索最含情的面孔，甄别内在情感的视觉形状、探寻内在情感的五官表达、追踪内在情感的线条轨迹，形和知都是为了获得情感确认，而情感表征又必然借助外在面孔形和知。在理解了两者的辩证关系之后，与情相连的意志，与情相牵的知识，自然紧紧地耦合在一起，艺术的技术和境界自然得到了整体的提升。审美教学上，

初高中的美术教育一般从面部的三庭五眼基本比例、面部的肌肉骨骼等要素入手。结合原理一，也就可以从情感的形式表达与情感的感官体验相互结合，在基本比例和基本形体的表现基础上，努力寻求面孔的表情内容与表情形式的契合之处，以解剖结构和情感形式的融合为目标，进行讲解与训练。

3. 认知因素在审美偏好中的重要美育价值

“原理一”还准确地反映出语义要素在视觉审美中的重要作用。为了确定知觉的形状和情感的内涵，主体一直试图寻找准确的说明。文字比起图画是抽象的，但在表义方面文字却比图像精确。图与文的互动、互释、互启关系，图画的语义性因素的审美效果的调动与应用，无疑成为美育教学中意蕴丰富的维度。在审美教学中，培养题画诗、题目设计、题字设计等方面的能力，来提升造型艺术作品的内蕴。

通过对兴趣区域热度排序，总体上掌握了人类视觉审美偏好时长比重的基本顺序。在美育教学中，根据不同视觉审美要素的内部规律、相互关联规律，我们在面孔表情的传达技巧、图形语义的表达方法，动势的形式提炼和表现，构图的方法和创造等方面获得新的理解。

（二）“原理二”对美育的指导价值

1. 动势曲线在经典艺术中的捕捉与运用

动势曲线最富有情感表现力，在某个富有动势的审美对象身上，动势曲线是鲜明地存在着的，只有抓住并表现出动势曲线，才能传达出具有冲击力和感染力的审美对象。同样的例子还有石膏像“马赛”，他回首的姿势，头部带动面部和颈部的旋转，相关的动势曲线无疑在主体表达或者欣赏的时候，必然会表征在眼动轨迹中。掷铁饼者、拉奥孔等，以动觉表现名垂艺术史的伟大作品不胜枚举，甚至我们可以认为艺术史可以理解为动觉发展史。世界中的人和万物在运动，人的眼睛在随之运动。艺术家的艺术媒介表征出这种运动，人类在欣赏和复现运动时把认知活动和情感活动充分地融合在一起。

2. 动势曲线的美育价值

关于动觉曲线的捕捉，无疑是视觉审美课的必修环节，然而我们的美育如果仅仅停留在动觉曲线的提取和认知层面，将完全陷入技术层，而无法理解达芙妮化作桂树那瞬间所蕴含的生命张力和自由追求，无法在形而上的层面理解动觉曲线的生命意义和价值导向。由此，我们认为在审美教育过程中，动觉曲线在眼动的反复确认中包含着审美认知和审美情感的交互作用。理解这个过程，在美育教学中就会有助于调动动觉曲线的感性形式，在知觉确认、理性理解和激情的生命释放中感受生命的状态和宇宙的境界，创作出具有生命张力的艺术作品。回到小学美术教学过程中，小动物、小植物的描摹过程中都会遇到如何让表现对象更加生动的问题。无论是用铅笔、彩笔、毛笔，还是布条、毛根，如果注重动觉曲线的捕捉，就会在观察中、在表现中，提炼出一条条生动的、具有生命活力的动势曲线。

结　语

从国家和社会到学校和家庭层面，我们的生产与生活越来越离不开美的形式。在具体实施美育教学的过程中，仍有许多规律性的内容有待澄清。实证美学精神指引下的视觉审美实验在规律性的探索上正在做出越来越多的贡献。通过对视觉审美过程的眼动审美实验和被试访谈，综合分析和总结以前的相关研究成果，我们认为四条视觉审美假设可以成立，并用以指导审美教育的具体实践过程。一方面，这种微观规律的探索有助于逐步解决审美教育知性体系建构的具体需求，另一方面为技术训练和美育思想、美育语言的理论熏陶寻找到一个平衡的衔接点。在今后的眼动实验中，越来越多的相关视觉审美原理会被发掘出来，比如构图形式与情感关联的规律、色彩搭配的视觉感知的规律、对称性图形眼动规律等。美术教育的知性知识体系与基本技法教育、审美情感教育同样重要，当美术课程被越来越多地被占用，当美术教育的考核方法尚且匮乏的时候[①]，其重要性愈加凸显。在这条路上，我们坚信有广阔的空间为有志于视觉审美微观规律的研究者而敞开，愿与学界同仁共同努力，为视觉审美知识体系建构、为教学设计建言、为教学评估提供各种有力的支撑！

① 阿瑟·艾夫兰：《艺术与认知》，第79—97页。

悲剧美育功能、心脑机制及实证研究进展

丁峻　赵伶俐[①]

一、精神困境与悲剧美育

21世纪，人类的物质生活水平高度提升，同时面临着日益加剧的精神危机。富丽堂皇的物质世界与日趋显著的空心化精神世界之间的交互作用，催生了现代性生活的典型症候：人们充满了压抑感与不安感，主体性丧失、无目的性、无聊无力、精神空虚、焦躁恐惧；最显著的标志就是抑郁症患者日趋增多，尤其是少年儿童患者。

“四百年来，一个忧郁的声音始终盘桓在人类的头顶，那就是哈姆雷特的‘生存还是死亡，这是一个问题？’现代性历史使得哈

① 丁峻，杭州师范大学研究员，主要从事神经美学研究。赵伶俐，心理学博士，西南大学教育学部教授、博导，主要从事美育、美育心理学、教育心理学、课堂教学技术与艺术等科研与教学工作。

姆雷特的忧郁也成为现代中国人的忧郁。”[①]现代性症候在当代生活中的精神表征，主要呈现为精神焦躁、逆反心理、心理幻想、情感抑郁和无意义感。其根本原因在于，在现代社会，人们无论处于哪个阶层，都会感受到方方面面的心理压力和各种各样的情绪问题。它们渗透于人们的学习、事业和生活过程中，对人们产生巨大影响；如果处理不好，很可能会转化为抑郁症。[②]全球性的青少年问题反映了现代性文明的结构性困境；据此才能深刻把握青少年问题的内在实质，进而寻求化解青少年问题的科学思路与有效对策。[③]

当代人类的精神危机愈演愈烈，且正在发生年龄前移：从成年人、青年到儿童群体，因而需要引起我们的高度警视。据英国《经济学人》杂志报道，全球每 40 个儿童就有一人患有抑郁症；在硅谷，80% 的高中生陷入中重度焦虑状态，54% 的普通高中生处于中重度抑郁状态[④]；2019 年，我国抑郁症患者超过 9500 万人，发病率 2.1%，并呈现出逐年上升趋势[⑤]。中国每年约 10 万青少年死于自杀、大多由抑郁症所致；大学生普遍焦虑，抑郁症罹患率高达 10% 以上，20% 青少年出现抑郁症状；抑郁症群体发病率逐年上升且逐渐

---

① 张建珍、吴海清：《现代性：从崇高的迷惘到平庸的碎片——从〈哈姆莱特〉到藏族题材电影〈喜玛拉雅王子〉》，载《第四届中国少数民族地区信息传播与社会发展论丛》，2012 年。

② 谭隽：《现代社会人们面临的主要心理症候》，《思想政治工作研究》2006 年第 11 期。

③ 王彬：《青少年问题与现代性》，《人大复印报刊资料：青少年导刊》2010 年第 1 期。

④ 脑科学十大前沿科学问题—2018 中国科协年会发布，http://www.qianjia.com/html/2018-06/04_294258.html。

⑤ 十三届全国人民代表大会报道：《全国抑郁症患者超 9500 万，如何看待人大代表建议“抑郁症纳入医保”？》，https://www.zhihu.com/question/447323933。

低龄化。[①]

抑郁症被划归为神经医学范畴，却“是一种常见的精神疾病”。其根本原因在于：“现代人虽有能力改变一切、却忽视了自身的发展，一直保留着成为当今危机根源的精神状态，没有考虑过应该怎样改善自己的思想、行为和情感，以致使我们的内在世界失去平衡、外在世界失去协调、前途难以预测。”[②] 全球性的“人类困境”问题远没有解决，人类的真正极限是内在的心理极限。

精神危机最终源于教育困境。功利化的应试教育严重忽视人的情感化育、精神需求和人格理想引导，压制儿童的兴趣爱好，过早地机械灌输抽象知识、刻板训练技能，变本加厉地施加了弱小稚嫩的童心不堪重负的重重精神压力，从而导致儿童出现感性贫乏，情感脆弱，缺少激情，精神空心化，意义感缺失，理想淡漠，目标恍惚，生命内在乏力，人格欠缺统整，认知片面化、思维模式僵硬，创造力低下等严重的抑郁症状。罗马俱乐部建议以“创造性学习”激发人的潜能，借此摆脱人类困境。[③] 联合国教科文组织提出了面向 21 世纪教育的四大支柱，其中的“学会生存与发展”就是其他三大教育支柱的前提，也是教育本来应有的基本内容和最终目的，是新时代教育面临的一个重大课题。[④]

---

① 徐菁菁：《儿童抑郁症：我们为何总是忽视孩子的痛苦？》，《三联生活周刊》2020 年第 4 期。

② 奥尔利欧·佩奇：《世界的未来》，蔡荣生译，北京：中国对外翻译出版公司，1985 年，第 88 页。

③ 张居永：《“人类困境”问题的关注与思考——罗马俱乐部思想和社会研究方法述评》，《未来与发展》2006 年第 6 期。

④ 邱鸿杰：《联合国教科文组织：四个学会乃教育支柱目标》，http://blog.sina.com.cn/s/blog_7e3b550201012euu.html。

在现代性语境中，我国教育所出现的重专业知识传授、轻人文精神传承，重娱乐文化、轻理性精神坚守等片面倾向，成为培养创新人才的阻滞因素。[①]知识一旦失去了意义感，教育就会导致学生迷失自我。当生命在知识中找不到意义感与存在感，人的精神虚空便不可避免。教育的根本目标就是用知识守护人性，孕育德性，促进个体存在的完满，开启个体人生的尊严感与幸福。[②]

“学会生存”的一个重要主题，就是生命价值观与幸福感教育。与精神萎靡或抑郁症人相反，在人类历史上还有这样一类人，面临巨大困境和灾难时，努力生存与奋斗，永不言弃；为了理想和信仰，慷慨献出宝贵生命、至死不渝的中国共产党人，体现了英雄式的悲剧美。他们都从不同层面诠释了人类生命尊贵的意义和巨大价值，体现了与优美、壮美、喜剧美共在的悲壮之美或“崇高”之美[③]；体现了崇高而伟大的生命价值观。因而，旨在强化生命价值观与存在幸福感的悲剧美育乃是儿童“学会生存与发展”的心灵必修课。

悲剧美育基本原理在于，现代性文化危机呈现的主要“症候”是人的精神世界与精神生活日益陷入困境。因而面对意义失落的问题，需要人们采取向内用力的自我认同方式来强化自我、超越现实。这是我们应对后现代性的主体迷失及人生意义失落问题的诊治良方。[④]自我认知和自我反思的最有效方式，即在于体现和贯通基

---

① 何淑英：《现代性语境中大学精神症候与创新人才培养》，《语文学刊》2012 年第 6 期。

② 刘铁芳：《重新找回教育的烛光》，《教师博览》2009 年第 8 期。

③ 祁志祥：《“崇高”检讨——美的范畴研究系列之二》，《社会科学研究》2015 年第 3 期。

④ 王海滨：《内在精神结构视阈中的现代性文化危机及其破解》，《社会科学战线》2013 年第 8 期。

于存在意义的客体认知与自我认知的审美教育。卡尔·施米特指出："在对现代性的反思中，哲学家们都把美学置于首当其冲的位置。"[①] 马尔库塞明确指出："在《判断力批判》中，审美之维以及与之相应的快感，并不仅仅作为心灵的第三层次和能力，而是作为它的核心，作为自然借以与自由产生感应、与自律具有必然联系的媒介。"[②] 在当今现代性话语占据霸权地位、现代性症候日趋深重的境遇中，审美教育对人类精神的安寄，对建设和谐社会的意义显得日益重要。审美教育使人类各种心理要素达到自由和谐的状态，从而达到心灵的和谐。审美教育对于人类舒缓紧张情绪，解决由对立和冲突造成的不良情绪，实现人类本体价值的和谐与促进社会生活的和谐具有积极的促进作用。[③]

具体而言，人类需要以审美现代性视域回应现代性症候，审美之维乃是现代人寻找存在的应然价值的重要途径。现代性危机的症候在于理性话语造成现代人的精神活动丧失超越维度，沦为理性的工具。审美之维是对理性话语所造成的现代人的异化精神境遇的实践变革。它在人的意识体系中的重要作用体现在两个方面：一是审美判断力形成主体的审美标准；二是审美想象力形成主体的审美形式，借此保障认识的合理性和真实性。以审美形式取代理性形式，成为人们认识世界和改造世界的话语形式。审美之维在现实世界有助于实现人性突围、心灵救赎、生存发展。审美现代性实践并不直

① 刘康：《马克思主义与美学——中国马克思主义美学家和他们的西方同行》，李辉、杨建刚译，北京：北京大学出版社，2012 年，第 1 页。

② 同上书，第 44 页。

③ 陈大德：《现代性语境中审美教育的和谐思想》，《创新创业理论研究与实践》2018 年第 21 期。

接产生改造世界的物质力量，而是通过改造现代人有意识的生命活动而产生改造世界的物质力量。审美实践旨在思维意识领域改变认识论和价值观中的主客体关系。审美之维催生了超越性精神和理想性信念等重要精神意识。在超越现代性话语和克服现代性危机的过程中，文化发展、社会意识、理想信念及审美教育具有先导地位和重要作用。①

进而言之，审美教育乃是当代社会克服精神危机、救治现代性症候的根本之道。尤其是，悲剧美育发挥着比喜剧美育、优美教育和快乐美育更为强大、深刻和持久的奠基性建设性作用。

二、悲剧美育的心脑机制与实证研究进展

悲剧美育涉及复杂的心脑机制，国内外的实证研究形成了比较有力的相关证据，从而为我们设计实施儿童悲剧美育工程提供了理论基础与应用思路。

（一）儿童抑郁症的发病机制及治疗研究

为了深刻理解悲剧美育所体现的对儿童的心脑体行之显著性优化重塑效应，我们首先需要认识青少年精神抑郁的发生机制。

根据联合国《儿童权利公约》，18 岁以下的未成年人统称为儿童。之前，心理学家和精神病学家曾普遍认为，只有成年人才会患抑郁症。近些年的一系列研究推翻了这种假设，国际上诊断抑郁症的年龄标准不断降低。专家们的共识是，幼儿也会受到抑郁情绪的

---

① 张丽：《现代性视域中形而上学的审美之维》，《理论探讨》2019 年第 4 期。

影响，如果坐视不管或未进行适时干预，则会极大地增加他们未来罹患抑郁症的风险。[①]

研究表明，第一，诱发儿童精神抑郁的外部因素主要是升学压力（幼升小、小升初、中考、高考等）、来自家长和老师的压力、来自同学的竞争压力；第二，14 岁之前，儿童主导自主情绪反应的神经结构（如杏仁核）基本成熟、通过认知评价主导情绪控制的高阶神经结构（前额叶）尚未成熟，因而他们面对应激情境时易于陷入持续的负面情绪反应之中，久而久之酿成抑郁症。儿童的精神抑郁一旦形成，就会持续多年甚至终生，严重影响人的终身生活。

青少年发生精神抑郁的情况日渐增多、日益严重且逐渐低龄化。为此，我们需要借助审美教育的有力武器提前干预、积极应对和超前防范儿童抑郁症的发生。

1. 人脑表征负面情绪的主要结构

科学研究表明，杏仁核既是最早处理应激刺激、感受与记忆负性情绪的皮层下门户，也是人脑输出情绪反应并引发相应的内脏反应、心血管反应、呼吸节律的最后节点，因而成为人脑、特别是儿童大脑表征负面情绪的主要结构。

更高的杏仁核反应表征了婴幼儿对痛苦情景的负面情绪反应。[②]杏仁核的功能或结构异常是抑郁症患者丧失愉悦体验和情绪低落的

① 赵伶俐等：《高校美育——人生美的欣赏与创造》，重庆：西南大学出版社，1996 年，第 176 页。

② Aviva K Olsavsky, Joel Stoddard, Andrew Erhart, Rebekah Tribble, Pilyoung Kim. "Reported Maternal Childhood Maltreatment Experiences, Amygdala Activation and Functional Connectivity to Infant Cry," *Social Cognitive and Affective Neuroscience*, 2021, vol.16, no.4, pp.418-427.

神经基础[①]；特别是杏仁核对负面表情、应激刺激呈现出强烈的过度活跃的反应。[②]

进而言之，杏仁核涉及人的悲剧审美活动，审美客体诸如具有悲剧韵味的艺术作品会适度激活杏仁核、从而使人获得悲欣交集的多味情感体验。

2. 人脑调节负面情绪的主要结构

人脑调节负面情绪的主要结构位于前额叶；其中，背内侧前额叶成熟较晚、额极的成熟最晚（大约 30 岁）。与之相应，个体调节负面情绪的心理能力乃是在青少年后期、特别是 15 岁以后逐步形成的。

背内侧前额叶表征了人的情商，涉及移情和具身加工，是大脑参与社会心理反应的核心高阶区域。其发育较迟，在 15 岁左右开始迅速发展，标志着抽象思维能力的发展。[③]前额叶的正常发育对许多高阶认知能力至关重要，其发育失调及结构和功能异常与各种神经精神疾病密切相关。在大脑发育过程中，前额叶在杏仁核、海马和丘脑的驱动下，逐步产生特征性的协同放电活动模式，这些模式随着年龄增长呈现出动态增益的特点。[④]

---

① 赵亮、李月峰、宋慧慧等：《重度抑郁症亚型的海马、杏仁核体积及其静脉变化的磁共振研究》，《实用放射学杂志》2014 年第 9 期。

② Celine Samaey，Stephanie Van der Donck，Ruud van Winkel and Bart Boets. “Facial Expression Processing Across the Autism–Psychosis Spectra：A Review of Neural Findings and Associations With Adverse Childhood Events，” *Front Psychiatry*，2020，vol.11，p.592937.

③ Peter J. Snow. “The Structural and Functional Organization of Cognition，” *Frontiers in Human Neuroscience*，2016，vol.10，p.501.

④ Mattia Chini，Ileana L. Hanganu–Opatz. “Prefrontal Cortex Development in Health and Disease：Lessons from Rodents and Humans，” *Trends in Neuroscience*，2021，vol.44，no.3，pp.227–240.

青少年体现了两种情绪调节方式：前额叶的N2波反映执行过程中的自动注意控制、P3波反映了抑制过程中有意识的情绪反应抑制。前一种调节机制成熟较早、后一种情绪调节机制成熟较晚；负性情绪调节成熟较早，正性情绪调节较晚。14岁是青少年情绪调节发展的敏感时期。①

马蒂亚等指出，重大负性事件会导致抑郁症的发生、特别是12岁以下的儿童。抑郁症的神经机制在于，个体偏向于关注负性刺激（左侧杏仁核下部对惩罚性刺激过度反应）、快感缺失（奖赏回路中腹侧纹状体反应偏低），对情感调节机制和刺激的再评估异常（前额叶尚未成熟，功能连接度低或功能低下）②，认知调节功能低下（前额叶灰质体积小于健康组）。③抑郁症患者在对负性情绪的认知中存在杏仁核激活增强，体现了负性认知偏倚的神经基础。④

抑郁症患者的情感调控系统存在病理损害，表现为前额叶整合能力受损，及其对边缘系统和纹状体的调节机制失效。它们构成了抑郁症的病理神经机制。⑤青少年首发抑郁症患者在治疗前杏仁核

① 张文海：《青少年情绪调节的ERP和fMRI研究》，上海师范大学博士学位论文，2011年。

② 何宗岭：《抑郁障碍情感通路的脑影像学研究》，电子科技大学博士学位论文，2019年。

③ Xiaosi Ma. "A Review of Researches on Depression," *Advances in Social Sciences*, 2020, vol.9, no.2, pp.140–146.

④ Valentina Lorenzetti, Nicholas B. Allen, Sarah Whittle, and Murat Yücel. "Amygdala Volumes in a Sample of Current Depressed and Remitted Depressed Patients and Healthy Controls," *Journal of Affective Disorders*, 2010, vol.120, no.1–3, pp.112–119.

⑤ 何宗岭：《抑郁障碍情感通路的脑影像学研究》，电子科技大学博士学位论文，2019年。

功能连接存在异常改变，治疗后杏仁核脑功能连接较治疗前改善、且抑郁症状发生了明显改善，杏仁核功能连接成为抗抑郁治疗的靶标。① 下丘脑 – 垂体 – 肾上腺皮质轴活动过度是抑郁症研究中最一致的生物学发现之一。②5 – 羟色胺能神经功能低下是构成抑郁症的病理生理基础之一，5–HT1A 受体是与抑郁症最有关的受体之一。③与 5 – 羟色胺转运体的短型（s/s，s/l）相比，长型（l/l）与儿童抑郁症的相关性更高。④

总之，由于儿童认知重评能力的发展滞后于自主情绪反应能力且尚未成熟，加之遭遇了愈演愈烈和持续性的应试教育的强烈应激刺激，从而导致先于前额叶成熟的杏仁核所主导的负性情绪反应得不到有效的认知调控，遂日渐强化、固化并出现抑郁症状。

3. 干预儿童调节负面情绪及改善抑郁症状的方法与效果评价

相对于成人，儿童表现出很强的情绪敏感性。有效的情绪调节是青少年适应社会的关键心理机制。

---

① 李飞燕：《青少年首发抑郁症患者治疗前后杏仁核静息态功能连接研究》，郑州大学硕士学位论文，2019 年。

② 郭怀斌、王东林：《抑郁症早期识别方法研究》，《心理科学》2016 年第 5 期。

③ 问黎敏：《应激性抑郁样行为发生中海马 5 – 羟色胺 1A 受体的作用及其对 NMDA 受体和 AMPA 受体及 Kalirin–7 的调节》，陕西师范大学硕士学位论文，2012 年。

④ John V. Lavigne，Laura B.K. Herzing，Edwin H. Cook，Susan A. Lebailly，Karen R. Gouze，Joyce Hopkins，and Fred B. Bryant. “Gene × Environment Effects of Serotonin Transporter，Dopamine Receptor D4，and Monoamine Oxidase A Genes with Contextual and Parenting Risk Factors on Symptoms of Oppositional Defiant Disorder，Anxiety，and Depression in a Community Sample of 4–year–old children，” *Development and Psychopathology*，2013，vol.25，no.2，pp.555–575.

研究表明，7 岁之前儿童最容易首发负性情感、抑制和情绪控制困难等精神行为症状。普通人群在学龄前和儿童期出现负性情绪的风险很高。学龄前是预防性干预的最佳目标期。①14 岁是青少年情绪调节发展的敏感时期。②

由于杏仁核最早发育、前额叶发育较晚（内侧前额叶在 15 岁左右、额极在 30 岁左右基本成熟），所以青少年、特别是低龄儿童更容易在应对应激情景时被负性情绪反应所左右，因而亟须强化情绪调节、借助审美教育特别是悲剧审美教育，能动促进他们的前额叶发育以及强化杏仁核及伏隔核的积极情绪反应模式。

然而，儿童和青少年抑郁症迄今缺乏有效的治疗。成人抑郁症的症状可以有效地治疗，但许多用于治疗成人抑郁症的抗抑郁药，由于缺乏疗效或具有较大副作用而不能用于儿童抑郁症。儿童和青少年对抗抑郁药治疗的反应不同于成人。研究表明，抗抑郁药治疗后，成年和幼年动物的神经化学和行为都存在差异。与成年动物相比，幼年动物在 5 – 羟色胺能和去甲肾上腺素能系统的成熟度以及达到类似大脑治疗水平所需的抗抑郁药物剂量均存在显著差异。服用抗抑郁药物后，肾上腺素能受体调节以及行为也存在显著差异。成人和青少年之间的差异体现在两者对抗抑郁药的反应上，因而需

① Lourdes Ezpeleta, J Blas Navarro, Nuria de la Osa, Eva Penelo, and Josep Maria Domènech. “First Incidence, Age of Onset Outcomes and Risk Factors of Onset of DSM-5 Oppositional Defiant Disorder: a Cohort Study of Spanish Children from Ages 3 to 9,” *BMJ Open*, 2019, vol.9, no.3, p.e022493.

② 张文海：《青少年情绪调节的 ERP 和 fMRI 研究》，上海师范大学博士学位论文，2011 年。

要研究治疗儿童的新方法。[①] 临床实践表明，药物干预儿童的负面情绪及改善抑郁症状的效果不佳、且有严重的负面作用。青少年使用抗抑郁药的治疗效果很弱，抗抑郁药还增加了自杀风险；其他干预方法效果不佳、具有较大的副作用、见效慢、缺乏持久性。考虑到对非特异性干预的高反应性和安全性问题，抗抑郁药应谨慎地用于青年患者。[②]

为此，英国科学家建议将心理治疗应作为中重度抑郁症和持续轻度抑郁症的一线治疗方案；如果在 4 到 6 次治疗后仍无效，应考虑并解决社会压力和家庭不和等共存因素；抗抑郁药（氟西汀）只能在四到六个疗程后使用，只能与心理治疗结合使用，其中心理治疗应当占优势。[③]2004 年，美国食品和药物管理局警告儿童和青少年使用抗抑郁药物的危害之后，儿童和青少年使用抗抑郁药的处方率有所下降，但仍有大约 2.5% 的美国儿童正在服用抗抑郁药物。导致出现高比率的抗抑郁药处方的主要原因是很难找到有效的治疗儿童和青少年抑郁症的方法。虽然认知行为疗法和人际关系疗法等心理治疗方法显示出一些益处，但它们往往起效缓慢，在抑郁程度更高或伴有外部化共病的情况下效果较差。三环类抗抑郁药和单胺

---

① John V. Lavigne, Laura B.K. Herzing, Edwin H. Cook, Susan A. Lebailly, Karen R. Gouze, Joyce Hopkins, and Fred B. Bryant. "Gene × Environment Effects of Serotonin Transporter, Dopamine Receptor D4, and Monoamine Oxidase A Genes with Contextual and Parenting Risk Factors on Symptoms of Oppositional Defiant Disorder, Anxiety, and Depression in a Community Sample of 4-year-old children," *Development and Psychopathology*, 2013, vol.25, no.2, pp.555-575.

② Benedetto Vitiello, and Anna E Ordóñez. "Pharmacological Treatment of Children and Adolescents with Depression," *Expert Opinion Pharmacotherapy*, 2016, vol.17, no.17, pp. 2273-2279.

③ Paul O. Wilkinson. "Managing Depression in Childhood and Adolescence," *London Journal of Primary Care*, 2009, vol.2, no.1, p.15.

氧化酶抑制剂能产生不良副作用、心脏毒性、缺乏疗效及过量用药有致命风险，因此不建议在年轻人中使用。[①] 在所有的可用于治疗抑郁症的方法之中，对抑郁症儿童实施早期的艺术治疗具有独特效能。[②]

进而言之，一是药物治疗不适合儿童抑郁症；二是单纯的心理治疗起效慢、疗效差；三是针对情感调节的治疗相对安全、更加重要，但是缺乏有效的情感载体及明确精细的切入点。因而艺术教育、特别是悲剧美育成为有效改善及超前预防儿童抑郁症的最佳选项。

同时，预防儿童抑郁症需要解决更广泛的社会逆境影响——那些导致儿童心理健康出现问题、甚至超出父母负面情绪的影响。我们需要强调发展性干预的重要性，强调在整个生命周期的不同阶段进行干预的机会。[③] 为此，我们在预防及治疗儿童的抑郁症时需要标本兼治：在实施悲剧美育的同时，稳步推进对幼儿和中小学愈演愈烈的应试教育的改革，以便逐步根除导致儿童罹患抑郁症的社会环境负面因素。

（二）悲剧美育的心脑机制

人的审美活动由审美认知和审美元认知这两大过程构成，它们

① Emily Karanges, and Iain S McGregor. "Antidepressants and Adolescent Brain Development," *Future Neurology*, 2011, vol.6, no.6, pp.783-808.

② Chuan-Yung Huang, and Wang-Fang Perng. "Art Therapy for Children Depressive Disorder," *Journal of Taiwan Art Therapy*, 2010, vol.2, no.2, pp.23-39.

③ William R Beardslee, and Tracy R.G Gladstone. "Prevention of Childhood Depression: Recent Findings and Future Prospects," *Biological Psychiatry*, 2001, vol.49, no.12, pp.1101-1110.

分别拥有不同的主体定位和客体对象。[①] 其中，悲剧审美活动同样体现了审美认知和审美元认知这两大过程，悲剧审美行为主要影响人的审美元情绪体验及元认知调节过程。

科学研究表明，与优美、快乐或喜剧的审美教育相比，悲剧美育具有更强劲的心脑重塑功能和激发精神正能量的显著效能，因而特别适合当代的少年儿童，因而成为改善及预防儿童抑郁症所必需和亟须的超前预防性和干预性战略举措。

1. 悲剧美育的三大主客体系统之相互作用原理

审美教育的主客体系统之相互作用体现了全新的心脑范式：一是第一主客体系统（师—生）之间的相互作用，二是第二主客体系统（学生—美育情景、文本、作品等）之间的相互作用，三是第三主客体系统（学习者的主体性自我 / 元认知主体 – 客体性自我 / 元认知客体）之间的相互作用；前两大系统均需要最终深化、转化、细化并落实于第三主客体系统之中，方能使悲剧美育的客体价值次第转化为学生的客体性自我及主体性自我之情知意能质及与相应的心脑体重塑状态，进而通过学生对多元客体（美育的情景、文本、作品；教师的言行举止；学生的客体性自我）所具身和投射的审美想象、审美的情感性移情与认知性移情及二度创思，依次实现其对三元客体的价值完善与审美重塑；最后通过学生对经过价值完善与审美重塑的三重客体依次进行具身反射性的审美想象、审美的情感性具身与认知性具身加工，致使美育的第一客体和第二客体之完满的审美价值次第迁移转化为学生之主体性自我的完满的情知意能质

① 丁峻、崔宁：《审美认知的思想辩证法——兼论审美的“第二客体”》，《自然辩证法通讯》2019 年第 2 期。

与最优化的心脑体行之重塑状态。

上述的悲剧美育的三大主客体系统之相互作用原理，充分体现了悲剧作品之审美价值依次经过审美教育主体（教师）及审美学习主体（学生）一度开掘、二度加工、镜像具身和本体性具身等多个系列，最终递归转化为学生充满正能量、体现悲欣交集气韵和强大人格意志的主体性自我之情知意状态和体象形活动。

2. 悲剧美育的情绪认知调节机制

审美经验影响认知和情感状态、促进身体和心理健康的机制在于，人对艺术的审美评价是基于自下而上的正负刺激特性而采取的自上而下的积极的认知评价的结果，因而其结果会改善情绪、促进健康和提升幸福感。神经影像学研究表明，在听悲伤的音乐时，人们通过情绪感染机制体验悲伤的情绪，进而通过积极的审美评价来唤起本体感受性反应，借此体验悲剧作品的审美价值。[①]

要言之，悲剧美育的情绪认知调节机制在于，人脑借助自上而下的认知评价及感受性反应来抑制负性情绪反应、放大正性情绪反应，获得个体的心身和谐、内稳态，养成乐观豪迈的人格精神。

（a）悲剧美育的审美元情绪调节机制

由于悲剧美育体现了审美认知的“两阶段加工论”（即针对作品的客观认知阶段和针对镜像自我的元认知阶段）及大脑心理的两套工作记忆系统（客体工作记忆系统与自我工作记忆系统）[②]，因而

① Stefano Mastandrea, Sabrina Fagioli, and Valeria Biasi. “Art and Psychological Well-Being: Linking the Brain to the Aesthetic Emotion,” *Frontiers in Psychology*, 2019, vol.10, p.739.

② 丁峻、崔宁：《审美认知的思想辩证法——兼论审美的“第二客体”》，《自然辩证法通讯》2019 年第 2 期。

它对儿童的审美元情绪及元调节过程产生了比较显著的正向调控效应，从而能有效改善儿童的负面情绪反应、提升心脑体免疫能力和强化儿童的人格意志。儿童悲剧美育不但有助于超前预防并有效改善儿童的抑郁症状，更有助于提高儿童的元认知能力、自我情绪管理水平、创造性思维能力、强化人格意志品格及优化社会行为范式。

其中，人用以调节情绪行为的核心机制在于依托逐步成熟的额极与内侧前额叶与额极，借此对情绪反应、生理反应与机体反应进行自上而下的负反馈或迭代式调节。悲剧美育最重要的作用是培养儿童的崇高感。崇高感是来自悲剧审美的最强烈的正能量体验，其能通过自上而下的认知迭代而有效调节应激系统的活动及机体的自主反应，因而有助于超前打造并持续强化儿童的心身免疫力。崇高感来源于心灵所感知的最强烈情感。悲剧艺术能够激发起巨大的美感和崇高感。[①]

川上等人发现，人对音乐的情感反应有两种：知觉性情感（由乐曲表达）和感受性情感（由听众诱发）。这两种反应并不相同。被试对小调、不和谐的音乐的感受性评价比知觉性评价的负性情感效价更低，或者说更令人愉快一些。这有助更好地理解为什么人们喜欢欣赏伤感的音乐。[②]塔贝的实验结果显示，知觉性情感评价激

---

① Edmund Burke. *A Philosophical Enquiry into the Origin of Our Ideas of the Sublime and Beautiful*. Oxford Paperbacks，2008，pp.136-137.

② Ai Kawakami，Kiyoshi Furukawa，Kentaro Katahira，Keiko Kamiyama，and Kazuo Okanoya. "Relations Between Musical Structures and Perceived and Felt Emotions，" *Music Perception*，2013，vol.30，no.4，pp.407-417.

活了双侧额下回，而感受性的情感评价则激活了楔前叶。[①]额下回表征客体的情感价值，楔前叶表征主体的情感价值。卡尔林等人的音乐脑成像实验证实，就愉悦感而言，感受性情感的得分高于知觉性情感，因为具有负性情感韵味的音乐能够诱发较少的负性情感反应甚或相反的情绪——积极、强烈的情感反应。[②]进而言之，与快乐美育相比，悲剧美育所激发的调节性的感受性情绪及认知评价反应更强、更积极、更深刻、更平和、更持久，从而有助于增进儿童的身心健康、净化情绪、活化思维、强化意志、优化人格行为。

悲剧审美有助于强化情感意志和人格理想。悲剧美育与挫折教育的目标是重合的。它有助于个体在遭遇困难、挫折时采用适当的对抗方式，降低或避免焦虑状态，以保持人格的完整和统一。[③]悲剧审美有助于青少年形成对自我与社会的合理的认知态度，提升他们的挫折承受力，培养良好意志品格；培养他们热爱自我、热爱生活、热爱他人、热爱环境的能力，借此塑造健康人格。[④]譬如，童话悲剧审美对儿童的震撼力是极其强大的，它体现了一种理想主义的美或乐观昂扬的精神。它对现代儿童的人格塑造十分重要。[⑤]艺术疗法对低龄儿童的抑郁和焦虑有明显的改善效果，还能增进他们

① Ken-ichi Tabei. "Inferior Frontal Gyrus Activation Underlies the Perception of Emotions, While Precuneus Activation Underlies the Feeling of Emotions during Music Listening," *Behavioral Neurology*, 2015, vol.2015, p.529043.

② Kari Kallinen, and Niklas Ravaja. "Emotion Perceived and Emotion Felt: Same and Different," *Musicae Scientiae*, 2006, vol.10, no.2, pp.191-213.

③ 何冬怡:《浅谈悲剧审美的心理教育意义》,《时代教育》2011年第4期。

④ 张莉莉、彭彦琴:《悲剧审美心理研究对青少年心理健康教育的意义》,载：中国心理学会编《第十一届全国心理学学术会议论文摘要集》，2007年，第645页。

⑤ 杨华芬:《浅论童话悲剧审美对儿童的震撼力及其意义》,《现代语文(文学研究)》2009年第11期。

与家庭的亲和力及凝聚力，提高他们的人格自尊意识和积极行为。[①]悲剧审美的教育功能与挫折教育的目标是一致的，即促使儿童在承受痛苦与挫折的过程中体验其审美价值并获得极大的精神愉悦，借此享受人生，展开人生。悲剧审美教育有助于个体在遭遇困难、挫折时采用适当的对抗方式，降低或避免焦虑状态，以保持人格的完整和统一。[②]悲剧审美还有助于通过二度创作演练来深度催化儿童的思维创造力和精神表现力。朱光潜指出，对痛苦的重新品味何以能够产生快感，而不是理所当然地增加痛感，也许这其中的秘密就在于想象力的作用。[③]悲剧艺术能够激发起人的巨大的审美激情、想象力、美感和崇高感。[④]艺术活动有助于促进那些“难以接触”和运动障碍儿童的想象力的发展。[⑤]

总之，悲剧美育的独特价值在于，在儿童早期实施悲剧美育，有助于提前和有力促进内侧前额叶及额极的功能发育、提升它们的调控效能。悲剧美育能激发出人的更强烈的激情和更自由、巨大和新颖的想象力，因而有助于深度启动儿童对审美对象的二度创作性思维演练、继而促进其对自我情知意状态的审美重塑和价值完善，最终使他们体验到对象与自我之完满性、理想化的审美价值，由此获得巨大深沉强烈的双重美感。

---

① Young Hwan Lee, and Nam Ju Jeong. “A Case Study of Art Therapy for Decrease in Depression and Anxiety and Improve in Self-esteem of Maladaptive Behavior Child,” *Korean Journal of Childcare and Education*, 2009, vol.5, no.2, pp. 43-71.

② 何冬怡：《浅谈悲剧审美的心理教育意义》，《时代教育》2011 年第 4 期。

③ 朱光潜：《悲剧心理学》，南京：江苏文艺出版社，2009 年。

④ Edmund Burke. *A Philosophical Enquiry into the Origin of Our Ideas of the Sublime and Beautiful*. Oxford Paperbacks, 2008, pp. 136-137.

⑤ Caroline Case, and Tessa Dalley. *Art Therapy with Children: From Infancy to Adolescence*. Routledge, 2007, pp. 265-266.

（b）悲剧美育的具身 - 移情重塑机制

对痛苦的重新品味何以能够产生快感，而不是理所当然地增加痛感呢？朱光潜认为，也许这其中的秘密就在于，当人和自己切身体验的痛苦拉开了一定的距离之后，想象力发挥了它的幻想——弥补作用。悲剧的震撼力也正在于此。悲剧是一种美，其最终目的不是消沉与痛苦，而是催人奋发，把悲痛化为义愤、豪迈、崇高等审美愉快。①

人对伤感音乐所产生的知觉性情感反应及其诱发的感受性情感反应属于两种有所不同的情感认知方式：在审美主体与审美客体相互作用的审美认知阶段，人的知觉性情感反应有助于通过审美的镜像具身 - 镜像移情而使主体产生审美同情、审美共鸣，借此释放和虚拟体验自我拥有的相似性负面情感；在审美的元认知主体与元认知客体相互作用的审美元认知阶段，人们通过本体具身 - 本体移情而产生积极的感受性情感反应，进而借此有效地淡化、改造、转化与超越自己的负性情感境遇，促使客体性自我实现负性情感特征的价值淡化、改造、转化与超越等二度创造的完满境遇——摄取了伤感性惆怅性情绪的审美主体能够基于崇高感而投射充满正能量、富有超越性、建设性、理想化和理性化的高阶价值力量，以此改造、强化与完善审美对象、客体性自我及主体性自我的审美情感状态及最终的审美心境，从而具有更高的审美价值和造益心脑体行的精神效能与实践效用。

要言之，审美活动中存在双重具身和双重移情过程：发生于审美主客体之间的情感性具身和认知性具身，以及情感性移情和认知

① 朱光潜：《悲剧心理学》，2009 年。

性移情；发生于审美的元认知主体和元认知客体之间的情感性具身和认知性具身，以及情感性移情和认知性移情。它们分别体现为客体性想象和本体性想象，分别催生了客体性意象和本体性意象——最终融合为对立统一的格式塔审美意象——凝结主客体完满审美价值的心理表征体；主体借此滋生相应的客体性美感、本体性美感及格式塔美感。

3. 悲剧美育的大脑机制

儿童的大脑发育呈现出表征负性情绪的结构（如杏仁核）首先成熟，调节正负情绪的前额叶成熟较晚等显著特点。在对恐惧情景的反应中，6 至 14 岁的青少年其杏仁核都有激活，而 15 至 17 岁青少年杏仁核都没有明显激活。随着年龄增加，左额叶和枕叶的激活也随着增加。随着年龄增长，青少年前额叶的发展成为其调节负性情绪反应的生理基础。在青少年时期，大脑仍处于发展阶段，具有一定的可塑性，6 到 14 岁是青少年情绪调节发展的敏感时期。

因而，在这个关键时期实施悲剧美育，即能有效促进儿童前额叶的结构功能快速发育，借此提高儿童的情感应激能力、情绪调节能力和行为应变能力，借此超前预防及有效改善儿童的抑郁症状，促进他们的心身健康、情感重塑、思维活化、人格意志强化和行为优化状况。

（a）悲剧审美认知的大脑机制

科学研究充分证明，悲剧审美或悲剧美育有助提高情绪管理水平，进而有效促进大脑发育和认知发展。悲伤的音乐之所以能够诱发积极的情感体验，首先在于，悲剧审美能够引发儿童的双元情感反应：其一是知觉性情绪反应，其二是针对自我内在变化的感受性情绪反应——后者比前者具有更突出的正能量特点，从而有助于引发人的正性审美评价反应、培养人的积极的心态、将感受性情绪固化为心境状态。萨克斯等发现，欣赏悲伤性音乐能够诱发愉悦反应，因而具有重要的临床意义。其次，抑郁症患者对悲伤音乐的反应更加强烈，抑郁症患者通过听音乐形成了一种调节并减少抑郁消极情感状态的方式。悲伤音乐引发的各种心理和情绪效价都高于愉悦性音乐，因而悲伤音乐特别适于人们调节情绪、实现动态平衡。音乐对于抑郁症的治疗尤其有效，因为音乐可以有效地调节抑郁症出现的各种情绪。在审美过程中，伤感音乐激发了人的负性情绪之后，接着唤起了人的感受性体验，因而产生了愉快的反应。再次，悲伤音乐有助于激发与提升人的认知评价反应，继而诱发出更强烈持久的正性（或悲欣交集的）情感反应，从而有助于提高情绪管理水平，也因此有助积极防御或治疗抑郁症。悲伤音乐首先激活了一些表征悲伤情感状态的区域（以杏仁核为主）；接着前额叶在审美判断过程中被显著激活——它在人聆听悲伤音乐时可以使人产生愉快感。[①]第四，审美活动有助于大脑提高膝周区（整合情绪、自主和认知过程并催生积极情绪）的激活水平、降低膝下区（负责自主反应和消极情绪）的激活程度。它们分别连接并影响杏仁核的活动。[②]第

① Matthew E.Sachs, Antonio Damasio, and Assal Habibi. “Unique Personality Profiles Predict When and Why Sad Music is enjoyed,” *Psychology of Music*, 2020, vol.49, no.5, p.030573562093266.

② Helen Sawaya, Kevin Johnson, Matthew Schmidt, Ashley Arana, George Chahine, Mia Atoui, David Pincus, Mark S. George, Jaak Panksepp, and Ziad Nahas. “Resting-State Functional Connectivity of Antero-Medial Prefrontal Cortex Sub-Regions in Major Depression and Relationship to Emotional Intelligence,” *International Journal of Neuropsychopharmacology*, 2015, vol.18, no.6, p.pyu112.

五，悲伤的艺术有助于通过促进人脑相关神经递质、受体与激素的高水平释放而有效调节儿童的情绪感受状态及情绪反应水平。音乐可以改变和调节大脑与情绪密切相关的核心结构的功能活动，如杏仁核和伏隔核的多巴胺 2 型受体和 5- 羟色胺 2A 受体水平。① 实验表明，艺术治疗后问题儿童的抑郁评分和焦虑评分均下降，情商、幸福感评分均上升。②

总之，悲剧美育的脑认知原理在于，它首先激发了杏仁核—眶额皮层所主导的悲伤性情绪反应，接着产生了由内侧前额叶—顶叶主导的认知重评；后者经由自上而下的路径显著增强了伏隔核的正性情感反应、强力抑制了杏仁核的负性情绪反应，有效调节了机体的生理内稳态，进而诱发了人超越负性情感和滋生悲欣交集的审美崇高感与动力感等理性反应，最终使人获得了丰满的正能量、实现了悲剧审美的超越性意义和建设性价值。

（b）悲剧审美强化心身免疫力的神经机制

良好的情绪状态是大脑发育及心身健康所必需的。悲剧审美教育之所以既能治疗、又能预防青少年的抑郁症发生，即在于它能提高人的情感管理能力，强化正性情绪与积极行为，健全人格，增进幸福感，从而间接强化了人的免疫系统功能。

塞米尔·泽基等发现，一是额上回作为最显著的激活区域，是

---

① Hans-Eckhardt Schaefer. "Music-Evoked Emotions—Current Studies," *Frontiers in Neuroscience*, 2017, vol.11, p.600.

② Chuyi Wu. "Integrated Art Therapy for Children with Problem Behaviors: Depression, Anxiety, Emotional Intelligence, and Well-Being," edited by Hzwan Benmimoun, *2019 International Conference on Information Science, Medical and Health Informatics* (*ISMHI 2019*), pp.698–708, https://webofproceedings.org/proceedings_series/proceeding/ISMHI+2019.html.

最高层次的崇高体验所特有的；二是楔前叶仅由最崇高的体验所激发，参与自我反省和情绪调节；三是前扣带回 / 内侧前额叶皮质被悲剧体验所激活，从而有助于大脑抑制负性情绪；四是崇高性体验导致负责消极体验的脑区被抑制。[①] 萨克斯等发现，音乐可以有效地调节抑郁症出现的各种情绪，对治疗抑郁症尤其有效。[②] 哥德堡大学健康科学研究院的研究表明，艺术治疗有助于明显改善严重或中度抑郁症患者的情绪、认知和健康状况，降低自杀意念。[③] 艺术治疗的主要意义是为抑郁症患者创造了一个通过言语及借助艺术表达自我的机会，为他们提供一个化解抑郁状态的思想、情绪、生活经验和身体症状的宝贵机会。[④] 谢弗发现，欣赏音乐可以诱发与健康相关的自主神经系统、内分泌系统和免疫系统的积极反应：显著降低皮质醇水平，提高奖赏效应、强化动机、快乐系统及免疫系统的功能。[⑤]

---

① Tomohiro Ishizu, and Semir Zeki. "A Neurobiological Enquiry into the Origins of Our Experience of the Sublime and Beautiful," *Frontiers in Human Neuroscience*, 2014, vol.8, pp.1–10.

② Matthew E.Sachs, Antonio Damasio, and Assal Habibi. "Unique Personality Profiles Predict When and Why Sad Music is enjoyed," *Psychology of Music*, 2020, vol.49, no.5, p.030573562093266.

③ Dohee Kim. "A Single Case Study of Art Therapy for Investigation on Depression Triggers and Change Factors in Suicide High Risk Soldier," *Korean Journal of Arts Therapy*, 2017, vol.17, no.1, pp.75–93.

④ Christina Blomdahl, Birgitta A Gunnarsson, Suzanne Guregård, Marie Rusner, Helle Wijk, and Anita Björklund. "Art Therapy for Patients with Depression: Expert Opinions on its Main Aspects for Clinical Practice," *Journal of Mental Health*, 2016, vol.25, no.6, pp.527–535.

⑤ Hans-Eckhardt Schaefer. "Music-Evoked Emotions—Current Studies," *Frontiers in Neuroscience*, 2017, vol.11, p.600.

三、启示与应用展望

儿童代表了家庭的希望、社会的未来，他们是国家发展的主力军和民族复兴的承担者；儿童时代决定了一个人的未来走向、格局和命运。抑郁症已经成为严重影响儿童正常发育的头号因素，并会对一个国家的未来发展产生深广持久的负面影响。幸福的人用童年造益一生，不幸的人用一生治愈童年。在所有的可用于治疗抑郁症的方法中，对抑郁症儿童实施早期的艺术治疗具有独特效能。[①]

斯蒂克斯鲁德指出，目前，世界各地许多儿童处于长期的慢性压力中。当他们患上精神情绪疾病时，成年人往往只想纠正他们的行为，而不去了解孩子们面对的困境和痛苦，帮助他们从中走出来。[②]因而，实施悲剧美育乃是我们应对儿童的心身健康危机、化解儿童的精神困境、预防和改善儿童抑郁状况的必由之路。我们亟须尽早实施这个优先性战略对策。

进而言之，我国实施悲剧美育具有下列重大意义：一是有助于从源头始基层面提高儿童和青少年抵御抑郁症的精神免疫力；二是有助于安全有效地化解各个年龄段、各领域和不同形式的现代性症候群，切实改善国民大众的精神行为健康状况；三是有利于深度催化儿童的思维创造力、强力提升儿童的精神表现力、持续强化儿童的人格意志力量、切实培养大中小学学生充满正能量的个性精神和

① Chuan-Yung Huang, and Wang-Fang Perng. "Art Therapy for Children Depressive Disorder," *Journal of Taiwan Art Therapy*, 2010, vol.2, no.2, pp.23-39.

② 徐菁菁：《儿童抑郁症：我们为何总是忽视孩子的痛苦？》，《三联生活周刊》2020 年第 40 期。

为国家与社会正义勇于担当的人格品质。

悲剧美育还有助于传承、光大和扬弃中华民族的审美文化。崇尚阴柔之美是中国悲情音乐及审美的思想基础；感悟生命的悲剧之美是中国悲情音乐及审美的文化根基。[①] 因而悲剧美育具有独特的心身保健效应、深刻持久的“五育”价值和传承创新中华民族审美精神的社会文化意义。

党和国家近年来颁布的《关于加强和改进学校美育工作的意见》[②] 和《关于全面加强和改进新时代学校美育工作的意见》[③]，都非常明确地肯定了美育的精神教育价值。美育是一项旨在促进人与社会健康积极和谐发展的战略工程，悲剧美育能够深度体现以人为本的教育价值观，是一项使儿童受益终身、增进家庭福祉、提升社会正能量、激发国家创造力和民族精神自信力的奠基性工程、战略性举措和永恒性事业。实施悲剧美育这既需要学术界、教育界和艺术界的联袂攻关，也需要教育主管部门及千家万户的密切配合。只要我们众志成城、齐心协力、久久为功，就定能推动悲剧美育的深广持久发展，从而造益亿万儿童、万千家庭、社会进步、国家强盛、民族复兴!

---

① 宋捷:《论中国悲情音乐及其审美的文化意蕴》，山东大学硕士学位论文，2015 年。

② 国务院办公厅:《关于加强和改进学校美育工作的意见》2015［71］号文。

③ 中共中央办公厅、国务院办公厅:《关于全面加强和改进新时代学校美育工作的意见》2021 年 10 月 15 日。

编后记

《审美教育的当代性——基于马克思主义的研究》是我们团队近两年努力完成的一项成果，我们自己认为是有意义的。

2018 年 8 月 30 日，习近平总书记在给中央美术学院 8 位老教授的回信中指出："美术教育是美育的重要组成部分，对塑造美好心灵具有重要作用。你们提出加强美育工作，很有必要。做好美育工作，要坚持立德树人，扎根时代生活，遵循美育特点，弘扬中华美育精神，让祖国青年一代身心都健康成长。"习近平总书记从当代社会发展和文化建设的角度对美育提出了明确且更高的要求，在这个要求的理论视域中，本项目所研究的相关问题就被明确地提出来了。

大约四五年前，我参加某个重大项目的开题论证，其中涉及美育问题。我注意到该课题组用马斯洛的理论加席勒的美育理论来说明和解决当代中国的美育问题，我感觉到这种研究在理论方法和理论框架上与要解决的问题之间的关系是不匹配的，有许多看似"理所当然的"问题需要认真研究和进一步思考。2020 年，在申报浙江省文化艺术基金项目时，在学院的积极支持下，我牵头申报了“马克思主义美育观及当代实践”这个项目并获得批准立项，项目组成员包括沈郑、林玮、石然、高晓芳，后来又增加了周锋。经过将近两年的努力，这个项目终于完成了，对当代社会出现的新问题有了初步的分析和论证。

给习近平总书记写信的中央美术学院，其前身是在三十年代诞生于延安的鲁迅文学艺术学院，在二十世纪三十年代末和四十年代，“鲁艺”涌现了《黄河大合唱》《白毛女》《血衣》等影响深远的红色经典。在当代社会生活条件下，美育的理论原则和育人的目标也与欧洲启蒙时代有一系列的不同：美育与“立德树人”的关系，美育与通过审美活动改变社会生活的观念以及实施途径的探索，如何通过审美教育这个机制实现“弘扬中华美育精神，让祖国青年一代身心都健康成长”这个重要的目标，社会生活对审美教育理论，对当代美学理论都提出了新的重要的要求，对此，本课题组做了较为深入的研究和论证，现发表出来，祈望学术界同行批评指正。

在课题组的工作中，浙江理工大学副教授沈郑承担了项目组秘书长工作，协助我做了大量的工作，包括小型研讨会的组织、课题组成员之间的工作交流等。浙江树人学院周锋教授在协助我统稿和项目组若干理论难题的探讨方面，做了许多工作，在课题组的共同努力下，本项目在较短的时间内有质量地完成了，在此特向两位教授表示感谢！向课题组成员表示感谢！

中国出版集团东方出版中心郑纳新总编辑和本书责任编辑陈哲泓十分关注本课题的研究，在项目组研究和出版过程中给予了大力支持与帮助，让这本书能又快又好地面世，借此机会也向东方出版中心表示衷心感谢！

我所任职的浙江大学传媒与国际文化学院领导一直积极鼓励我和我们团队的美学研究。我的同事骆寒超教授、王元骧教授、范志忠教授、胡志毅教授、李咏吟教授、苏振华教授等在我人生与学术研究遇到困难时，给我关心和鼓励，使我能不断勉力前行，对此我心怀感恩，努力把研究工作做好，用悲悯的胸怀直面人生的磨难。

2022 年是毛泽东《在延安文艺座谈会上的讲话》发表 80 周年，80 年前毛泽东提出的改造文艺工作者主体性的问题，至今已经成为当代马克思主义美学家和批评家的重要任务和社会责任。通过审美教育改变主体的情感结构进而实现对现实社会的改造，马克思主义美学的这个主旨在当今时代仍具有十分重要的意义。

王杰

2022 年 10 月 12 日 杭州

浙江大学紫金港